幼儿玩教具设计与应用系列

Cooperative Board Games for Young Children
Equipment, Design, and Application

幼儿合作性游戏棋

配备、设计制作与应用

郭力平 石凤梅 谢萌 白洁琼 著

复旦大学出版社

前言

　　本书的诞生，缘起于近些年我与学生们在学前教育研究与实践中切身发现并总结出的几个问题及思考。

　　时代潮流之下，视频媒介蜂拥涌入学前教育领域，使得幼儿越来越多地与虚拟世界接触，从而减少了与真实世界交流的机会，这令教育者们颇感担忧。而棋盘游戏恰是一种能够重新唤起幼儿与他人间真实交流的媒介，尤其是合作性棋盘游戏，其核心价值——在游戏中培养幼儿的合作能力——迎合了当今时代人才培养的基本理念。因此，我们认为，选择合作性棋盘游戏作为本书的主题是非常有意义的。

　　众所周知，棋盘游戏一直是幼儿园玩教具传统的配备项目，但就中国幼儿园目前的状况来看，棋盘游戏的配备种类依旧单调，无论是幼儿园自制还是购置的棋盘游戏，大多是几种经典的棋类及玩法，缺少创新也缺乏对幼儿发展适宜性的充分考量。因此，幼儿园亟待配备真正符合幼儿发展、具备可玩性的棋盘游戏。

　　与此相关联，中国作为玩具生产大国，自主设计与开发能力尚弱，这势必成为未来产业更新升级和持续发展的瓶颈。究其原因，不难发现国内多数玩具企业对玩具设计与儿童发展及教育之间的密切关系所知甚浅，且重视程度不够。我们认为，唯有将儿童发展与教育的需求真正重视起来，求实创新，未来玩具产业才有可能突破瓶颈，我国才能真正成为玩具设计与制造强国。

　　基于以上认识，我与我的团队致力于将儿童发展及教育与棋盘游戏的设计、研发紧密结合起来，并坚信好的棋盘游戏设计源于对儿童发展需求的理解。而我们之所以在玩具中选择棋盘游戏作为创新设计的突破口，正是因为棋盘游戏相比其他类别的游戏，更加倚重内容的设计，更能凸显"理解儿童"在玩具设计中的价值。

　　五年前，我们有幸开始接触、了解合作性棋盘游戏，其对儿童学习与发展的独特作用令我们颇感兴奋。之后几年，我们扩大了对合作性棋盘游戏的了解与研究，并将其应用于幼儿园教育实践。我的几位研究生也在合作性棋盘游戏的设计、与儿童学习及发展的关系、可玩性等方面展开了较为深入的探索。更为重要的是，我的合作伙伴将玩具研发与儿童发展紧密结合的精神，带到了玩教具领域进行自主创业，促使原创玩教具品牌"柠檬猫"诞生的同时，也在合作性棋盘游戏的推陈出新、与本土文化结合等方面作出了积极的探索与贡献。

我们花了三年时间准备这本书，在此期间对国内外诸多棋盘游戏进行了分析，也亲身参与创意设计了不少棋盘游戏，包括合作性棋盘游戏，尤其强调了儿童发展视野的重要性。我们期望这本书能够帮助幼儿园教师及家长全面了解棋盘游戏，尤其是合作性棋盘游戏的相关内容，并付诸实践；希望唤起一批真正热爱棋盘游戏设计，并愿意关心、有能力捕捉儿童发展需求的综合性设计与服务人才，共同关注合作性棋盘游戏的价值，并将其在中国发扬光大；我们更希望看到的是，在中华大地上，我们的孩子们能快乐地游戏，在合作性棋盘游戏的陪伴下，学会与他人合作、分享，健康地成长；同时，我们也希望传承中国优秀的棋文化，不仅为幼儿，还包括为成年人、老年人服务，借由棋，促使人与人之间更加真切地交流与互动，在增强家庭、社区凝聚力的同时，帮助人们进一步感悟真实世界的可爱，珍惜彼此间情感与交流的价值。

需要说明的是，尽管汉语中对"棋"的称谓多种多样，但在整本书中，出于规范性的考虑，我们将其统一命名为"棋盘游戏"。而在幼儿园中，孩子们对棋盘游戏最亲切的称呼便是"游戏棋"，我们对此十分尊重。这也是为什么我们整本书都在讲棋盘游戏，但是书名仍旧称为"游戏棋"的原因。

感谢古往今来为棋盘游戏的创意设计、推广与传承做出贡献的人们，此书中相关内容的介绍，皆是对你们由衷的仰望和致敬。

感谢我的诸位研究生对此书的诞生做出的贡献，希望我们时刻保有体察儿童真实需要的热情与使命感，脚踏实地，全心全意为孩子们服务。近来听闻"柠檬猫"获得了上海市促进文化创意产业发展财政扶持基金，倍感欣慰之余，希望柠檬猫能够继续施展孩童般轻舞飞扬的创意，同时不忘敦本力行，为上海作为"设计之都"贡献一份力量！

郭力平

2016年6月于上海

CONTENTS

目录

第五章　世界各国幼儿合作性棋盘游戏介绍

第六章　合作性棋盘游戏在幼儿园的应用

第一章

棋盘游戏简介

第一节　棋盘游戏的概念

　　棋盘游戏（Board game）是指根据规则在棋盘上放置或移动棋子的游戏。从定义可知，棋盘、棋子和棋规是任何棋盘游戏都必须具备的，三者被称为棋盘游戏三要素。其中，棋盘、棋子是棋盘游戏的实物部分；而棋规除了明确参与者需要共同遵循的行棋规则外，还对输赢设立了明确的标准。另外，从实物构成来看，许多棋盘游戏除了必备的棋盘和棋子之外，还会配有骰子、转盘、卡牌、沙漏等辅助物。

　　棋盘、棋子、棋规合称棋盘游戏三要素，是任何棋盘游戏都必须具备的。三者关系十分密切，缺一不可。
- 棋盘：游戏的"场地"，为棋子的摆放与移动提供平台。
- 棋子：依据棋规在棋盘上摆放与移动的物件。
- 棋规：下棋时参与各方必须共同遵守的规则，主要包括布子方式、行棋方式、辅助物的运用方式以及胜负条件。

　　在日常生活中，棋盘游戏通常简称为"棋"，但如果深究起来，两者又不完全等同。"棋"往往靠脑力取胜，更侧重策略性，如围棋、象棋、五子棋等。从这一点来说，它比较偏向抽象策略游戏（Abstract strategy game）；而"棋盘游戏"的游戏机制更丰富，既涵盖了抽象策略性强的围棋、象棋，又包括主题情境鲜明的角色扮演游戏（Role-playing game），后者往往策略性思维的运用与掷骰子碰运气的随机性兼备，如大富翁（Monopoly）等。

　　除了"棋"之外，还有一个使用较广泛的概念——桌游，即桌面游戏（Table-top game）。桌游是指在桌上或任何平面上玩的游戏，区别于电子游戏、体育游戏。由此可见，桌游的范围最为广泛，几乎一切不主要依赖电子技术[①]，不需要大幅度动作的游戏，都

[①] 当代不少桌面游戏也会融入一定的电子技术，但电子技术在其中仅起辅助性作用，桌面游戏主要借助的是对实物的操作。

可称作桌游。如果对桌游再进行细分的话，又可以分为棋盘游戏、卡牌游戏（如麻将、扑克等）、骰子游戏（如Rory的故事魔方①等）、纸笔游戏（如纸笔玩的井字棋等）等。

本书所用棋盘游戏的外延比传统意义上"棋"的范围要广，比现代意义上"桌游"的范围要窄，包括一切符合"棋类三要素"的游戏。为了遵从日常使用习惯，我们也将"棋盘游戏"简称为"棋"。由于本书主要关注幼儿玩的棋，所以书中也常会采用"游戏棋"这一称谓，这也是幼儿园常用的一种对棋盘游戏的叫法。

世界各国棋盘游戏精彩纷呈，从五千年前古埃及的塞尼特棋（Senet）到20世纪风靡一百多个国家的大富翁棋，每一种棋都反映了当时社会文化与生活的特点。不同的棋盘游戏往往也有着不同的特点，有的棋主要靠策略取胜（如围棋），有的棋则更多依赖运气（如幼儿喜爱的糖果世界，Candyland），而大多数的棋需要同时凭借策略和运气。还有的棋具有很强的情境性（如妙探寻凶，Cluedo），而有的则几乎没有故事情节作为背景（如中国跳棋）。棋盘游戏的规则有的非常简单（如井字棋，Tic-tac-toe），有的则十分复杂，游戏者需要在特定的情境中扮演不同的角色，借助卡牌、骰子或其他道具进行游戏（如龙与地下城，Dungeons and Dragons）②。因此，我们可以根据棋盘游戏的特点从不同角度对其作不同类别的区分，具体内容将在接下来的章节中进行呈现。

事实上，棋盘游戏是一个外延正在不断拓展变化的概念。随着人们物质生活的丰富与精神需求的提升，棋盘游戏的机制不断变化、主题趋向多样、棋具也日益精巧，可以满足不同文化、不同生活方式、不同年龄、不同消费习惯人群的使用需求。而站在儿童的视角来看，正是棋概念不断拓展的外延使得儿童在当代有了真正属于自己的游戏棋。

棋史妙观 1

"棋"字的演化

"棋"是中华文化中一个独有的称名，英文等西语没有与之对应的统称性词汇。"棋"字中"其"既是声旁，也是形旁，是"箕"的本字，表示竹制盛具。从"棋"字的甲骨文写法中可以看出殷商时代的人们是如何玩棋的。

$$\text{棋} = \text{木}（木，小木块）+ \text{其}（其，箕筐）+ \text{双手}（双手，抓持）$$

---

① Rory的故事魔方（Rory's Story Cubes）是一款骰子游戏，由9个骰子组成，每个骰子面上的图案都不一样，总共54个图案。玩法多样，例如由玩家一次掷9个骰子，并以"很久很久以前"作为开头，讲一个故事，故事须包括9个骰子所掷出的图案，故事可长可短，时间不限（也可规定时间）。故事魔方简单有创意，9个骰子对幼儿来说偏多，减少至5个比较合适。

② "龙与地下城"是美国TSR公司1974年发布的角色扮演类棋盘游戏，这一游戏开启了当代角色扮演游戏和角色扮演游戏产业的新篇章，对后来的电子游戏产生了广泛而深刻的影响，第二章对其还有进一步的介绍。此处提到的另外几款棋盘游戏，在本章第二节均有介绍。

"棋"甲骨文

"棋"小篆文

"棋"隶书

从字形中可以看到,"棋"字本意指在箕筐内投掷有不同记号的若干小木块,或手持盛有小木块的箕筐不断摇动,以小木块记号的组合结果定输赢。由此可见,古时将棋定义为在筐内游戏的木制博弈玩具。

演化到小篆体①,棋字逐渐抽象化、线条化,逐渐脱离图画属性,偏重符号属性。小篆体 𣜩 将甲骨文的 𠔼 和 𣎳 合写成 其。《说文解字》中也有:"棊,博棊。从木,其聲。"(棋,博弈玩具。字形采用"木"作边旁,"其"是声旁)。

演化到隶书②,棋字开始变为左右结构,由象形变为笔画化,相应地,此时"棋"的概念也逐渐拓展了外延,可定义为:以一定规则进行攻守对抗的博弈玩具。

综上所述,棋字的演变与大多数汉字的演变类似:从表达具体的、情境中的行为升华到表达抽象的类属概念。虽然棋字的笔势和形态发生了细微的变化,但是字形、内部结构关系总体变化不大,这既说明棋字内涵的稳定,也见证了汉字演变的可传承性。

第二节 棋盘游戏的历史

棋盘游戏作为深受大家喜爱的娱乐方式,其历史源远流长。现存文献和考古遗迹表明,棋盘游戏在几乎所有已知的古文明中留有痕迹,甚至某些史前文明也不例外。在西方文明进程中,大约自公元前4世纪开始,棋盘游戏在古希腊以及后来的古罗马就已经非常流行,并逐渐向欧洲其他地区传播开来,后又传播至美洲各国。在古老的东方,从公元前1500年的六博,到后来的围棋、中国象棋、日本将棋等,棋盘游戏一直是深受人们喜爱的娱乐活动,人们在棋盘游戏中享受博弈的乐趣,感悟人生的哲理……由此可见,无论是东方还是西方,棋盘游戏都有着十分悠久的历史,它伴随着人类文明的进程而发展,经历了各种演变,折射出不同时期不同地域的文化特征。

本节将对棋盘游戏的发展历程进行梳理和概括,同时由于本书侧重从儿童的角度诠

---

① 小篆体历经甲骨文、金文、籀文演化而来。秦国统一中国、建立秦朝以后,客观上有统一文字的要求,促成了小篆字体的问世。

② 隶书是由篆书简化演变而成的,把篆书圆转的笔画变成方折,在结构上改象形为笔画化,以便书写。小篆是象形体古文字的结束,隶书则是改象形为笔画化的新文字的开始。

释棋盘游戏，因此我们在梳理中更加关心棋的设计与应用是否体现了对儿童的尊重与关怀。回顾整个人类发展史，尤其是西方文明的进程，儿童观的发展大致可以分为两个阶段，这两个阶段以文艺复兴，尤其是1640年英国资产阶级革命为分水岭。在此之前的古希腊、古罗马时代，成人是社会的中心，儿童是成人的私有财产；到了中世纪时期，基督教的"原罪论"和"预成论"强调儿童生来即有原罪，忽视儿童与成人之间的差异，忽视儿童的主体性和独特性，儿童常被看作缩小版的成人。但随着欧洲文艺复兴运动的展开，人们开始深刻反思中世纪的"原罪论"和"预成论"儿童观，重新审视人的价值。尤其是17世纪英国资产阶级革命爆发之后，许多思想家和教育家陆续提出崭新的儿童观，例如洛克提出"白板说"，否定了基督教"原罪论"儿童观；卢梭提出自然教育原则，以及裴斯泰洛齐、赫尔巴特、福禄贝尔、斯宾塞、蒙台梭利和杜威等人的思想……这些振聋发聩的思想，使得人们重新发现了儿童的价值，开始重视儿童的主体地位，并强调教育应该遵循儿童发展规律。

儿童观的时代变迁自然也影响到棋盘游戏的设计，不同时期的儿童观和教育观，使得不同时期的棋盘游戏在功能定位、机制设计等方面体现出明显的差异。因此在本节接下来的部分，我们尝试以现代儿童观的建立与否为分界线将棋盘游戏的发展划分为两个时期：古代期和近现代期。

在古代，自棋盘游戏诞生之初至欧洲的中世纪时期，棋盘游戏的设计意图一直是为了满足成人的休闲、娱乐与社会交流需求，其使用主体也以成人为主，其玩法通常并不适合儿童，儿童只能以"小大人"的身份参与到一些棋盘游戏中来。到了近现代，随着文艺复兴运动带来的人性的觉醒，儿童的解放，儿童的独特性和主体性开始得到应有的尊重，儿童成为棋盘游戏的重要参与者，棋盘游戏的教育性功能得到了前所未有的拓展，棋盘游戏走进了更多的家庭，渗透到了儿童的生活和学习中。

本节将通过介绍不同时期最具代表性的棋盘游戏，对棋盘游戏的发展进行简单回顾，更重要的是从发展史的角度更清晰地了解儿童与棋盘游戏的关系。

一、古代：棋盘游戏的萌芽与发展

棋盘游戏是人类智慧的结晶，人类文明的早期就有了棋盘游戏的雏形，在诸多古文明遗迹中都已经发现了棋盘游戏的痕迹。然而，随着时代的变迁，曾经流行过的大多数棋盘游戏已经消亡，我们只能通过考古和历史文献来追寻它们的踪迹，但也有一些棋历经时间的洗礼，不断完善而流传至今。

（一）公元前棋盘游戏的萌芽

（1）公元前3500年　古埃及　最古老的棋盘游戏

塞尼特棋（Senet）

棋盘游戏的起源最早可追溯至距今五千多年前的埃及地区。古埃及前王朝（公元前

31世纪）墓葬中发掘出了作为陪葬品的塞尼特棋，这是迄今发现的最古老的棋盘游戏，也是当时古埃及皇家贵族十分流行的游戏之一。新王朝时期第十八王朝少年法老图坦卡蒙的墓葬中有多达六组棋盘游戏，其中就包括了塞尼特棋。

塞尼特棋又名卅格戏（30 Squares），因为它的棋盘由三排共30个方格构成（如图1-1所示）。塞尼特棋由双人对弈（见图1-2描绘的对弈场景），玩法①主要是利用四根长条状的木棒（长矵）依正反面掷出点数，然后在30格的棋盘上按规则移动棋子，其中有一些格子是"危险区"，进入的话可能会退回至起点或回到上一列，这些"危险"格子通常分布在第26至30格之间。行棋路径依S形前进，谁率先将所有棋子移至终点即为赢家。

塞尼特棋在古埃及成人的休闲娱乐生活中起了重要的作用。正如新王朝底比斯陵墓中篆刻的："你高坐大殿；你玩塞尼特；你有佳酿；你有麦酒。"按照埃及文的解释里，塞尼特意为由人间旅行至下一个世界的通关游戏，因此塞尼特棋在古埃及宗教仪式、神话传说、文学艺术中也被大量运用。

图1-1　大英博物馆藏古埃及新王国时期的象牙制塞尼特棋

图1-2　美国《国家地理杂志》画家 Herbert M. Herget（1941）描绘的古埃及人正在玩塞尼特棋

（2）公元前3000年　古埃及　体现神灵崇拜的棋盘游戏

盘蛇图棋（Mehen）

古埃及因丰富的神话传说和浓厚的宗教色彩而被视为一块神秘的土地，植根于这样的文化土壤之中，不少棋盘游戏的棋具设计、玩法构思都与当时人们的宗教信仰有着千丝万缕的联系。此类棋盘游戏中，最著名的当属"盘蛇图棋"。该棋的名字与古埃及人们崇拜的蛇神（Mehen）同名，盘蛇图棋活跃在大约公元前3000年的古埃及古朝时期，并一直持续到公元前2300年左右，游戏反映了古埃及人对神灵的崇拜。

盘蛇图棋的棋盘为一条盘起的大蛇，代表蛇神 Mehen 保护着太阳神 Ra，蛇身则被分为一个个长方形棋格，第一个棋格为蛇尾，最后一个棋格是位于棋盘中央的蛇头。盘蛇图棋有诸多不同版本，有的棋格接近400个，有的只有100多个；盘蛇也有顺时针和逆时针两种方向。盘蛇图棋的棋子包括圆形弹珠和蜷伏的石狮两种（见下图1-3）。

———————————

① 游戏的原始规则已不可考，所述塞尼特棋的玩法主要由棋盘游戏专家依考古资料推定。

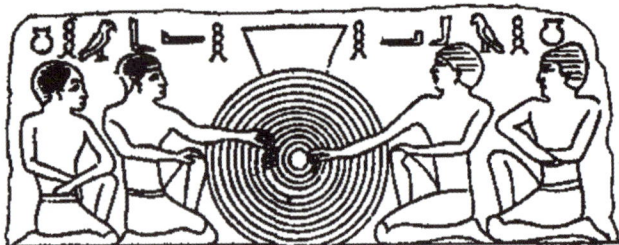

图1-3　左侧图为保存在大英博物馆的盘蛇图棋；右侧图是古埃及壁画中的盘蛇图棋游戏

盘蛇图棋的玩法已经失传，据今人的猜测，这是一款适合多人玩的掷骰游戏，玩家人数最多可达6人（通常一副棋有6个弹珠和6个石狮棋子）。游戏任务是将弹珠从蛇尾移至蛇头，至于石狮的使用方法至今仍不明确。

（3）公元前2600年　美索不达米亚（今伊拉克）　生命力最悠久的棋

乌尔王族局戏①（The Royal Game of Ur）

作为古代文明发源地之一的美索不达米亚平原亦创造了许多优秀的棋盘游戏，其中最著名的就是乌尔王族局戏。20世纪20年代，英国考古学家在美索不达米亚古城的乌尔王族古墓中发现了乌尔王族局戏的遗迹。

乌尔王族局戏又称廿格棋（20 Squares），是一款掷赛类②游戏，和塞尼特棋的玩法比较接近，都需要掷骰子移动棋子至终点。棋具包括：棋盘1个，黑白两种棋子各7个，以及3枚四面体骰子（参见图1-4）。

一直以来，考古学家都认为乌尔王族局戏已经在大约两千年前，被当时流行的"双陆棋"（Backgammon）③取代，直到游戏热爱者Irving Finkel在印度科钦（Cochin）犹太小区

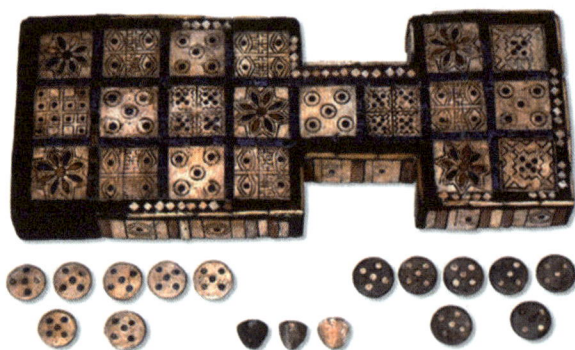

图1-4　大英博物馆藏第三王朝时期的乌尔王族局戏

---

① 局戏是棋盘游戏的一种别称。

② 掷赛类游戏是棋盘游戏的一种游戏机制，这类游戏的基本规则是游戏者根据掷骰子（或转转盘）的结果来移动棋子，并根据棋子到达终点的情况来判断输赢。

③ 双陆棋是公元前9世纪左右出现于古罗马的一种两人对弈棋盘游戏。棋具包括一块双陆板、30个棋子（黑白各15个）以及两个骰子，棋盘的两个长边各有一排12个"梁"标，左右各六，故名双陆。对弈时，双方各执黑白一方棋子，以掷骰点数决定棋子在棋盘上的移动，最先把所有棋子移离棋盘的玩家可获得胜利。双陆棋至今仍风行于西方社会。

发现还有人仍在玩此局戏,使得乌尔王族局戏毫无争议地成了"生命力最悠久的棋"。

（4）公元前1500年　中国　东方最古老的棋盘游戏

六博（Liubo）

公元前1500年左右,中国商朝出现了六博,这是古代东方最早的棋盘游戏。《史记·殷本纪》中记载过一则有关商朝帝王武乙与天神玩六博的故事:"帝武乙无道,为偶人,谓之天神。与之博,令人为行。天神不胜,乃谬辱之。"[①]《穆天子传》中,也有一则关于周穆王与井公玩六博的资料:"（穆王）北入邘,与井公博,三日而决。"这些记载均表明早在商周时期,六博就已经成为君王贵族们经常玩的棋盘游戏了。

六博棋由博局（棋盘）、棋子、博箸三种器具组成。两方行棋,双方各有6枚棋子。其中一枚相当于王的棋子叫"枭",另有5枚相当于卒的棋子叫"散"。行棋在刻有曲道的棋盘上进行,用投箸的方法决定行棋的步数。六博棋是象征当时战争的一种游戏,比赛时"投六箸行六棋",斗巧斗智（见图1-5描绘的场景）。然而这样一款古老的棋盘游戏,在东汉之后却渐渐式微,隋唐以后玩法终于失传。如今只有出土的博具和零星的记载,留给我们无尽的猜测。

图1-5　古代王公贵族挑灯夜战显六博魅力

（5）公元前6世纪　中国　体现东方智慧的棋盘游戏

围棋（Go）

琴棋书画是中国古代四大文化艺术形式,这里的棋,指的就是围棋。[②]《左传·襄公二十五年》载:"弈者举棋不定,不胜其耦,而况置君而弗定乎?"这是中国历史上最早出现的关于围棋的确凿记载,时间是公元前548年。文中借围棋议论国事,说明围棋在当时已经相当流行了。实际上,围棋的起源应该更早,西晋人张华在其所著《博物志》中说:"尧造围棋以教子丹朱。"传说尧帝以开发智慧、陶冶性情为目的发明了围棋。

围棋是一种策略性棋盘游戏,使用格状棋盘及黑白二色棋子进行对弈（见图1-6）。棋规简洁而优雅,对弈双方各执一色棋子,黑先白后,棋子落于棋盘的交叉点上,双方交替轮流布子,每次只能布一子,落子后不能移动,最后以圈地多者为胜。围棋棋盘没有固定的阵地划分,棋子无级别划分,没有特定的功能规定,自由落放,表现出一种随意性、流动性,但随着棋盘上棋子数量的增加和经营空间的扩大,围棋会逐渐展现出格局的千变万化,甚至被认为是目前世界上最复杂的棋盘游戏。

---

① 大致的意思是:武乙暴虐无道,曾经制作了一个木偶人,称它为天神。武乙跟人偶行六博棋,让旁人替人偶行棋。如果天神输了,武乙就会侮辱它,认为天神无能。

② 围棋在中国古时有"弈""碁"（"棋"的异体字）、"手谈"等多种称谓。其英译名称"go",系源自日文"碁"的发音。

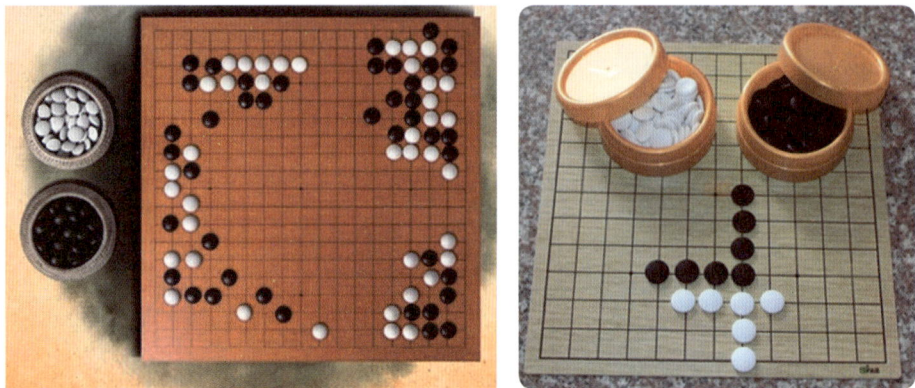

图1-6　现代通行围棋棋盘盘面为标准正方形，由纵横各19条相互垂直的直线将棋盘分成361个点。棋子分黑白两色，数量以黑子181个、白子180个为宜（见左图）。围棋发展历史上，也有诸如13×13、9×9等规格的小棋盘（右图为13路教学用围棋棋盘）

在围棋的发展演变过程中，曾有许多有趣的别名。比如黑白、乌鹭、忘忧、坐隐、烂柯、木野狐等。明朝解缙有首《观弈棋》：

> 木野狐登玉楸枰，乌鹭黑白竞输赢。
> 烂柯岁月刀兵见，方圆世界泪皆凝。
> 河洛千条待整治，吴图万里需修容。
> 何必手谈国家事，忘忧坐隐到天明。

这首咏棋诗巧妙地将围棋的11个别名嵌在诗中，浑然精妙，天衣无缝。与古代围棋相比，现代围棋在规则上有一些变化，但还始终没有脱离围棋之"围"的精髓。

（二）公元后棋盘游戏的发展

（1）公元1世纪左右　古罗马帝国　简易有趣的纸笔游戏

井字棋（Tic-tac-toe）

井字棋又名三子棋、画圈打叉游戏、连三棋等。井字棋的棋具非常简便，有井格即可，因此它既可以是棋盘游戏，又可简化为纸笔游戏，甚至在地面上画着玩。井字棋的游戏规则非常简单，对局双方轮流在一个3×3的格子上画×和〇，最先将自己的符号连成线的一方获胜。这条线可以是横着的，也可以是竖着的或者斜着的。图1-7展示了画×方获胜的过程：

图1-7　一盘井字棋的行棋步骤，七步之后画×方获胜

关于井字棋的起源，学术界观点不一。有的学者认为，井字棋的雏形在公元前1世纪的古罗马帝国就已经存在了，当时有一款叫作Terni Lapilli的游戏。与现在流行的井字棋玩法不同在于，Terni Lapilli棋双方各拥有三枚棋子，玩家通过走子而非布子的方式实现连成直线的目标。也有一些学者认为，井字棋起源于古埃及[①]。

由于规则简单，井字棋在当代还被广泛应用于认知心理学的研究当中。游戏理论家Brian Sutton-Smith在20世纪六七十年代曾进行了一系列借助井字棋的实验研究，得出游戏中获得的技能与游戏者人格特质及认知风格之间存在相关的结论。20世纪90年代以后，认知心理学家Robert Siegler通过井字棋对儿童行棋过程中认知策略的改变进行了深入的研究。

（2）公元4世纪左右　　非洲　　棋盘游戏大家族

播棋（Mancala）

播棋又名非洲棋、曼卡拉棋，在阿拉伯语中是"搬运"的意思，英文称为Sowing Game，意思为播种游戏，是一类两人对弈游戏的总称。播棋的游戏过程中棋子被一颗一颗放进棋盘的各个洞中，就如同播种一样，因而得名。播棋是个庞大的游戏家族，按照棋盘上小洞的行数一般可以分为两行、三行或四行播棋，玩法较为接近。

播棋属于计数与追捕类（count-and-capture）游戏，最常见的播棋棋盘为长条形的木块，上面中间有两排小洞，两端各有一个大洞（见图1-8）。玩棋时，先在每个小洞中放上相同数量的棋子（如小石子），双方玩家各分一列小洞和一个大洞。接下来，双方轮流从己方任一有棋子的小洞取出该洞的所有棋子，依逆时针方向逐一分配到其他洞中，一洞分配一颗，直至分配完。当小洞中所有棋子全部分完，此时落在己方大洞内的棋子即归自己，当一方获得超过总棋子数量一半时得胜。

播棋究竟源起何时，目前尚不清楚，有待进一步考证。考古学家在埃及红海沿岸发现了公元4世纪的播棋棋盘，是现存最早的播棋。另外在埃塞俄比亚发现了公元6～7世纪的播棋棋盘陶瓷碎片，这也反映出播棋的传播范围之广泛。

图1-8　左侧图为两行播棋的棋具，右侧图中非洲的孩子们在玩播棋游戏

---

① 参见Claudia Zaslavsky. *Tic Tac Toe: And Other Three-In-A Row Games from Ancient Egypt to the Modern Computer*. Harpercollins, 1982。

播棋发源于非洲，通过阿拉伯商人贸易和奴隶交易而被传播到世界各地，如今它普遍流行于非洲国家、拉丁美洲加勒比海地区、东南亚地区，甚至在中国的河南、安徽、广东等地也可见其踪迹。在中国，播棋演变为民间流传的散窑、老牛棋、分六煲棋等。[1]

（3）公元4世纪　欧洲诸国　战略性棋盘游戏

板棋（Tafl game）

板棋，又称翻国王棋，出现于公元400年左右，是国际象棋出现之前普遍流行于欧洲诸国的双人对弈战争类棋盘游戏（见图1-9）。据传，足迹曾遍及欧洲大陆的维京人[2]将其散播于北欧各地，因国别和地区不同，也演变出了许多变体，参见图1-10的介绍。

图1-9　苏格兰国家博物馆提供的古式板棋复制品

板棋是为数不多的对弈双方棋子不均等的棋种。尽管各种板棋的棋盘格数、棋子数量不一，但双方兵卒的比例均为2：1，兵卒较少的一方有一个国王。以图1-10中Tablut为例，简单介绍板棋的玩法：棋盘为7×7方格棋盘。白方（护王方）有兵卒四枚、国王一枚。黑方（捉王方）有兵卒八枚。游戏先按图1-10布置棋子后，双方轮流走一子。所有棋子走法皆是纵横方向可走任意数格至无棋子处，中途不得有子，任一方兵卒不可停在正中间格。行棋方主动的情况下，若有两枚棋子夹住一枚敌方兵卒，则可吃掉对方该枚棋子（夹吃）；捉王方主动的情况下，若有四枚棋子包住护王方国王，则捉王方以围吃国王获胜；护王方若让国王移动至棋盘四角隅格之一，则护王方获胜。

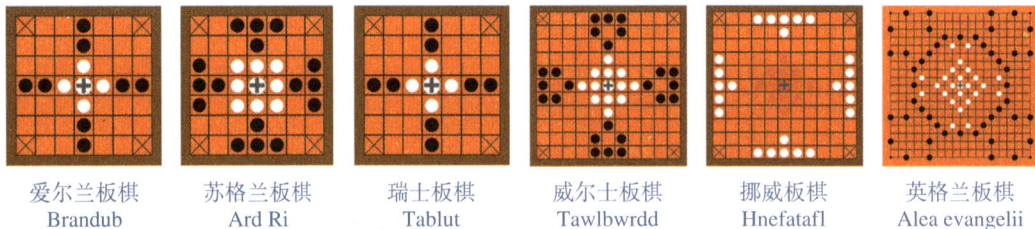

| 爱尔兰板棋 | 苏格兰板棋 | 瑞士板棋 | 威尔士板棋 | 挪威板棋 | 英格兰板棋 |
| Brandub | Ard Ri | Tablut | Tawlbwrdd | Hnefatafl | Alea evangelii |

图1-10　欧洲各地不同形式的板棋

（4）公元11世纪　欧洲　充满战斗激情的64格

国际象棋（Chess）

国际象棋又称西洋棋，是一种二人对弈的战略性棋盘游戏，也是目前世界上最常见的棋盘游戏之一。

---

[1] 散窑，或称打窑、拾羊窝、丢羊窝，是曾流传于河南省等地的播棋类游戏。老牛棋，或称老牛窝，是流传于安徽桐城、安庆等地的播棋类游戏。分六煲棋，因常用碗当棋盘，又称六碗棋，是流传于广东茂名郊区的播棋类游戏，与当地附近流传的四碗棋、五碗棋差别只在棋子数、棋洞数不同。

[2] 维京人（古诺尔斯语：víkingr）是从公元8世纪到11世纪侵扰并殖民欧洲沿海和英国岛屿的海盗，其足迹遍及从欧洲大陆至北极广阔疆域，欧洲这一时期常被称为"维京时期"。

据考,国际象棋起源于印度棋盘游戏恰图兰卡(Chaturanga)[1]。公元6世纪,恰图兰卡从印度传到波斯(即现在的伊朗),演化出了波斯象棋(Shatranj,梵语"恰图兰卡"转为波斯语"恰特兰格",后又改称阿拉伯语"沙特兰兹")。公元7世纪,阿拉伯人征服波斯,使得波斯象棋迅速在阿拉伯世界普及开来。至11世纪末,通过贸易、战争、外交和宗教等途径,波斯象棋已经遍及欧洲各国。

沙特兰兹在欧洲各国的叫法不一,西班牙语称其为ajedrez,葡萄牙语为xadrez,希腊语为ζατρίκιον。欧洲其他国家则借用波斯语shāh(意为"王")作为该棋的称谓,11世纪在法语中出现了echec一词,尔后便有了英文Chess一词,作为国际象棋的称谓。

国际象棋在传播过程中逐渐演变,不断巩固了其在文化生活中的地位。至文艺复兴时期,国际象棋在欧洲已经非常风行,当时与骑术、游泳、射箭、击剑、狩猎、作诗并称骑士教育的七大艺术。到15世纪末16世纪初,国际象棋终于定型,并接近今日所见的样式。

国际象棋棋盘为正方形,由横纵各8格、颜色一深一浅交错排列的64个小方格组成(见图1-11上侧),深色格称黑格,浅色格称白格。开局前布子时要保证己方右下角是白格,且白后占白格,黑后占黑格。国际象棋棋子共32个,黑白两组各16个,由对弈双方各执一组。每组棋子均有六种:国王1个(king,又称王)、王后1个(queen,又称后)、主教2个(bishop,又称象)、骑士2个(knight,又称马)、城堡2个(rook,又称车)、士兵8个(pawn,又称兵)。对弈时,白先黑后,双方轮流走子,一次走一步棋,每类棋子都有其独特的行棋规则,最后以吃掉对方的最高统帅"国王"为胜。

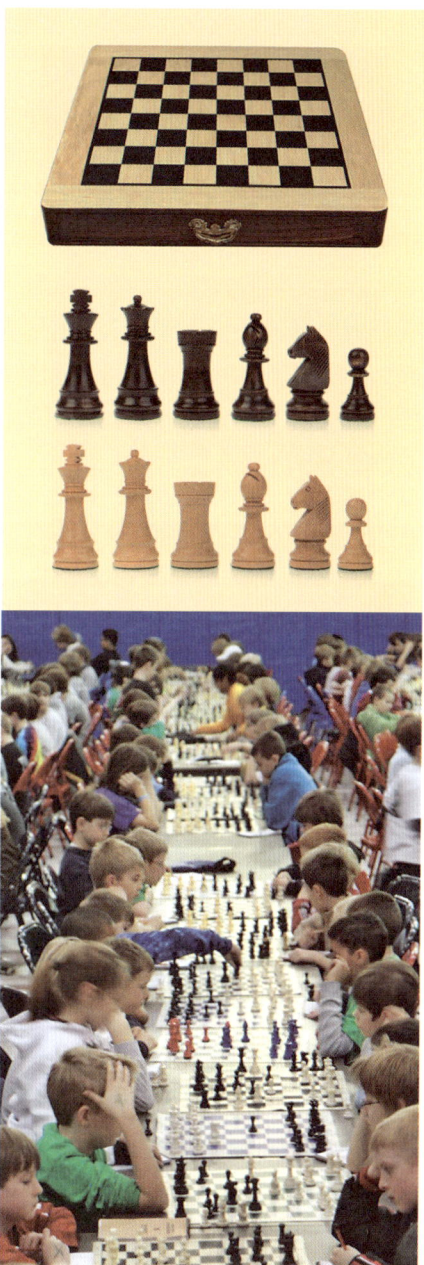

图1-11 上图为国际象棋的棋盘和棋子;下图是当代西方儿童的国际象棋大赛场景,但这在中世纪是难以得见的

---

[1] 恰图兰卡(Chaturanga),梵文的意思为"四军棋",是印度笈多王朝时期出现的一种双人对弈棋盘游戏。棋子有四种,分别为步兵、骑兵、战车和大象,反映了古印度军队的四个兵种。恰图兰卡的玩法已经失传,据史学家推测,其规则与后继的波斯象棋类似。至于中国象棋与恰图兰卡的关系,一种说法认为中国的六博传入印度,发展成为恰图兰卡,而恰图兰卡又影响了中国象棋的定型。

（5）公元13世纪　印度　蕴含教育价值的棋盘游戏

蛇棋（Snakes and Ladders）

蛇棋又称蛇梯棋，是一款起源于印度，后在全球范围内流行的掷赛类棋盘游戏。相传，蛇棋由13世纪时印度诗圣Gyandev设计，意图是传播印度教的价值观。1892年，该棋流传至英国，改名为蛇梯棋。棋中教育传播的设计意图未变，但核心价值观向英国维多利亚时代的价值观转移。

游戏开始时，每位玩家各分配一枚不同颜色的棋子。玩家轮流掷骰子，依点数走子。棋盘中画的数条梯子和蛇，分别代表美德与恶习（如图1-12所示）。当棋子移到梯子底部（印有美德的棋格），则可以爬到梯子最上方的棋格；如果棋子落在大蛇的头上（印有恶习的棋格），则要顺着回到蛇尾所在棋格。首位移到棋盘上第100个棋格[①]（最初指涅槃或解脱）的玩家获胜。

蛇棋是一种玩法比较简单的掷赛游戏，掷骰凭运气一步一步往下走。这款棋最初蕴含教化之意，在成人范围传播，但其简单的机制设计对成人的挑战较小，缺少胜利的喜悦。然而对于儿童来说，蛇棋规则简单又变化莫测，因而后来成了儿童非常喜爱的一款棋盘游戏。

（6）公元1500年左右　家喻户晓的棋盘游戏鼻祖

印度十字戏（Pachisi）

印度十字戏是起源于印度的十字棋盘游戏，被誉为"印度国家游戏"。尽管在印度，十字戏类的游戏历史源远流长，例如图1-13中的Chaupar（一款十字戏类棋盘游戏），大约在公元400年左右就出现了。但印度十字戏直到公元1500年才有明确的定型。

早期的印度十字戏适合2～4人游戏，每人4枚棋子，采用6个贝壳作为掷具（参见图1-14）。行棋时，轮流掷6个贝壳，依采数[②]移动一枚自己的棋子。另需掷出特定的采，自己的棋子才能进入棋盘并移动。棋子以逆时针方向绕最外边的棋盘格一周后，再沿中心路朝终点前进，途中可穿过任何棋子。若遇到他方棋子，则将他方棋子踢回原有者手

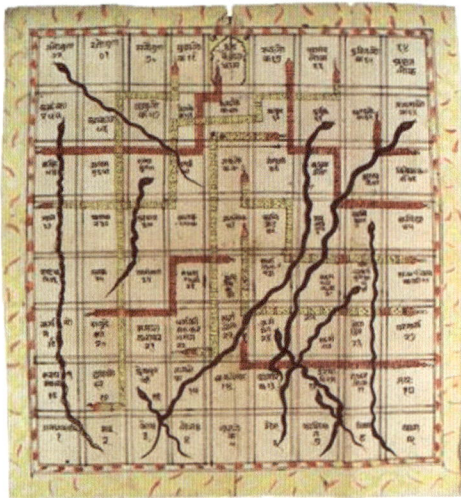

图1-12　公元1700年出品的一个印度蛇棋棋盘

图1-13　印度教神湿婆和帕娃蒂对弈Chaupar

---

① 蛇棋棋盘的格数有多种，如8×8，10×10或12×12。目前最常见的是10×10一百个方格的棋盘。

② 一般规则是，贝壳正面数为2～6时，采数也是2～6；贝壳正面数为0时，采数为25；贝壳正面数为1时，采数为10。采数为6及以上，玩家获得可再来一次或放子入场的奖采。

图1-14 图中6个贝壳掷出的采为"3"。当然，采数与贝壳正面数并不等同，而是有一定的对照关系

中，重新开始。一局棋以先将所有己方棋子走至终点为胜（游戏规则与近代十字戏比较接近）。

印度十字戏在棋盘游戏中有十分重要的地位，它是近代各类十字戏：英国十字戏（Ludo）、德国十字戏（Mensch-ärgere-dich-nicht）以及中国儿童耳熟能详的飞行棋[①] 等的鼻祖（见图1-15）。

诚如Finkel（2007）在分析棋盘游戏产生的原因时所说，从早期棋盘游戏所处时代背景的分析来看，棋盘游戏的出现与人类社会进程中集体生活趋于稳定密不可分。彼时的人们开始共同承担责任与劳动，生活相对稳定，劳动生产率随之提高，闲暇时光也与日俱增。打发闲暇时光的精神需求为棋盘游戏的诞生提供了土壤。在印度，人们甚至将棋盘游戏称为"打发时间"。或许在早期，世界各地诞生的棋盘游戏最主要的动因就是为了打发时间或享受时光。因此，在古代社会相当长的时间里，棋盘游戏主要流行于贵族和上层社会，因为他们拥有更多的闲暇时光和享受娱乐的权利。

另外，反观早期棋盘游戏与儿童的关系，我们不难发现：儿童，尤其是年龄较小的儿童，并未成为棋盘游戏的主要使用者，棋盘游戏主要是成人的玩具，是供成人娱乐的工具。即便有些棋盘游

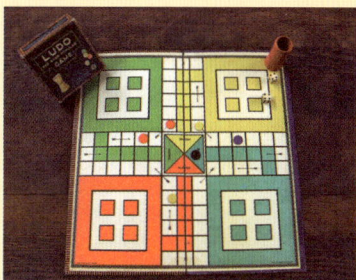

1896年，英国人引进印度十字戏，命名为Ludo

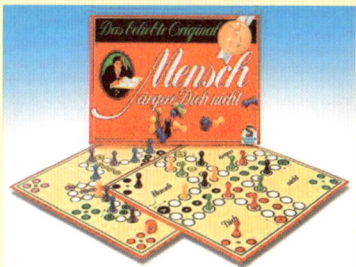

1907年，德国人在印度十字戏基础上，设计了德国十字戏

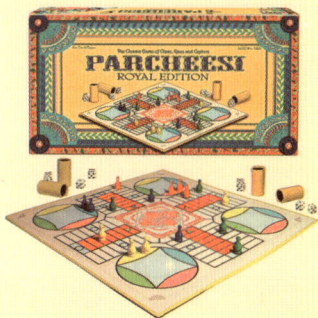

Parcheesi是印度十字戏在美国的商标名

风靡中国的飞行棋也是在印度十字戏基础上发展而来的

图1-15 近代各类十字戏的鼻祖均为印度十字戏

[①] 飞行棋发明的年代和发明人不详，有人认为飞行棋至少发明于二战以后，因为它是关于飞行（Flight Game）的棋盘游戏。有人认为该棋是中国人的原创，是为纪念二战时飞虎队的卓越功勋。

戏也适合儿童（比如井字棋、播棋、蛇棋等），而且有些棋盘游戏也确实体现了寓教于乐的朴素想法，但古代人们的儿童意识是淡薄的，人们并未将儿童视为独立的主体，这些都使得古代棋盘游戏中缺少儿童的身影。

棋盘游戏犹如现实生活，总是能力与机遇并存，且蕴含了人类重要的人生课题：生存、竞争、战役、比赛、狩猎、社会组织与计算等，这些元素在古代的棋盘游戏留下了相当深刻的印记。比如数千年来常年的混战使许多棋盘游戏印上了战争的烙印，国际象棋、板棋等的游戏目标均是将对方的王将死，而这与战争中"擒贼先擒王"的策略不谋而合。因此，参与者在古代棋盘游戏中很少体验合作。而随着现代社会的临近，与社会价值观共同进步，棋盘游戏中的合作元素也将日渐凸显。

二、近现代：棋盘游戏的发展、衰落与复兴

到了近现代，特别是从18世纪开始，欧美国家逐渐成为棋盘游戏发明与创造的中心，并以每年发行上百款游戏的速度发展着，如今棋盘游戏已经成为与书本一样的出版物，是西方出版行业一项重要的产业。而在中国，古代的棋盘游戏得到了较好的传承，但在创新性方面发展较为滞后，其影响力相较于欧洲要稍逊一筹。所以这部分我们将重点讨论欧洲棋盘游戏的发展，并揭示这个时期棋盘游戏发展的一些特点。

（一）近现代棋盘游戏发展的四个阶段及典型代表

1. 发展期（文艺复兴时期～二战前）

现代棋盘游戏起源于文艺复兴后期，尤其是第一次工业革命发生后，随着欧洲资本主义渐次发展，人民生活水平逐渐提高，普通民众拥有了更多的休闲娱乐时间，棋盘游戏开始广泛出现在普通家庭之中。值得一提的是，1860年平版印刷的发明不仅使彩色印刷制品的成本大为降低，同时也让印刷生产的速度大幅提升，进而促成了棋盘游戏的普及，逐渐演变为普通民众重要的娱乐活动之一。

同样，随着启蒙时代人们对儿童认识的改变，儿童不再被视为是缩小版的成人，而被看作独立的个体，有权享受其童年。随即而来的是人们对儿童与棋盘游戏关系的崭新认识，专门针对儿童设计的棋盘游戏不断推陈出新，游戏棋也成为儿童游戏与学习的重要方式。

（1）公元1892年　德国　现代跳棋的诞生

中国跳棋（**Chinese checkers**）

中国跳棋其实并非起源于中国，关于它的名称，有着一段曲折的故事。

1883年，美国哈佛大学医学院毕业生 George Howard Monks，在欧洲医学中心实习期间，受英国棋盘游戏 "Hoppity"[①] 的启发，发明了四角跳棋（又称哈尔马跳棋、方盘跳棋，

---

① 参见 Brian Love. *Great Board Games*. London: Ebury Press, 1979。

英文为Halma,有"跳跃"的意思,如图1-16左图)。四角跳棋适合2人或4人游戏,棋盘为正方形,按16×16分共有256格。开始时棋子分布在四个角落,游戏以最快跳到棋盘对角为目标,其规则与后来的中国跳棋相似。四角跳棋的显著特点是不吃子,这在当时的西方是一个创举,因为以前的诸多跳棋都是吃子的。

1892年,德国Ravensburger玩具公司对四角跳棋进行了改良,推出了今天最常见的六角星形跳棋,称为"Stern-Halma"(Stern一词在德语中为星形之意,见图1-16右图)。这一改良降低了四角跳棋的游戏难度,适合2、3、4或6人一起玩,且幼儿也能参与到游戏中来。该棋盘游戏一经推出,在商业上迅速取得了成功,很快就取代了四角跳棋。1928年美国Pressman玩具公司在引进这款棋盘游戏时,为增添神秘的东方色彩,将其命名为"中国跳棋"。这一命名完全是一种营销手段,而且这一招果然灵验,使得中国跳棋在欧洲、美洲迅速流行起来。

中国跳棋的游戏规则很简单。布子方式如图1-16右侧所示,布子后各方轮流走子。走子形式有两种:一种是步行,即棋子沿线走1步,走入空棋格,方向不限。另一种是跳行,即在同一条直线上,隔一枚棋子跳入空棋位,方向不限。既可以跳过他人棋子,也可以跳过己方棋子。允许连续跳行,且跳行次数不限,中途可以转弯。以出发区对面的三角形区域为目的地,首先将己方全部棋子到达目的地者获胜。中国跳棋兼具趣味性与益智性,而且一玩就懂,是深受儿童喜爱的一款棋盘游戏。

图1-16 左侧为四角跳棋Halma,右侧为改良后的中国跳棋的典型样式

（2）公元1933年 美国 最流行的棋盘游戏

大富翁（Monopoly）

1903年,美国人Lizzie Magie为宣传单一税制的优点,发明了一款棋盘游戏,称为大地主游戏(The Landlord's Games)。这款游戏便是有史以来最畅销的棋盘游戏——大富翁的前身(见图1-17)。

1933年,美国大萧条时期一位失业的地产销售员Charles Darrow,结合自己的经验,对大地主游戏进行了简化、改良,并将其重新命名为大富翁(Monopoly)。1934年美国玩

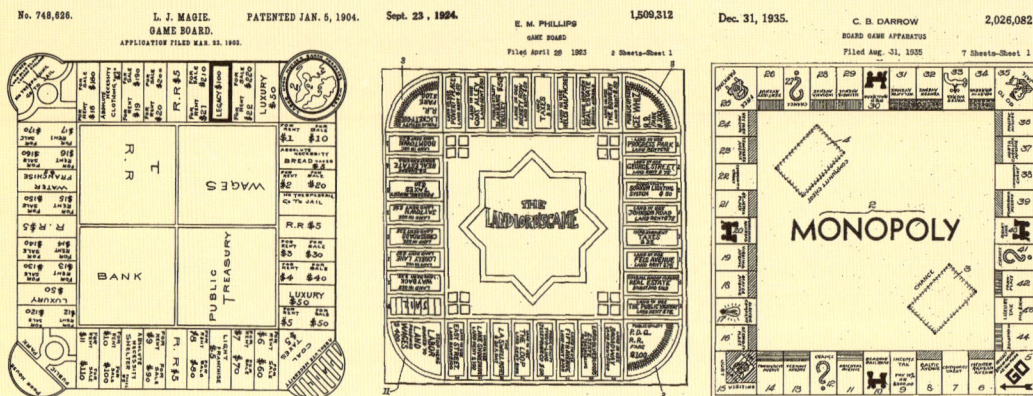

图1-17　左侧两图为1904年及1924年Lizzie Magie申请的大地主游戏棋盘设计专利书，右侧图为Charles Darrow于1935年申请的大富翁棋盘设计专利书

图1-18　左侧图为1935年到2015年间发行的不同版本的大富翁棋盘游戏；右侧图为中国、英国、俄罗斯、意大利、日本、加拿大和波兰等国不同时期发行的大富翁棋盘游戏

具生产企业帕克兄弟（Parker Brothers）公司①买下了大富翁的版权，仅一年后，大富翁就成了全美最畅销的棋盘游戏，之后更是风靡全球一百多个国家（见图1-18呈现的不同时期、不同国家的大富翁棋），在不同时代拥有无数玩家。许多中国的棋盘游戏爱好者也都是从大富翁开始接触棋盘游戏的。

_____

① 帕克兄弟公司是美国早期的玩具设计与制造商。自1883年以来，该公司推出了诸多十分畅销的棋牌类游戏产品，包括大富翁、妙探寻凶（Cluedo）、对不起！（Sorry!）等。帕克兄弟公司目前是玩具跨国公司孩之宝（Hasbro）的子公司。

大富翁,亦称地产大亨、强手棋。从英文字面上看,有"垄断独占"之意,恰好说明该游戏的本质是金钱交易的策略型游戏。游戏以掷骰点数前进,伴有多种道具、卡片使用。玩家分得一定数量的游戏金钱,通过掷骰前进,一路可通过买地、建楼以赚取租金、收取过路费等方式来积累资产。游戏最后仅有一位玩家胜出,其余均破产收场。

近些年,大富翁游戏棋的教育功能也被不断挖掘,甚至被一些中小学纳入相关课程,教师利用其对学生进行理财教育,帮助儿童学习数学和发展其问题解决能力等。

2.黄金期(二战后～20世纪80年代末)

棋盘游戏在第二次世界大战后进一步发展,世界总体局势的和平稳定及世界经济的复苏与腾飞成就了棋盘游戏的黄金时代。大工业规模化生产和儿童教育的逐步普及,使棋盘游戏在商业浪潮中推陈出新并不断拓展适用范围。

20世纪50年代后,随着电视在大众生活中的迅速普及,诸多棋盘游戏的主题也开始与电视节目挂钩,相互影响,相得益彰;到了20世纪70年代,德式桌游(German-style Board Game)逐渐开始占据棋盘游戏的主导地位,成为棋盘游戏黄金期的重要标志。这类游戏设计精巧、印刷与制作品质精美,规则简单容易上手,强调战略、淡化运气,竞争中带有合作,玩家间互动性强,在欧洲蔚为风潮,并影响到全世界。

(1)公元1949年　英国　侦探推理棋盘游戏的经典

妙探寻凶(Cluedo)

妙探寻凶(在美国被称为Clue,见图1-19)是一款侦探类棋盘游戏,游戏人数:3～6人,可以加一个裁判。该游戏由英国人Anthony Pratt设计,英国Waddingtons游戏公司的Norman Watson将其命名为"Cluedo"并于1949年正式发行。

该游戏棋盘是一个乡村别墅的房间平面图。别墅的主人被害,六个角色(由不同颜色的棋子表示)均成为嫌疑犯。6个角色、6件凶器、9个房间都有自己的一张卡片。游戏开始,代表凶手、凶器及行凶地点的3张卡片被随机抽出,并放进绝密档案袋。剩下的卡片平均分到每个玩家手上,这就是每个人掌握的情报,游戏者通过掷骰子在各个房间里走动,向其他玩家提出自己的推测,并获得反馈,谁能最快猜到装在绝密档案袋里的凶手、凶器及行凶地点,谁就是赢家。

时至今日,妙探寻凶历经50多年,仍长盛不衰,成为侦探推理棋盘游戏的经典之作,也成为不少电视节目、电影的主题。

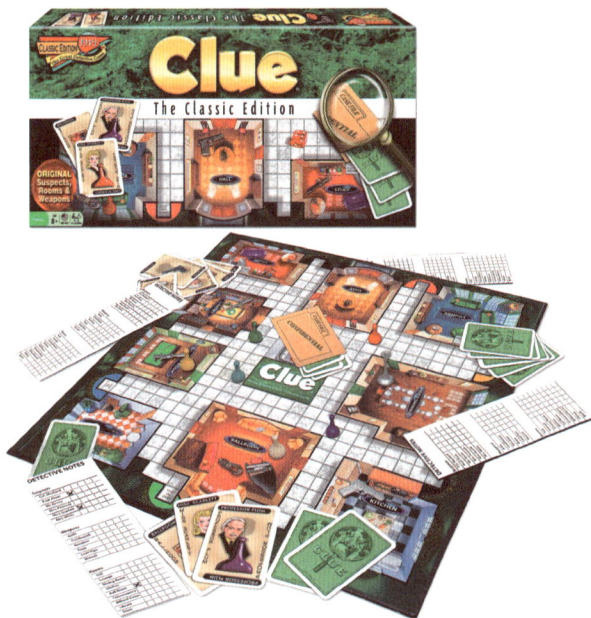

图1-19　美国出售的"妙探寻凶"经典版

（2）公元1949年　美国　年幼儿童的棋盘游戏

糖果世界（Candyland/Candy Land）

糖果世界是由美国设计师Eleanor Abbott设计的一款针对小年龄儿童的棋盘游戏，于1949年由美国玩具生产商Milton Bradley出版发行。发行当年即大获成功，成为当年最热卖的棋盘游戏。1984年，Milton Bradley公司被孩之宝收购之后，糖果世界开始作为一个玩具品牌经营，陆续出版糖果世界拼图、各地旅行版游戏棋、电脑游戏以及手机游戏APP等多样化产品。

如图1-20所示，糖果世界适合2～4人游戏，每个玩家拥有一个代表自己的姜饼小人，共有4种不同颜色的姜饼小人。每一轮儿童轮流抽一张卡片，根据卡片的颜色和数目决定如何前进。同时卡片中还有一些图形卡（例如彩虹桥和陷阱卡片）会为旅程设置一些障碍，最后谁率先到达糖果城堡谁就赢了这次游戏。

糖果世界游戏规则简单易懂，无须文字说明，只需拥有基本的识图能力，适合尚不识字的幼儿。由于主要以小年龄儿童为游戏主体，因而游戏机制的设计也非常简单：抽一张卡片，然后移动到与这张卡片颜色相符的一个棋格。游戏机制简单，加之主题富有魅力，1949年问世至今，糖果世界成了经久不衰的经典棋盘游戏，2005年荣登美国国家玩具名人堂。

图1-20　糖果世界是众多年幼儿童的第一款棋盘游戏

思与辨1

从儿童适宜性思考五子棋的演变

起源于我国古代的五子棋，是一种双人对弈的策略性棋盘游戏。五子棋棋具与围棋大致相同，棋子为黑白两色。对局时，两人各执一色，轮流下子。先将五子连成一行者为胜。

为什么是五子连珠，而不是四子连珠或者六子连珠呢？四子连珠可能太容易，攻方优势明显，下几步即可胜；而六子连珠则太难，守方优势明显，很难连成。棋盘游戏的主要特点在于能让游戏双方处于平衡的位置，而对成人而言，五子大概是一个最佳的攻守平衡点,因此五子连珠得以发扬光大。

但适合成人的策略游戏未必适合儿童。下好五子棋往往不仅需要有高度集中的注意力,更需要严密的数理逻辑与精确计算能力:预先计划,计算子力、位置、攻守等。因此,对心智水平尚处于皮亚杰所谓"前运算阶段"的幼儿而言,他们思维的灵活性普遍发展不够,因此下五子棋未必适合幼儿。

本书前面提及的井字棋又称三子棋,游戏规则十分简单,三子连珠即胜。但三子棋也有不如人意之处:一方面,三子棋中蕴含的策略相对不多,盘面变化相比五子棋大大减少,同时又几乎不包含运气成分,因此儿童一旦掌握了赢棋的关键技巧,游戏则会变得较为单调;另一方面,三子棋的操作物太少,这导致每一次落子都非常关键,否则很容易"棋错一招满盘输",输赢过早决定大大降低了孩子们游戏的趣味性。由此可见,三子棋也未必是十分适合幼儿的棋盘游戏。

在这种背景下,1974年美国Milton Bradley公司推出的四子棋(Connect Four)应运而生。如图1-21所示,四子棋棋盘共有6排7列,棋盘垂直摆放,两名玩家各有21个圆形棋子,以不同颜色辨别。玩家轮流将一个棋子由上方放入棋盘任何未全满的一列,棋子会落入该列最底端未被占据的位置。任何一方先将自己四个棋子在横、竖或斜方向连成一条直线,即可获胜。假如棋盘已完全被棋子填满,但仍未有任何一方成功把四枚棋子成一直线,则为和局。

四子棋的设计充分体现了儿童适宜性,其难度介于五子棋和三子棋之间,设计充分考虑了幼儿游戏的年龄特点,加强了游戏的趣味性、操作性、可玩性,同时也能较好地促进幼儿认知策略的发展。

图1-21　两名儿童正在玩四子棋

（3）公元1978年　德国　年度桌面游戏奖的创立

1978年,德国年度游戏奖(Spiel des Jahres,简称SDJ)设立,以表彰新发明的优秀桌面游戏,提升游戏产业的文化价值。有人称年度游戏奖为"桌面游戏界的奥斯卡",足见其在业界的受重视程度。这个奖项至今已有超过30年的历史,是目前全球范围内最具影响力的游戏大奖。年度游戏奖的评选标准包括:游戏的原创性、游戏性及教育价值;游戏规则的组织性、清晰度、易懂性;以及游戏包装和棋盘设计等。此奖项的设立对棋盘游戏的传承、发展与创新起到了重要作用。

1989年起,年度游戏奖还专设了年度儿童游戏奖(Kinderspiel des Jahres),这也说明了儿童游戏已经成为棋盘游戏的重要分支。表1-1为1989～2015年获年度儿童游戏奖的游戏简介(网站:www.spiel-des-jahres.com)。

表1-1　1989～2015年获年度儿童游戏奖的游戏列表

年度	外　观	简　　介	
		基　本　信　息	主题及机制
1989		名称：好朋友（Gute Freunde） 适合年龄：4岁以上 游戏人数：2～4人 游戏时长：20分钟 作者：Alex Randolph 出版商：Selecta	**主题**：池塘里的青蛙要跳过一朵朵莲花，并在途中收集金币和银币 **机制**：掷骰移动
1990		名称：闹鬼的城堡（Das Geisterschloss） 适合年龄：6岁以上 游戏人数：2～4人 游戏时长：25分钟 作者：Virginia Charves 出版商：F.X.Schmid	**主题**：城堡里住着21个幽灵，他们想找到自己的影子，玩家要帮助幽灵和它们各自的影子进行匹配 **机制**：记忆策略
1991		名称：海盗大冒险（Corsaro） 适合年龄：5岁以上 游戏人数：2～4人 游戏时长：30分钟 作者：Wolfgang Kramer 出版商：Herder	**主题**：玩家扬帆出海，要负责将所有船只送到目的地，航海途中必须要小心避开黑色的海盗船的侵袭 **机制**：合作游戏；掷骰移动
1992		名称：赛猪俱乐部（Schweinsgalopp） 适合年龄：6岁以上 游戏人数：2～4人 游戏时长：15分钟 作者：Heinz Meister 出版商：Ravensburger	**主题**：玩家在赛猪俱乐部赛猪，共有5种颜色的猪，玩家可以任意控制并移动任何一只，如果能将某只猪移动到最前面，则可以获取食物奖励 **机制**：移动策略运用
1993		名称：龟缠（Ringel Rangel） 适合年龄：4岁以上 游戏人数：2～4人 游戏时长：20分钟 作者：Geni Wyss 出版商：Haba	**主题**：帮助24只海龟经由树桩到达游戏场的终点 **机制**：移动策略运用
1994		名称：翻滚路易（Looping Louie） 适合年龄：5岁以上 游戏人数：2～4人 游戏时长：15分钟 作者：Carol Wiseley 出版商：MB	**主题**：开飞机的路易在谷仓四处捣乱，玩家要通过反击，以保护自己谷仓的小鸡不被路易抓走 **机制**：玩家消减；快速反应

（续表）

年度	外观	简　　介	
		基 本 信 息	主题及机制
1995		名称：碰撞（Karambolage） 适合年龄：6岁以上 游戏人数：2～4人 游戏时长：20分钟 作者：Heinz Meister 出版商：Haba	**主题：** 玩家根据所掷的两枚骰子的颜色，利用弹力绳使一种颜色的圆木块精准地撞击另外一种颜色的圆木块，如果成功撞击，则可以记一分 **机制：** 掷骰子；运动控制
1996		名称：诺亚公园（Vierzumir!） 适合年龄：5岁以上 游戏人数：3～8人 游戏时长：20分钟 作者：Heike Baum 出版商：ASS	**主题：** 24个不同的动物，分别藏在24个小盒子里，并均匀地分配给每个玩家。玩家通过互相提问的方式，尽快寻找到与自己手持卡片上相对应的动物，越多越好 **机制：** 记忆策略
1997		名称：船儿漂（Leinen los!） 适合年龄：6岁以上 游戏人数：2～4人 游戏时长：10分钟 作者：Alex Randolph 出版商：Haba	**主题：** 控制小船绕开大海中的浮标，沿着航线到达终点。由于小船是由分开的两部分：船身和马达组成，船身会朝向任意方向灵活地转动，玩家需努力控制好船的行驶方向 **机制：** 感知判断 / 竞赛
1999		名称：冰上钓鱼（Kayanak） 适合年龄：6岁以上 游戏人数：2～4人 游戏时长：20分钟 作者：Peter-Paul Joopen 出版商：Haba	**主题：** 模拟生活在北极的因纽特人进行冰上钓鱼比赛 **机制：** 记忆策略 / 掷骰
2000		名称：摇摇树（Arbos） 适合年龄：6岁以上 游戏人数：1～8人 游戏时长：30分钟 作者：Armin Müller, Martin Arnold 出版商：M+A Spiele	**主题：** 玩家轮流动手将树叶和树枝插在摇晃的树干上，同时要保证整棵大树不能倒下，树叶和树枝插得越多越好 **机制：** 感知判断与决策
2001		名称：克朗代克（Klondike） 适合年龄：6岁以上 游戏人数：2～4人 游戏时长：20分钟 作者：Stefanie Rohner, Christian Wolf 出版商：Haba	**主题：** 玩家扮演淘金者，从袋子里抓取圆球，其中黄色的圆球是金子。玩家之间用金子作赌注来猜测其他人最后会剩下几个金子 **机制：** 概率判断

（续表）

年度	外观	简　介	
		基本信息	主题及机制
2002		名称：瓢虫的化装晚会（Maskenball der Käfer） 适合年龄：4岁以上 游戏人数：2～6人 游戏时长：20分钟 作者：Peter-Paul Joopen 出版商：Selecta	**主题**：瓢虫要在蚂蚁爬上餐盘之前，与其他瓢虫互换斑点，穿上五彩的礼服，去参加晚会 **机制**：合作游戏；转转盘并移动；图式认知
2003		名称：起司天堂（Viva Topo!） 适合年龄：4岁以上 游戏人数：2～4人 游戏时长：20分钟 作者：Manfred Ludwig 出版商：Selecta	**主题**：不同颜色的老鼠为了取得更多芝士而小心前进，因为有一只饿猫正在追逐它们呢 **机制**：掷骰移动；概率判断
2004		名称：幽灵阶梯（Geistertreppe） 适合年龄：4岁以上 游戏人数：2～4人 游戏时长：15分钟 作者：Michelle Schanen 出版商：DreiMagierSpiele	**主题**：一群小朋友来到阶梯探险，比赛谁先到达阶梯的终点，但是阶梯上有幽灵飘来飘去，可能会把小朋友的视线盖住 **机制**：掷骰移动；记忆策略
2005		名称：钟楼精灵（Das kleine Gespenst） 适合年龄：5岁以上 游戏人数：2～4人 游戏时长：15分钟 作者：Kai Haferkamp 出版商：Kosmos	**主题**：每当巨大的时钟前进一个小时，窗口处都会出现一张图片，小朋友要找一找哪一扇门的后面有跟它一样的画面 **机制**：记忆策略
2006		名称：黑海盗（Der schwarze Pirat） 适合年龄：5岁以上 游戏人数：2～4人 游戏时长：20分钟 作者：Guido Hoffmann 出版商：Haba	**主题**：忠实又正直的船员们正在岛屿之间运送宝藏，然而邪恶的黑海盗试图掠夺宝藏 **机制**：掷骰移动；点到点移动
2007		名称：山羊贝波（Beppo der Bock） 适合年龄：5岁以上 游戏人数：2～4人 游戏时长：15分钟 作者：Peter Schackert, Klaus Zoch 出版商：Oberschwäbische Magnetspiele	**主题**：山羊贝波擅长运动，但是它不喜欢被打扰，如果有棋子撞到了贝波，这枚棋子就需要重新出发。玩家的棋子要想尽快到达终点，就要注意避开贝波 **机制**：磁体吸引

（续表）

年度	外观	简　　介	
		基 本 信 息	主题及机制
2008		名称：是谁干的？（Wer war's?） 适合年龄：6岁以上 游戏人数：2～4人 游戏时长：30分钟 作者：Reiner Knizia 出版商：Ravensburger	主题：保护童话王国的魔法戒指被偷走了，玩家要扮演侦探，在城堡里查找线索，找出小偷 机制：合作游戏；掷骰移动
2009		名称：魔法迷宫（Das magische Labyrinth） 适合年龄：6岁以上 游戏人数：2～4人 游戏时长：25分钟 作者：Dirk Baumann 出版商：Schmidt Spiele	主题：玩家扮演魔法师的学徒，在乱糟糟的魔法迷宫里寻觅丢失的物品。然而魔法迷宫里的道路已经关闭了，玩家需要反复试验才能找到出路 机制：网格移动；记忆策略；路线搭建
2010		名称：恐龙迭戈向前冲（Diego Drachenzahn） 适合年龄：5岁以上 游戏人数：2～4人 游戏时长：15分钟 作者：Manfred Ludwig 出版商：Haba	主题：恐龙迭戈按照小卡片上的指示向体育场投掷玻璃弹球，但是其他人并不知道它投掷的目标是其中的哪一个物体，所以要猜猜看 机制：意图推测／意图隐藏
2011		名称：钻小虫（Da ist der Wurm drin） 适合年龄：4岁以上 游戏人数：2～4人 游戏时长：15分钟 作者：Carmen Kleinert 出版商：Zoch	主题：不同颜色的小虫在泥土下钻土前行，通过棋盘上预留的缝隙可以看到小虫的具体位置。玩家通过掷骰、竞猜帮助小虫移动，最先到达终点的小虫获胜 机制：掷骰移动；竞猜
2012		名称：蜘蛛网和蟾蜍（Spinnengift und Krötenschleim） 适合年龄：6岁以上 游戏人数：2～4人 游戏时长：30分钟 作者：Klaus Teuber 出版商：Kosmos	主题：女巫厨房里的小精灵跑出来了，把所有的食材都弄乱了，玩家要去寻找这些食材 机制：记忆策略
2012		名称：抓住胡比！（Schnappt Hubi!） 适合年龄：5岁以上 游戏人数：2～4人 游戏时长：20分钟 作者：Steffen Bogen 出版商：Ravensburger	主题：小兔子和小老鼠一起要抓住小幽灵胡比，但是因为胡比是幽灵，它来去无形，所以并不容易抓到 机制：合作游戏；组合式棋盘

（续表）

年度	外　观	简　介	
		基　本　信　息	主题及机制
2013		名称：魔法高塔（Der verzauberteTurm） 适合年龄：5岁以上 游戏人数：2～4人 游戏时长：20分钟 作者：Inka, Markus Brand 出版商：Schmidt / Marke Drei Magier Spiele	**主题：**美丽的公主被坏巫师关在了高塔上，英雄要赶在坏巫师之前找到钥匙，前往高塔解救公主。困难是：高塔被下了诅咒，在六个门锁中只有一个能打得开 **机制：**掷骰移动
2014		名称：烈酒、小鬼、寻宝行家！（Geister, Geister, Schatzsuchmeister!） 适合年龄：8岁以上 游戏人数：2～4人 游戏时长：30分钟 作者：Brian Yu 出版商：Mattel Games	**主题：**寻宝行家要搜寻藏在房间里的珍贵珠宝，但是小鬼并不会轻易将它们贡献出来。寻宝行家必须要在房间被小鬼控制之前找到八个珠宝并成功逃出房间 **机制：**合作游戏；掷骰移动
2015		名称：蜘蛛瑞拉（Spinderella） 适合年龄：6岁以上 游戏人数：2～4人 游戏时长：20分钟 作者：Roberto Fraga 出版商：Zoch	**主题：**玩家要帮助小蚂蚁到达赛道终点，路途中会有调皮的蜘蛛瑞拉捣乱 **机制：**掷骰移动

3. 盘桓期（20世纪90年代～21世纪初）

20世纪90年代以后，随着电脑游戏的兴起，棋盘游戏作为一种传统游戏形式呈现了沉积盘桓的状况。据统计，1995～1996两年中，德国桌游市场萎缩了10%，此后较长时间停滞不前。棋盘游戏之所以遇到发展的瓶颈，一方面是由于以电脑游戏和网络游戏为代表的新兴娱乐休闲活动分流了棋盘游戏的玩家人口，人们将更多的时间花在计算机和互联网上。另一方面，优秀设计人才的流失，使得棋盘游戏设计缺乏后起之秀，玩家们由于没有看到新的游戏创意而逐渐丧失了兴趣。而且那些80年代和90年代早期较受欢迎的棋盘游戏也不再能够影响整个市场了。经历了接近半个世纪的繁荣以后，桌面游戏在西方国家出现了明显的衰退。尽管如此，这个时代还是涌现出了不少杰出的棋盘游戏设计师，也产生了一批具有时代意义的优秀棋盘游戏作品。

（1）公元1995年　德国　我们这个时代的桌游

卡坦岛（The Settlers of Catan）

卡坦岛又名卡坦岛拓荒者，是1995年由德国游戏设计师Klaus Teuber设计、Kosmos公司出品的一款典型德式策略游戏，曾荣获1995年度德国游戏奖。该棋盘游戏以大航海时代为背景，描述了海洋中一个由19块六角形地块（包括树林、草原、麦田、丘陵、矿山及沙漠）组成

的小岛（参见图1-22）。游戏玩家作为拓荒
者来到卡坦岛，通过掷骰子获取资源，同时进
行资源交易，然后将资源投入建设以赢得分
数。游戏中，玩家通过建造房屋、城市、道路，
以扩大在卡坦岛上的势力范围。玩家合作
朝目标前进之余，亦要寻求自己的致胜之道。
最终，总分先达到10分或以上者获胜。

图1-22　卡坦岛的游戏场景

卡坦岛的设计在运气和策略之间进行了
很好的平衡，尽管游戏中需要大量运用策略，
但游戏较容易上手。游戏推出之后，很快在
欧美等地获得热捧，美国《华盛顿邮报》2010年曾高度评价这款游戏："正如大萧条时期的
大富翁游戏，卡坦岛是我们时代的桌游。"

2012年Klaus Teuber改编推出了适合2～4位6岁以上儿童游戏的卡坦岛少儿版
（Catan: Junior）。少儿版在原版基础上，将游戏背景进一步趣味化，加重了运气成分，减轻了
思维策略的比重，移除和简化了许多复杂的规则：建造的资源种类减少，替换为木头、绵羊、
糖浆和宝剑四种；取消了玩家间的交易，使得整个游戏更符合儿童的年龄特点和兴趣爱好。

（2）公元2000年　德国　权衡运气和策略的佳作

卡卡颂（Carcassonne）

卡卡颂取名自法国南部小镇Carcassonne，有时也被称为卡卡城，是一款适合2～5人
参与的棋盘游戏。顾名思义，这是一款关于城市建设的棋。该款游戏2000年由德国设计
师Klaus-Jürgen Wrede设计，Hans im Glück桌游公司推出，曾获2001年度德国游戏奖。

卡卡颂的主要游戏机制为版图放置及区域控制。游戏中以卡牌建构出中古世纪的图
景，而玩家扮演诸侯的角色，用随从占地以获得分数。基本版的游戏包含72张卡牌，其中一
张为"开始牌"。游戏开始先将"开始牌"放置在桌面的中央，其余71张牌洗好后背面朝上
放置，玩家依序抽牌，并将其放置于适当的位置。每一张卡牌可能包含一种或几种下列元
素：草原、道路、城市、修道院。玩家必须将手上的卡牌与桌面上已经摆好的地形图衔接起
来。也就是说，草原必须衔接草原，道路必须衔接道路，城市必须衔接城市。而在每一回放
置一张卡牌之后，玩家可以考虑是否派出一位随从占领土地。需要注意的是，如果某块地已
经属于其他玩家（也就是说，玩家摆上卡牌后，与之相连的地块上已经安置了其他诸侯的随
从），则不可以占领。如果同一地上恰好同时有两名或多名随从，则这些随从的主人（玩家）
将共享这块地的分数。当最后一块卡牌被放下后，游戏结束，按算分规则得分最高者获胜。

卡卡颂巧妙地结合了卡牌抽取的随机性与版图放置、派遣随从的策略性，使这款游戏
中运气成分与技能要素交织，引人入胜。实际上，谁也不知道自己下一次会抽到什么卡牌，
但可能性却是有大有小的。另外，看着每次大家摆出不同的漂亮卡卡城，也是一种乐趣。

2009年，德国设计师Marco Teubner在原版卡卡颂的基础上，改编设计出少儿版卡卡颂
棋盘游戏（The Kids of Carcassonne，见图1-23）。少儿版卡卡颂适合4～10岁儿童进行游戏。
故事情境放在了法国国庆日的卡卡颂城，这一天小动物都跑出来了，小朋友们的任务就是

图1-23　卡卡颂儿童版的游戏场景

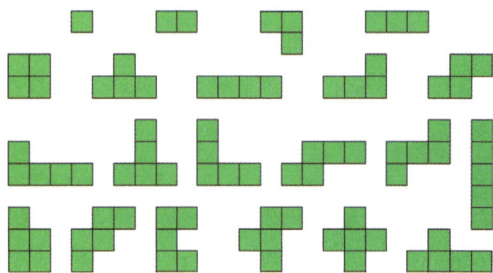

图1-24　21个角斗士棋棋子的外观特点

图1-25　角斗士棋少儿版的棋具

围圈子追动物。游戏仍采用版图放置方式，但卡牌数减少至36块，卡牌之间的贴合度也更高了。胜利条件变为谁最先将手中的小人全部放到街上或者谁放的小人最多即胜，因而进行一轮游戏的时间大大缩短，难度更加适合儿童。同时浪漫的情境和童趣的拼图风格更提升了该游戏的可玩性。

（3）公元2000年　法国　空间逻辑的探索者

角斗士棋（Blokus）

角斗士棋是一款需要借助空间思维的策略性棋盘游戏，2000年由设计师Bernard Tavitian设计，并由法国Sekkoïa公司发行。角斗士棋盘是一块20×20共有400个方格的方形板，为方便摆放棋子，棋板上设计了凹槽。角斗士棋子由五格拼图[①]改编而成，有4种颜色（蓝色、黄色、红色和绿色）的棋子各21个（见图1-24），总共84个棋子。

角斗士棋的行棋规则较简单，行棋者执一种颜色的棋子，每一次在棋盘上放一个子。棋子之间只能角相连，不能边相连。行棋者轮流在棋盘上摆放自己的棋子，当所有行棋者均无法继续放棋子时，则该局游戏结束，手中剩下棋子最少的一方获胜。该游戏较量的是谁能将棋子放得巧妙、更加合理地利用空间。行棋者不但要注意自己棋子的摆放，同时要注意防范和阻截对手。

角斗士棋的棋子形状多样，游戏过程需要玩家具备很强的空间想象能力和思维灵活度，对思维策略性的要求较高，运气成分非常少，因此并非十分适合幼儿。

但角斗士棋也有面向低幼儿童的版本（Blokus Junior），它保留了棋子之间角相连的摆放规则，但减少了复杂棋子的数量（两色各24片，见图1-25），棋盘整体放大，并且附加了若干游戏指导图卡。这样，即便是五岁

---

① 五格拼图（Pentomino）是20世纪初出现的一种西方拼图类型，也称五格骨牌。五格是五子相连的意思，即五格拼图的每一块皆由五个全等的正方体连成。拼图共有12块。标准的12块五格拼图可以用多种方式拼合在一起，组成一个既没有缝隙也没有重叠的方形。

的幼儿也能玩角斗士棋了。

对比以上介绍的三款棋盘游戏，不难发现它们都有一个共同特点——在第一版游戏发行一段时间之后，都对游戏难度、趣味性及主题等进行改编，推出了专门面向儿童的版本。其实，这一特点并非仅存在于以上三款棋中，近现代的许多棋盘游戏都有此趋势。这些举措反映了新时代人们对于儿童的理解和尊重，而这在几百年前几乎是难以想象的，体现了一种时代的文明与进步。

4. 复兴期（21世纪初开始）

21世纪以来，尤其是2008年全球金融危机之后，棋盘游戏整体从盘桓期走了出来，呈现出积极向上的发展势头。数据表明，2014年北美桌游市场营收8.8亿美金，较2013年增幅超过25%；2015年的埃森国际游戏展①第一次启用了埃森国际展览中心五个展厅的面积，来自41个国家多达910个展商参展，观众人数达到历年最高的16万人。英国《经济学人》杂志在2015年10月发表了一篇名为《棋盘游戏，是朝阳不是黄昏——视频游戏时代桌游的蓬勃发展》的文章。文章指出在当今这个视频游戏横行的年代里，桌面游戏依然凭借其独特魅力获得蓬勃发展，其主要原因在于桌面游戏为人们提供了面对面交往的机会，而这恰恰是在线游戏所缺乏的。种种迹象都表明，棋盘游戏已经从视频和网络游戏的阴影中走出。不仅如此，如今的桌游产业也开始借助互联网平台，例如通过Kickstarter②进行桌游的众筹，以此获取大众的支持，提升桌游的受关注度，加速桌游产业的发展。

21世纪棋盘游戏的复兴和发展并非偶然，一方面，全球金融危机之后，消费支出的下降导致人们由视频游戏重新转向桌面游戏；另一方面，更重要的原因是，在视频网络应用迅猛发展的同时，越来越多的人开始反思自己的追求、寻找生活的价值，希望通过棋盘游戏回归家庭生活的本来面目，回归人与人的真实互动与情感联结，恢复家庭生活的凝聚力。由此可见，棋盘游戏这轮新的发展，并不是一种短暂的反弹，而是人们自我反省之后带来的强势复兴。

（1）公元2011年　美国　家喻户晓故事里的新诠释

石头汤（Stone Soup）

"石头汤"棋盘游戏，是一款合作性棋盘游戏，适合5岁以上儿童，由加拿大棋盘游戏设计师Jim Deacove设计，美国Peaceable Kingdom公司于2011年出品（见图1-26）。

《石头汤》是流传于西方的一个脍炙人口的小故事，讲的是几个人来到一个陌生的村庄，巧借煮石头汤来让村民们自愿奉献出自家的食材，最后竟真的做出了一锅美味的石头汤。石头汤的故事说明了合作和分享可以带来快乐与幸福，而棋盘游戏"石头汤"巧妙地将这一主题与合作游戏的机制结合起来，重新演绎了"石头汤"这个古老的故事。

---

① 埃森（Essen）是德国西北部鲁尔区最大的城市之一，素来以发达的工业而闻名，而且在全世界桌游爱好者的心目中，埃森也有着特殊的地位。从1983年开始，每年十月都会在埃森举办为期四天的大型展会——埃森国际游戏展（即SPIEL in Essen，又常被称作埃森桌展）。这个展会是"全世界最大的社交类游戏展会"，不仅在规模上远超其他各种大型桌面游戏年展（如维也纳、斯图加特、瑞士和慕尼黑），同时也是最具影响力、辐射面最广、参与人数最多的全球桌游展会。在短短的四天展会期间内，来自全世界近几十万的桌游迷们和数百家桌游厂商欢聚一堂，在这里度过属于他们的狂欢节。

② Kickstarter是一个专为具有创意方案的企业筹资的众筹网站平台，于2009年4月在美国纽约成立。2010年《时代周刊》评该网站为2010年最佳发明之一。

图1-26　左侧为图画书《石头汤》封面，右侧为棋盘游戏"石头汤"的棋盒、棋具。

该游戏的棋具简单，由1张棋盘和35张卡片组成，其中卡片包括12对食材卡、10张熄火卡和1张魔石卡。游戏时，儿童将所有卡片随意地摆放在棋盘上，然后每个玩家轮流翻卡，每次翻开两张卡片，如果两张卡片是相匹配的一对食材，则把两张卡片放到棋盘上的"锅"里；如果两张卡片不是一对，玩家则需将卡片再次背面朝上放入卡片堆；如果翻出熄火卡片，则要把熄火卡放到棋盘的柴火区域（见图1-26）。如果能在灶火熄灭（即10张熄火卡全部翻开）之前，成功配齐12对食材，则所有玩家共同获胜，反之，则大家共同挑战失败。

石头汤不仅借助了脍炙人口的民间故事，还巧妙地融合了翻牌游戏这种常见的游戏机制①。在游戏过程中，不仅锻炼了儿童的观察能力和记忆能力，而且让儿童体验到了合作和分享的快乐。

（2）公元2014年　中国　古老连线的中国演绎

企鹅排队

企鹅排队是一款适合4～12岁儿童的多主题棋盘游戏，由郭力平和谢萌设计，2014年由中国启幼公司出品（见图1-27）。

图1-27　企鹅排队棋盘采用插槽和卡片相配合的设计，提高了游戏的可玩行，给儿童更多个性化的选择机会

---

① 翻牌游戏的玩法很简单：将一套卡片（每种图案有两张）正面朝下随机排好（可以是排成数列，也可以随意）。每人每次翻两张卡，如果卡片上的图案相同，则收归己有，如不同，则换人翻。最后谁收的卡多谁赢。为了赢得游戏，玩家会尽可能记住翻开过的卡的位置及图案，以增加自己翻出两张相同卡片的可能性。此类游戏有利于注意力和记忆力的培养，多见于儿童游戏。

　　该棋盘游戏适合2～4名儿童共同游戏。游戏中,谁率先将自己的企鹅棋子排成队,从上到下连成一条线,谁就获得胜利。连成一条线的游戏目标借鉴了传统序列棋的胜利条件,同时,企鹅排队还将玩法进一步创新、拓展,使其更适合儿童,尤其是年幼儿童。这在该棋的游戏方式上可见一斑:游戏中,大家轮流口头发指令。一名儿童直接叫出自己棋子要放棋格的事物名称,其他参与游戏的儿童认真聆听同伴发出的指令,在各自的棋盘上找到同一事物所在棋格,并用企鹅棋子盖住。在这一过程中,儿童的倾听能力、观察能力,以及快速反应能力得到了提升。另外,儿童在连线的过程中,既要有助于自己连线,又要学习观察他人的棋盘,防止他人先连成一条线,这也有助于儿童逐渐从"自我中心"向"去自我中心化"发展。

　　企鹅排队的棋盘设计也别具一格,满足了其多主题的特点:棋盘采用插槽和插卡分离式设计,儿童在游戏中可以更换不同主题的插卡,在提高了游戏可玩性与知识性的同时,更体现出该棋设计背后所蕴藏的儿童观:尊重个体差异,儿童可以选择适合自己、自己喜欢的游戏主题。

（二）当代棋盘游戏的特点

　　1. 儿童成为棋盘游戏的一大主力,寓教于乐是趋势

　　近现代社会发现了儿童的独特性,尊重了儿童的天性,并赋予儿童游戏以重要价值。基于儿童的发展、为儿童提供适宜教育的理念,使得棋盘游戏成为儿童游戏的重要一支,同时也为棋盘游戏增添了新的教育内涵。随着社会各界对儿童发展和教育的重视、对游戏重要性和寓教于乐理念的认可,市面上的儿童棋盘游戏日渐增多,Amazon网站提供的数据显示:儿童已经成为棋盘游戏消费的主力军。总之,寓教于乐的棋盘游戏在整个棋盘游戏中所占比重得到提升,以益智教育为特点的棋盘游戏成为新的发展趋势。

　　2. 增加多种元素,提升游戏可玩性

　　近年来,各国棋盘游戏设计者尝试将更丰富的元素加入到棋盘游戏中,如动作、声音、节奏、道具、图片、公仔、动漫角色、影视故事背景等。丰富多样的游戏主题,引人入胜的游戏情境,精巧设计的游戏规则,带给玩家更多感官的刺激和不同以往的思维与情感体验,游戏的品质和可玩性不断提高。尤其值得一提的是,合作协商成为当代棋盘游戏的核心要素之一,这是以往棋盘游戏中少有的元素。合作性棋盘游戏也将是本书所要重点介绍的内容。

小　结

　　纵观棋盘游戏的发展历史,棋盘游戏在古代主要是成人的娱乐方式,很少运用于教育,尤其是年幼儿童的教育。如果有,也可能是相当朴素的、自发的思

想行为，没有多少迹象表明，有哪些棋盘游戏是专门为儿童设计的。当然，即便是古代的棋盘游戏，我们仍旧可以发现儿童喜欢棋盘游戏的踪影：19岁去世的少年法老图坦卡蒙的墓葬中就有许多棋盘游戏；如果用Google或Yahoo搜索非洲大地古老的播棋游戏图片，你会看到相当多的图片是孩子们围在一起游戏着；等等。

直到近现代，尤其是近年来情况发生了很大变化，这与近现代儿童社会地位的提升有着密切的关系。人们开始更加尊重儿童，将其视为独立的个体，而不只是成人生活的附庸。也因此人们开始关注儿童真正的需求，意识到游戏才是儿童真正喜爱的，是其一日生活的基本活动。相应地，人们也开始意识到棋盘游戏的教育价值，并有意识地结合儿童的特点与需求，为儿童设计适宜的寓教于乐的棋盘游戏。可以见得，棋盘游戏在儿童中的应用历程与整个社会儿童观的发展历程是相吻合的。

发展到如今的信息时代，适宜儿童的棋盘游戏不仅承载了一定的教育功能，还变为了成人与儿童情感交流的工具，承载了传递家庭世代间亲密感的重要价值。

第三节　棋盘游戏的特点

全世界棋盘游戏的种类超过万种，每种棋都有自己独特的魅力，但总的来说，大多数棋盘游戏具有以下几个共同特点。

有趣，可玩性强。在数千年的文明进程中，人类创造的棋盘游戏之所以能跨越不同的文化流传开来，在漫长的时间里历久弥新地保留下来，都是因为它们"好玩"，玩棋过程趣味十足。喜欢玩，喜欢游戏，不仅是儿童的天性，也是成人基本的精神需求。因此，可玩性是棋盘游戏的灵魂。

讲究动脑筋和运用策略。棋盘游戏常常被人称为"智力的体操"，无论是主要凭借抽象策略取胜的棋（如象棋、围棋等），还是同时凭借策略与运气取胜的棋（如飞行棋、大富翁等），在游戏中，参与者大多需要开动脑筋，充分调动认知策略，用心思考，才能有取胜的机会。

规则简单，容易上手。大多数棋盘游戏都上手比较容易，新手可以通过自己阅读玩法说明或者与有经验的同伴一起玩的方式入门，不需要太高的门槛。

常玩常新，引人入胜。棋局变化多端是棋盘游戏的一个重要特点，变化多端的最佳案例当属围棋。围棋千古无同局，并不是夸张的形容，而是众所周知的事实。其他棋盘游戏即便不如围棋有如此海量的可能性,其棋局也足以称得上变化多端,一步棋的改动,都会形成一个全新的局面。即便面对同一个对手,第一次玩和第十次玩、第一百次玩的体验和乐趣绝对是不同的。游戏的过程就像探险的过程,慢慢会发现曲径通幽处也会别有洞天。

面对面进行,互动性强,具有较高的社交价值。棋盘游戏与电子游戏相比,最明显的差异便是它为参与者提供面对面真实互动的契机,参与者之间可以用眼神、声音、动作来真切地进行交流,而非借助计算机或互联网进行的虚拟互动。游戏时参与者全身心地沉浸在游戏中,尽管游戏场景是虚拟的、想象的,但人与人之间的交流与互动却是真实的、生动的。在现代桌游最为兴盛的德国,棋盘游戏、纸牌游戏等都归属于同一个上位概念类别——社交游戏(Gesellschaftsspiel),由此可见棋盘游戏的社交价值。

携带和使用方便,场地限制小。棋盘游戏多由一个棋盘,几个棋子及其他道具组成,既方便外出随身携带,也方便在室内利用小空间进行收纳收藏。人们可以随时随地摆上棋盘,布好棋子,玩上几局。在我国,无论是在城市的公园里,还是在农村的田间地头,无论在老年活动中心,还是幼儿园的区角活动中,都能见到大人小孩沉浸其中,真可谓"黄发垂髫,并怡然自乐"。

安全性高。与体育游戏相比,棋盘游戏行进过程中几乎不存在身体对抗的风险,对手之间的"剑拔弩张"不需通过身体对抗来体现,方寸之间便可见分晓。这对于年幼儿童及年迈的老人来说是一个非常大的优势。

棋史妙观 2

为什么说围棋千古以来无同局?

围棋千古无同局,这不是夸张的形容,而是众所周知的事实。

围棋棋子本身并无质的差异,只要合规,在棋盘哪里落子都行。但是,古往今来,由于下棋之人的境界、棋力水平、兴趣爱好、判断取向等呈现参差多态,便演变出了无穷无尽的围棋新局。

究其原因,不得不说19×19的棋盘规格在人类智力游戏中十分罕见,也决定了围棋近乎无穷无尽的神奇变化。

宋代学者沈括曾在其巨著《梦溪笔谈》一书中尝试用数学方法对围棋的变化数量进行过测算。其计算方法大致是:先假定在围棋棋盘的361个交叉点上,每一点会有3种情况出现,

图1-28 古代儿童在学下围棋。尽管围棋在我国古代十分流行,但受制于认知发展水平,学好围棋对年幼儿童来说是有相当挑战性的

即或为黑子占据，或为白子占据，或为空，那么整个围棋棋盘共361个交叉点就会有"3的361次方"种完全不同的变化。这个数值用沈括当时使用的计算方法来形容，就是将52个万字连乘。

沈括的计算在古代虽然已经十分先进，但是，他对围棋变化的计算仍只是停留在静态观察的层次上。实际上，围棋的变化总数还远远大于沈括的计算结果。现代科学研究团队也意识到围棋棋局的深奥，一直在努力尝试通过开发高性能计算机程序来与人类的围棋高手抗衡。

随着科学技术的进步，计算机已经在很多领域"赶超"人脑。1997年，世界国际象棋冠军卡斯帕罗夫以1胜2负3平的成绩败给IBM研发的超级电脑"深蓝"，这一事件在当时引起了全世界的关注，并由此激发了一场有关人类创造物与自身关系的热烈讨论。然而，人类虽然在国际象棋领域败给了计算机，但围棋因其复杂性，却始终代表着人类智慧"最后的尊严"。很长一段时间以来，大多围棋计算机程序都处在业余棋手的水平。据称，微软公司创始人比尔·盖茨曾寻求数学专家和围棋专家共同来对围棋智能化进行研究，终因围棋变化过于深奥，只好知难而退。

2016年伊始，Facebook与Google两家公司相继宣布在围棋计算机程序方面取得显著进展。Facebook的"黑暗森林2"智能软件加入蒙特卡洛树搜索，与之前的卷积神经网络相结合后，对战人类棋手时可达业余三段水平。而Google似乎更胜一筹，Google旗下Deepmind公司开发的围棋人工智能程序AlphaGo融合了高级树状搜索和深度神经网络，通过对神经网络进行的3 000万步训练（所有棋谱均来自人类专业棋手的比赛），AlphaGo能够预测出人类对手下一步走法的正确率已经达到57%（之前的纪录是44%）。更让Google骄傲的是，继2015年10月AlphaGo以五连胜成绩击败欧洲围棋冠军、职业选手樊麾之后，又于2016年3月对战世界围棋冠军、职业九段选手李世石，并最终以总比分4∶1获胜。

无论计算机程序最终能否打败最高级别的围棋选手，也无论计算机能否像人类一样进行自我学习，不能改变的事实是，计算机与人类的"对抗"进一步促进了围棋棋局的变化与发展。而围棋"千古以来无同局"的变化特点，正是人类，也是现代科技对其如此"痴迷"的原因，这也正是围棋的魅力所在。

第四节　棋盘游戏的分类

截至2016年5月底，全球最大的桌面游戏论坛"桌游发烧友论坛"（又称BGG论坛，www.boardgamegeek.com）收录了全球83 806个桌面游戏条目，而且这个数字还在不断增加。BGG收录的桌面游戏中，以棋盘游戏为主，同时也包括卡牌游戏和骰子游戏等。棋盘游戏种类如此丰富,只有对其进行一定的概括、分类,才能更好地理解其特点,更好地管理和应用。但要对数量如此庞大的棋盘游戏(或桌游)进行分类,也绝非易事,因为一款游戏通常包含多种特质。以下将介绍几种具有代表性的分类方法。[①]

一、中国传统分类方法

　　在中国,围棋和中国象棋一直深受国人喜爱,此外,跳棋、陆战棋、斗兽棋、五子棋、老虎棋[②]、西瓜棋、牛角棋[③]等传统棋盘游戏也吸引了不少爱好者。这些棋盘游戏的行棋方式、棋面符号各有特点,中国传统对棋的分类主要是以这两方面为线索来进行的。例如,以行棋方式进行分类,可以将棋盘游戏划分为布子类、走子类和先布后走类。布子类是指布子但不走子的棋;走子类是指开局前一次性布子,然后轮流走子的棋;先布后走类是指轮流布子之后,再轮流走子的棋。如果按照棋子表面的符号特点来进行分类,可以分为无符号棋、单一符号棋和多符号棋。无符号棋是指所有棋子的棋面符号无区别,全部棋子都由对局各方共同使用,预先不必规定归属,如播棋;单一符号类是指各方棋子只有一个特征上的区分,通常以颜色相区别,如跳棋、围棋;多符号类是指对局各方的棋面符号比较多样,如斗兽棋等。

棋史妙观 3

斗兽棋:流行的游戏,迷茫的历史

　　斗兽棋是一款中国人发明的两人对弈棋盘游戏。双方各有八颗棋子,依大小顺序为象、狮、虎、豹、狗、狼、猫、鼠。较大的可吃较小的,同类可以互吃,而鼠则可吃象。棋盘横七列,纵九行。棋子放在棋格中。棋子每次走一格,前后左右四个方向都可以。双方底线中央各有三个陷阱(作“品”字排列)和一个兽穴(于“品”字中间)。如果一方任意棋子进入了对方的兽穴便胜出。棋盘中间有两条小河

---

① 已有的许多分类方法并未严格区分棋盘游戏与其他桌面游戏(如卡牌游戏、骰子游戏等),本节介绍分类方法时,亦未严格区分棋盘游戏与桌面游戏。

② 老虎棋是中国民间双人对弈策略型棋盘游戏,其中一方扮演老虎,另一方则扮演猎人。猎人有十枚棋子,老虎则只有一枚。老虎一方可以吃掉猎人方的棋子,猎人则通过将老虎包围到不能动弹来获胜。老虎棋的规则在不同地区有所不同,如有些地区老虎一方有两只,或者棋盘规格也会有一定差异。

③ 牛角棋是中国民间双人对弈策略型棋盘游戏,因棋盘像牛角而得名,棋子只有三颗——白子一颗、黑子两颗。有人总结牛角棋的四点特别之处:棋盘不方不圆像牛角,棋盘棋子无文字,两人对弈子不同,牛角尖里定输赢。

（或者湖）。狮、虎可以横直方向跳过河，而且可以直接把对岸的动物吃掉。只有鼠可以下水，在水中的鼠可以阻隔狮、虎跳河。斗兽棋的动物主题对儿童有天然的吸引力，在中国儿童中十分流行。

尽管斗兽棋流行了许久，但它的来历及发展史料却一直不详。许多棋类文献上只称其为中国人发明，但是起源于什么年代，由谁发明，均不甚明了。

一些人推测，它是后来在中国十分流行的"陆战棋"的原型，也是西方一款与陆战棋类似的战争主题的策略型棋盘游戏Stratego的原型之一。除了棋子有等级之分外，Stratego的棋盘与斗兽棋棋盘也比较类似，尤其是对弈双方中间均有两个湖（参见图1-29）。不过，也有人分析认为，陆战棋或源自20世纪30年代日本人入侵中国时带入的"军棋"，在20世纪30～40年代经国人改造而得。另外，Stratego还有一个明确的法国原型，即1910年由法国人Hermance Edan设计出品的棋盘游戏L'Attaque。有学者通过检索美国宾夕法尼亚大学人类学家Stewart Culin在1895年出版的东方棋类著述，并没有发现斗兽棋的踪影，由此推断斗兽棋应该是20世纪的产物。如此一来，斗兽棋与陆战棋、Stratego谁先谁后，谁成就了谁，我们就不得而知了。

图1-29 陆战棋、斗兽棋和Stratego的棋盘比较

未来对棋类历史感兴趣的学者应该将斗兽棋的起源考证得更加清楚，毕竟这是一副影响了亿万中国人，而且仍旧流行的棋盘游戏。

周伟中（2001）提出的分类方法将所有棋盘游戏分为11大类，该方法以棋盘游戏的取胜方式为主要依据，兼顾其他特征。为了使分类系统更清晰，该方法借用生物学分类法，把所有棋看作一个纲——棋类游戏纲，然后划分出11个目，即到达目、封锁目、占地目、成形目、吃子目、多符目、不等目、分投目、猜测目、博戏目和单人目，各目之下再划分科、属、种等，这样每一种棋都能明确地在该分类系统中找到自己的位置。

- **到达目**

对局各方走子目的是使己方棋子尽快到达目的地，首先使全部棋子到达目的地的一方为赢家,如第二节介绍的中国跳棋。

- **封锁目**

对局双方布子或走子目的是使对方陷入困境而获胜。所谓陷入困境,是指轮到的一方再也不能按照规则布子或走子,如斜方棋①。

- **占地目**

对局双方布子的目的是占据比对方更多的棋位。终局时,判占据棋位数量多的一方获胜,如围棋。

- **成形目**

对局双方布子或走子的目的是使己方若干棋子排列成规定的棋形。首先排列成一定数量规定棋形的一方获胜,或者按照规则用规定棋形吃子获胜,如五子棋。

- **吃子目**

双方棋子数量相等,棋面符号单一,对局双方走子目的是吃光对方棋子,如西瓜棋。

长知识1

西　瓜　棋

　　西瓜棋是一款中国民间流行的棋盘游戏。明、清时期即已流行。由于棋盘简单,随处画线可为棋盘、信手捡石可为棋子(见图1-30),既省钱又方便,且乐趣十足,流传至今。

图1-30　西瓜棋是比较适合儿童的一款中国民间棋盘游戏,可在正规的棋盘上下棋,也可就地画出一个棋盘

---

① 斜方棋是一种中国传统棋盘游戏。棋盘是在田字格基础上加上4条斜线而成,棋盘共9个交叉点为9个棋位。棋子共8颗,双方各半,棋子颜色或形状不同以便区分。玩棋时不提前布子,开局后双方轮流布子,每方每次布1子,可以布于任何空棋位,布子结束时仅剩1个空棋位。布子结束后,双方轮流走子。走子时,选择1枚可移动的棋子,沿线走入相邻空棋位,方向不限。走子的目的是封堵对方棋子。若一方全部棋子被封堵,找不到相邻的空棋位移动棋子,则另一方获胜。

一般就地或在纸上画圆形西瓜一个，交叉十字将圆四分，然后在东南西北画半圆形，中间十字交叉处画小圆即为棋盘。双方各执六颗棋子，棋子可随地取小石子、小土块、小树枝、小纸团等，能区分彼此即可。西瓜棋布局简单，或一次性布子，各摆自己一方；或轮流布子，可布任何棋位，布完为止。行棋规则亦很简单，采用围吃方式——每轮一颗棋子沿线走一步，如己方棋子将对方棋子困住，对方棋子不能活动，即可以吃掉所围棋子。最终以先吃光对方棋子一方为赢家。

- 多符目

双方棋子数量相等，棋面符号较多，棋面符号不同的棋子功能不同。对局双方走子目的是吃掉对方某个特定棋子，或占据某个特定棋位，如中国象棋、斗兽棋。

- 不等目

双方棋子数量不等，取胜方式也不同，棋子少的一方享有特权。棋子少的一方走子目的是吃子或者突围，吃够一定数量的对方棋子，或者冲破对方防线，都算获胜。棋子多的一方走子目的是围困对方，把对方困住，使其不能走动，就算获胜。如第二节介绍的板棋。

- 分投目

全部棋子为双方共用棋子，以分投方式轮流走子，走子目的是得子或得分。终局时，判得子多或得分多的一方获胜，如第二节介绍的播棋。

- 猜测目

对局时以猜测对方布子状况（包括选择的目标棋子）为取胜手段，首先猜中对方布子状况（目标棋子）的一方获胜。如西方流行的儿童棋盘游戏"猜猜我是谁"（见图1-31）。

图1-31   以色列Ora和Theo Coster夫妇1979年设计的"Guess Who"（猜猜我是谁）是一款双人猜测目棋盘游戏。每个人从自己棋盘的众多头像中选择一个让对方猜测，双方可以相互提问，对方回答YES或NO，据此来推算对手选择的角色，谁先猜出谁获胜。右图中两位小朋友正在玩"Guess Who"的儿童简易版

- **博戏目**

各方走子的步数由骰子、陀螺等物品决定,运气好坏是获胜的关键。首先按规则走完全程的一方为第一名。如第二节介绍的塞尼特棋、蛇棋等,都属此目。

- **单人目**

所有供单人自娱自乐的棋种都归入此目。如本节后面要介绍的孔明棋。

长知识2

棋类专用词汇知多少

中国的棋文化博大精深,流传下许多与棋有关的特色词汇,此处将列举一二。

对弈:对于单人自娱性棋类来说,由于没有对手,只能叫做下棋。但凡是由两人或多人共同进行的棋盘游戏,棋逢对手,可称为对弈,又称对局。

棋位:所谓棋位,是指棋盘上布放棋子的位置。

棋面符号:棋面符号是棋子间相互区别的标志。它以不同的形状、颜色、文字、数字或图案作为标志,用来区分各方棋子,或者区别同一方的不同功能的棋子。

着法:着法是各种棋子移动的统称,包括各种棋中所有棋子的摆放和移动方式。常用的着法有布子、走子、吃子,其他着法还有得子、捡子、拔子等。

布子:把一枚或者多枚棋子放在棋盘的某个或某些棋位上,称为布子。

走子:把棋盘上的一枚或多枚棋子从原来的棋位移动到新的棋位,称为走子,又可称为行子。

吃子:按照规则把对方一枚或多枚棋子从棋盘上取下,称为吃子。通常情况下,吃子是布子或走子的直接结果。

二、西方经典分类方法

与上文介绍的我国传统对棋盘游戏分类方法不同,西方的棋类著作和相关论述中大都采用了游戏情境与策略类型相结合的分类方式(如Bell,2010;Fourie,2012),将棋盘游戏分为掷赛类、战争类、位置类、播棋类、单人游戏类等。

1. 掷赛类(race games)

掷赛游戏的历史最早可追溯到古埃及的塞尼特棋、盘蛇图棋、乌尔王族局戏等,指玩家用骰子、陀螺、长矶、贝壳等掷具随机决定棋子沿棋盘路径的前进步数,依此在棋盘上移动棋子、进行竞赛的棋盘游戏。掷赛游戏又可以分为两类——到达类(pure races)和吃子类(running fight games)。在到达类游戏中,双方在棋盘上移动棋子,以抵达终点为目标,率先将己方全部棋子抵达终点的玩家获胜。这类棋盘游戏包括印度十字戏、飞行棋等。

图1-32 左侧为Headache棋盘俯视图；Headache棋中每方拥有四颗锥形棋子，通过两颗骰子决定棋子在棋盘上的行走步数。游戏目标是玩家用自己的锥形棋子套在对手的棋子上（吃掉对手的棋子），全部棋子均被套意味着出局，而最终还余有棋子在棋盘上的一方获胜。Headache棋中，未套上他方棋子时，棋子称为"锥"（cone），而套上他方棋子时，则被称为"垛"（stack）

在吃子类游戏中，棋子可以反复在行棋路径上行走，目的是吃掉对方的棋子，最先将对方棋子吃光的玩家获胜。这类游戏中具有代表性的包括孩之宝公司出品的"Headache"（头痛棋），该棋盘游戏适合5岁以上儿童，具体见上图1-32的介绍。

2. 战争类（war games）

战争类棋盘游戏中，棋子往往象征着各自军队的成员及武器，对局双方各率领自己的"军队"与对手作战。此类游戏通常以擒拿对方首领或者歼灭对手全军为目标。战争类棋盘游戏又可以分成两种：势均力敌的对抗和势力悬殊的对抗。在势均力敌的对抗中，对局双方的棋子数量和种类完全一样，双方目标也相同，例如中国象棋、军棋等。在势力悬殊的对抗中，对局双方的棋子数量不同，棋子的功能不同，双方的胜利条件也不同，如之前介绍的板棋。

3. 位置类（games of position）

在这类棋盘游戏中，棋子在棋盘上的位置是至关重要的，对局双方为了控制棋盘的某些位置而相互对抗。从其输赢判断来看，有的位置类棋需要玩家占据比对方更多的棋位，如围棋（中国传统分类办法中的占地目）；有的位置类棋则需要将己方棋子排成规定的棋形，如五子棋（中国传统分类办法中的成形目）。

4. 播棋类（mancala games）

这类棋盘游戏主要包括播棋及其变种。本章第二节已对播棋进行过介绍，随着播棋在世界各地的流行，也衍生出多种变式，比较知名的有西非播棋（Oware）、肯尼亚播棋（Endodoi）和美国播棋（Kalah）[①]等。图1-33是不同播棋的实物照片，图1-34则对不同的玩法进行了简单介绍。

---

① 美国耶鲁大学的毕业生William Champion于1940年设计了美国播棋，并在之后致力于美国播棋的推广。他坚信播棋内在的教育价值，如利于数学思维、观察技能和耐心品质的培养。

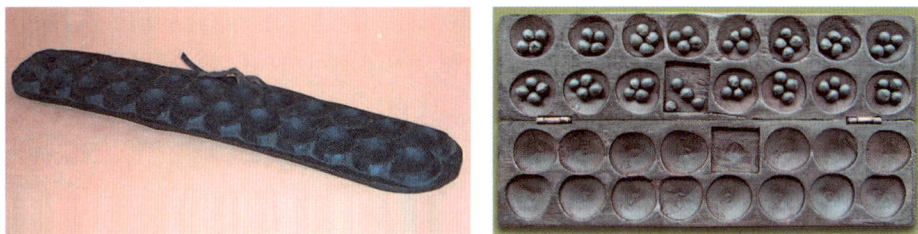

图1-33 左边一款是较常见的肯尼亚播棋,一排有12个小洞;右边的西非播棋有四排小洞

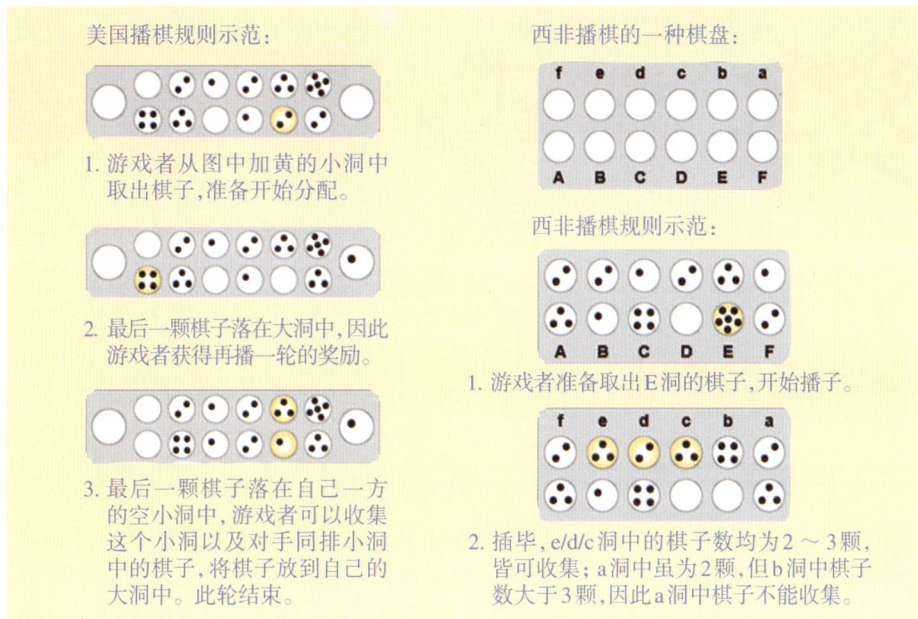

美国播棋规则示范:

1. 游戏者从图中加黄的小洞中取出棋子,准备开始分配。

2. 最后一颗棋子落在大洞中,因此游戏者获得再播一轮的奖励。

3. 最后一颗棋子落在自己一方的空小洞中,游戏者可以收集这个小洞以及对手同排小洞中的棋子,将棋子放到自己的大洞中。此轮结束。

西非播棋的一种棋盘:

西非播棋规则示范:

1. 游戏者准备取出E洞的棋子,开始播子。

2. 插毕,e/d/c洞中的棋子数均为2～3颗,皆可收集;a洞中虽为2颗,但b洞中棋子数大于3颗,因此a洞中棋子不能收集。

图1-34 美国播棋和西非播棋的规则举例。美国播棋简洁,能比较直观地根据两个大洞中最后落子多少决定输赢,而西非播棋则更强调收集时的规则和策略运用

5. 单人游戏类(solitaire games)

顾名思义,单人游戏类指的是可以一个人自娱的棋种,最具代表性的是孔明棋[①]。孔明棋是十字跳棋(Peg solitaire)在中国的别称,亦称单身贵族棋、独立钻石棋。据传这款棋由两百多年前法国巴士底狱中关押的一名贵族囚犯设计。此人每日面对铁窗,百无聊赖,就想到用下棋来消磨时光,但是由于身处单间牢房,找不到对手,于是他便在当时欧洲流行的"狐狸与鹅棋"[②]棋盘上,设计出了此款可以自娱自乐的棋。他越玩越有趣,还趁放风时将这款棋教给了狱友。后来革命军攻占了巴士底狱,也使得这款经典的单人棋盘游戏传遍法国,传遍世界。

[①] 之所以被称为孔明棋,是因为传说该棋是三国时期孔明(诸葛亮)发明的益智棋,失传后辗转流传至日本、欧美,成为外国普遍流行的棋盘游戏。

[②] 狐狸与鹅棋是欧洲古老的双人对弈策略型棋盘游戏(或为板棋的变式演化而来)。对弈一方控制1个狐狸棋子,另一方控制数只鹅(通常13～17只,不同版本数量不同),两方都可依棋盘线直行、横行、斜行。狐狸跳过鹅可将鹅吃掉,鹅若将狐狸四周包围则狐狸一方输。

经典孔明棋由33个棋子排成十字形盘面（如图1-35左图）。开局前一次性布子，把全部棋子布满棋盘，然后将位于棋盘中心的棋子从棋盘上取下，便可开始游戏。游戏玩法主要是跳行和吃子。跳行即沿直线隔一枚棋子跳入相邻的空棋位，方向不限，可连续跳行，次数不限，中途可以转弯。被跳过的棋子则从棋盘上取下，即被吃子。当棋盘上剩下的棋子无法再跳时，游戏结束。孔明棋的魅力在于它无须对手，一人即可游戏。孔明棋的玩法虽十分简单，但其中的变化却是无穷的，解法更是不止一种，玩时无催促可细究，且可不断挑战自我，给人带来乐趣。

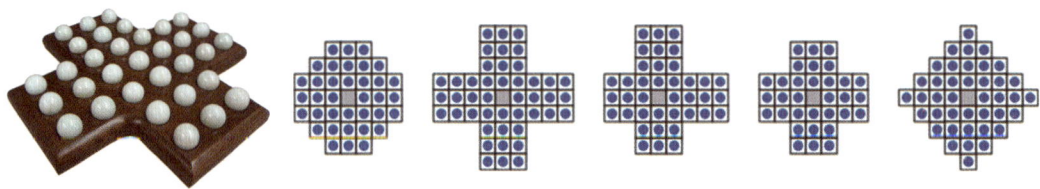

图1-35　经典孔明棋棋盘及5种棋盘变种

三、美式桌游与德式桌游

对于桌游爱好者来说，恐怕无人不知美式桌游（American Style Board Game）与德式桌游（German Style Board Game）这两种桌游流派。两种桌游流派各自都拥有粉丝无数，但在游戏特点与游戏体验上来说，两者之间的确存在一定差异。

有两个词最能概括美式桌游的特点——"主题"与"冒险"。大多数美式桌游都有着明确的游戏主题，例如在外太空建立帝国、打败大群僵尸、逃出地下迷宫等。这些主题往往还带有幻想、神秘色彩，同时配有和主题有关的模型道具，使得玩家能够沉浸于主题游戏之中。另外，游戏中鼓励玩家冒险，往往通过战斗进行互动，而骰子、转盘等配套道具，更是增加了游戏的不确定性。美式桌游还有一个鲜明的特点——玩家常常被逐一淘汰，最后留在游戏桌面上的才是最后的赢家，如大富翁等。这样的游戏规则表明，美式桌游的机制倾向于"正反馈"，即游戏初期表现出色的一方，往往能够获得更多的资本和更好的机会，更有可能在游戏最后获得胜利。

喜爱美式桌游的人往往被它炫酷的主题、很强的互动性、冒险的快感和沉浸式的体验吸引，而不喜欢它的人则认为美式桌游的游戏时间过长、情节过于复杂，显得比较笨拙。

相较于美式桌游，德式桌游更注重玩家游戏策略的比拼，其主题往往比较简单，且与社会生活有关，例如在游戏中赚钱或建立村庄、城市或者帝国。游戏者之间的互动也少了几分正面冲突，最常见的是以分数高低定胜负。游戏道具更是常常用象征性的小木块代替，而骰子、转盘等道具较少出现。另外，德式桌游还有一个鲜明特点，即所有玩家往往都会留到游戏最后再分胜负，如卡坦岛等。这样的游戏规则，也反映出德式桌游的机制更倾向于"负反馈"，即游戏中表现出色的一方不会因此得到更好的机会或更多的资本，相反会遭受到更多的威胁。例如在卡坦岛中，暂时领先的玩家不但要面临来自其他玩家的冲突及贸易限制，还有可能要时刻和强盗作斗争；在另一款桌游大国崛起（Imperial）中，当一方的国家建立得更强大时，就会面临被对手偷窃的危险。由此可见，德式桌游的游戏机制更注重实现"平衡"，即无论何时都尽量给予每位玩家胜利的机会。

喜爱德式桌游的粉丝往往喜爱它简单却严谨的规则系统，这有助于玩家很快投入到策略比拼之中，而不喜欢它的人往往认为德式桌游在主题方面单薄且无趣，且不同的德式桌游在机制方面会有些相似，玩久了可能会失去兴趣。

德式桌游与美式桌游是在棋盘游戏历史演变的过程中逐渐形成的两种风格的棋盘游戏类型。但事实上，以德式或美式来区分桌游或棋盘游戏显得过于简单，而且近年来，涌现出越来越多新的棋盘游戏兼具双方特色，难以分辨属于哪个阵营。因此，玩家在选择棋盘游戏时不应简单被其分类标签所左右，而应从多方面考量，选择自己真正喜爱的棋盘游戏类型。

思与辨2

德国桌游文化何以繁荣至今？

德国在桌游领域的影响力之大，可以参照巴西在足球领域的独特地位。究其原因，透过德国桌游繁荣的现象——每年德国大大小小的游戏出版商都在不断推出新的游戏，大量德国桌游被翻译为世界各地的语言在全球售卖。看到本质，我们会发现，一方面源于德国桌游经典的属性——能将一家人聚到一张桌子前共同游戏，满足了人们不同时期的需求；另一方面，非常重要，也是近三四十年，相较于其他国家，德国桌游文化"异军突起"，影响更加深远的原因是德国秉承了文化传承的理念，发扬"以人为本"的精神，采取一系列措施，给予桌游创作者巨大的鼓励与支持。

首当其冲的要数"年度游戏奖"（Spiel des Jahres）。自1979年以来，该奖项受到德国民众的普遍认可，往往使得获奖后的游戏销量上升至10倍左右。这也使得游戏公司有了更多资金可投入到新游戏的研发之中。因此，"年度游戏奖"评委会的使命不仅是要将好游戏从千百种游戏中挑选出来，还要帮助优秀游戏创作者的事业扬帆起航，支持他们在桌游领域更深入、科学地探究，形成了一个良性的循环。

德国于1983年开始在埃森市举办的一年一度国际游戏展（Spiel Essen）是另一个重要举措。该展至今已成为全球范围内最重要的桌游展，持续四天，每年能够吸引15万左右观展者。连带效应也使得大大小小的相关展会、会议在埃森市不定期举行，相当数量的游戏俱乐部也落户于该城市。

同样是在1983年，"游戏设计者大会"（Game Designer Convention in Göttingen）首次在哥廷根举行，这意味着桌游创作者有机会将其创作意图展示给包括游戏出版商、"年度游戏奖"评委在内的诸多业内人士。大会还专门设立了一个奖项，用以鼓励有创意但还没有成熟作品的年轻创作者。与大会紧密联系的是1991年成立的"游戏设计者协会"（Spieleautorenzunft），该协会的重要理念与目标是"让游戏成为文化的一部分"。也是在此理念下，该协会从游戏设计者的利益出发，努力促成设计者与出版商、游戏工厂的交流与合作。协会近年来主要专注于举办一年一度的资深桌面游戏创作者的专家会议，从实践和理论层面深度探讨游戏创作。

德国桌游文化何以繁荣至今？毋庸置疑，这与德国对游戏创作者的重视、支持和培养密不可分。德国人意识到了让经典的、传统的桌游成为文化的一部分是传承、是使命，更是其文化发展的内核之一。如果说每一位玩桌游的民众都是文化的亲历与创造者，那么桌游的创作者更是创造者的创造者，是文化得以传承与发展的

图1-36　德国年度游戏奖标识

"永动机"。那么"永动机"的热源又来自何方呢？德国人意识到了创作者需要生存，也需要碰撞与交流，更需要实践。于是通过奖项、会议和协会组织等形式在为游戏创作者与游戏公司、游戏工厂架起一座坚实的桥梁之时，也让普通民众、桌游爱好者可以在桥上自由行走，选出他们喜爱的游戏、购买支持他们喜爱的游戏，而民众的喜爱便是最好的实践。

归根到底，"以人为本"的精神让德国人能够真正站在游戏创作者、游戏出版商和桌游爱好者的不同角度，真切体察他们的需要，建立多种有效的形式满足他们需要的同时，让他们的联系更加紧密。与此同时，文化就这样水到渠成地得以传承，得以发展。

四、BGG网站对桌面游戏的分类

正如前文所说，桌面游戏有多种分类维度，同一款游戏按照不同维度可有不同的分类方法，而且即使从同一个分类标准出发的几个类型之间也不一定具有严格的界线，其中可能会存在一些模糊地带。前文已经提到过，BGG是全球最大的桌面游戏论坛，全站汇总了数万种棋盘游戏的信息，为了方便玩家交流，BGG将桌面游戏大致分成了八种类型（见图1-37），这种分类方式值得我们参考。

图1-37　BGG八种游戏类型标识

1. 抽象游戏（Abstract Games）

所谓抽象游戏，往往包含以下三个特征：

其一是完备信息的游戏（perfect-information games）。完备信息的游戏是指玩家很清楚对手之前的一切行为，完全了解当前的局势。盘面上呈现的信息就是当前局势的全部信息。围棋和跳棋是典型的完备信息游戏。

其二是无主题情境的游戏（unthematic games），即游戏的主题情境简化至最少，或根本没有任何可关联的主题情境。围棋依旧是最典型的例子。

其三，纯粹的抽象游戏是不受运气影响的，即行棋过程不能依赖骰子、转盘等来碰运气，一切都归于玩家的策略运用。

2. 定制游戏（Customizable Games）

定制游戏，或称集换类游戏。此类游戏通常有专属主题背景，故事性很强，且有较多的卡牌、模型、骰子等游戏道具，具有较强的收藏属性：包括CCG（收集式卡牌游戏）、CDG（收集式骰子游戏）、CMG（收集式模型游戏）、LCG（成长式卡牌游戏）、TCG（集换式卡牌游戏）等。且定制游戏通常需要玩家不断消费来满足收集的目的，经济成本较高，因此通常不适合小年龄儿童。

3. 儿童游戏（Children's Games）

此类桌面游戏指的是专门面向小年龄儿童设计的游戏，规则以及策略运用较为简单，主题通常也较为卡通可爱。此类桌面游戏通常兼具娱乐性和教育性。成人在此类游戏中大多属于陪玩的角色，但事实上，最流行的儿童游戏往往是老少皆宜的游戏。图1–38中介绍的"拔毛运动会"（Chicken Cha Cha Cha）就是一款经典的儿童桌面游戏。

4. 家庭游戏（Family Games）

此类游戏针对家庭成员共同游戏而设计，通常游戏规则较为简单，游戏时间不太长，适合三人及以上共同游戏。此类游戏的互动性较强，鼓励成人及儿童一同投入到游戏中，

图1–38　"拔毛运动会"曾在1998年获得德国年度儿童游戏奖。游戏中，凡是能够超越对手的鸡，就能将对手屁股上的鸡毛拔掉，插在自己的屁股上，率先获得4条鸡毛的玩家获胜。想要赢得比赛，必须正确地翻开与跑道位置相同的鸡窝卡，才能一路向前超越对手。这款游戏非常考验玩家的记忆力，不仅儿童喜欢，许多成年人也非常爱玩

如卡卡颂、卡坦岛等。

5. 派对游戏（Party Games）

此类游戏以适合多人共同游戏为基本条件，游戏时间短（通常不超过30分钟）且互动性强，规则简单容易上手但可玩性强。游戏过程中大家玩得开心最重要，最后的胜负并不重要，如"矮人矿坑"（见图1–39）等。

图1–39　一群矮人试图进入矿坑挖金矿，但其中混入了破坏者，导致原本单纯的寻宝任务变得困难重重。"矮人矿坑"实际是个卡牌游戏，在矮人与矮人的角力中，要智慧地运用各种功能牌，最后所有卡牌都用完时如果小矮人还未挖到金矿，则是破坏者赢了

6. 策略游戏（Strategy Games）

此类游戏通常游玩及思考时间较长（如30分钟到3小时不等），最主要的特色在于策略的大量运用。与其他类型棋盘游戏相比较，除了规则较为复杂外，赢得最后胜利的难度也较高，且只有深入研究游戏技巧才能获得乐趣，如中国象棋等。

7. 主题游戏（Thematic Games）

此类游戏强调故事情节的重要性，游戏需依照特定主题情境来进行，规则与机制往往主要是为了搭配主题而设置。一般而言，与抽象游戏的特点正好相反，此类游戏中运气成分占比较高，如大富翁棋等。

8. 战争游戏（War Games）

以模拟战争为主要特点，既可能是一场小的遭遇战，也可能是扩散至全宇宙的大战役。该类棋盘游戏高度情境化的同时，游戏机制相对较为复杂。陆战棋当属其中十分简洁的一种。

BGG的分类方式比较简洁，有实用性。但是，其分类的线索并不统一，有的基于游戏机制，有的是从游戏主题来考虑，还有的则关注游戏情境。也正因此，这八个种类之间没有绝对的界线，许多桌面游戏同属其中两个或三个类别，例如围棋就兼有抽象游戏和策略游戏的特征，中国象棋被分到了策略游戏中，但同时它也属于战争游戏。

五、基于玩家之间互动关系的分类[①]

基于游戏时玩家之间的互动关系,可将棋盘游戏划分为合作性棋盘游戏和竞争性棋盘游戏(Zagal, Rick, Hsi, 2006)。事实上,除这两类外,还存在另外一类,即半合作性棋盘游戏,如此一来,合作性棋盘游戏亦可称为完全合作性棋盘游戏。

1. 竞争性棋盘游戏

竞争性棋盘游戏指游戏中玩家处于竞争或敌对状态,游戏目的为击败对手,一方独享胜利的一类棋盘游戏。本节介绍的大多数棋盘游戏都属于此类,此处不再赘述。

2. 完全合作性棋盘游戏

完全合作性棋盘游戏指所有玩家同属一个团队,共同面对棋规设置的挑战,打败共同的对手,以取得共同的胜利为目的。按照玩家之间合作程度的不同,完全合作性棋盘游戏又可进一步细分为两种:简单合作类和深度协作类。

简单合作类棋盘游戏中,团队作为一个整体来行棋。大多数情况是团队中每个成员承担的任务并无分工,往往由玩家共同操控游戏中的棋子;也有的情况是每个玩家有属于自己的棋子,但是不同角色棋子的任务和属性是相同的,此情况下,每位玩家为自己的棋子掷骰子或者行动,不操控他人棋子,但相互之间并无竞争关系。一般来说,简单合作类游戏任务比较简单,即便一个人也可以完成,而游戏过程中的协商、合作会让任务完成得更加顺利,游戏成功概率更大。

深度协作类棋盘游戏中,玩家之间的合作关系更为复杂,在行棋过程中,每个玩家分配的任务或承担的职责是不同的,往往也有各自操控的棋子,而且只有玩家之间相互配合,才能顺利完成任务。因此,在该类游戏中,一个人难以单独完成游戏任务,分工合作是必需的。

在这两个子类中,简单合作类棋盘游戏更加适合幼儿。如本章第二节提到的石头汤棋盘游戏,幼儿在游戏初期可能并不理解合作的意义,但随着游戏经验的积累,幼儿会慢慢学习与同伴协商、合作、互助完成游戏,共同分享胜利果实。在本书后面几章中,还将对这类适合年幼儿童的合作性棋盘游戏进行详细介绍。

3. 半合作性棋盘游戏

半合作性棋盘游戏指游戏中玩家之间既有合作,又存在竞争。半合作性棋盘游戏玩家的互动关系主要表现为"组内合作,组间竞争",即团队对抗团队。在这类游戏中,团队内部需要相互配合,并与对方团队争夺胜利。四国大战(图1-40)就是半合作性棋盘游戏的典型代表。

合作性游戏还包括一种隐藏身份特点的类型:游戏中玩家只知道自己属于哪一类角色,但不清楚其他玩家的角色,因而游戏在合作之中有防备,防备之余又有合作。但

[①] 基于玩家之间互动关系进行分类,所涉及的棋盘游戏至少需要两人参与,因此前面提到的单人游戏不属于此种分类范畴。当然,简单合作类棋盘游戏完全适合单人游戏。

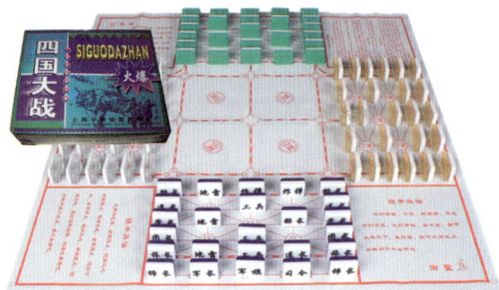

图1-40　四国大战（又称四国军棋），是20世纪80年代流行于中国上海等地高校的一款棋盘游戏。发明人现无从考证，但当属中国人首创。四国大战是在陆战棋（军棋）的基础上发展而来，通常四人游戏，另有一人做裁判。游戏中对面两人联合迎战另外两人，两两配合争胜利，大大丰富了军棋的技战术，提升了游戏的乐趣

此种游戏主要以卡牌游戏居多，如流行于欧美的"狼人"（Werewolf）[1]，而棋盘游戏中并不常见。

短短几十页文字只能对棋类发展的漫长历程进行一个粗略的梳理和展示，棋盘游戏的无穷魅力还需要我们到真实的游戏过程中去感受。站在21世纪的当下回望历史的长河，五千年前月亮之神与智慧之神的那盘塞尼特棋[2]仿佛还未决出胜负，公元4世纪的播棋棋子如今依旧如宝石般闪亮。棋，蕴含了人类本能的愿望与无尽的智慧，给心灵带来慰藉。而随着时代的变迁，玩家从皇室贵族、文人墨客发展到平民百姓，至今被越来越多的普通民众所亲近。更加庆幸的是，我们的儿童也拥有了专属于自己的棋盘游戏，他们终于可以尽情地在游戏中探究这个世界、与同伴互动、获得学习与发展。

而随之而来的科技发展日新月异的信息时代，人们每天不得不面对成倍增长的资讯，开始渐渐习惯于生活在虚拟的信息世界之中。电话和短信替代了面对面的沟通，电脑游戏、手机游戏替代了真实的追逐与嬉戏，在这样一个时代背景下，棋盘游戏似乎是逆时代所驱。可当虚幻代替真实，人们内心深处的焦虑与迷失却如影随形（见图1-41）——而这，又为棋盘游戏的发展带来新的契机。

不管怎样，棋盘游戏作为可以将一家人聚在一张桌子上，用语言、表情进行智力与情感交流的游戏，尤其在信息时代，是成人与孩子们真实的需要。

虽然趣味横生的棋盘游戏不能成为一家人其乐融融的保证，虽然棋中的教育内涵无法保证塑造一名如何优秀的儿童，但至少，它可以保证提供一条途径：让家庭回归爱，让儿童回归天真，让人与人之间回归自然而真实的交流。

---

[1] 1986年，苏联莫斯科大学心理系的Dmitry Davidoff设计了一款名为"杀手"（Mafia）的多人卡牌游戏，90年代后该游戏在世界各地流行起来。1997年，美国人Andrew Plotkin对杀手游戏进行了改良，引入狼人的角色，于是有了后来的"狼人"（Werewolf）游戏。

[2] 古埃及传说月亮之神孔斯（Khonsu）与智慧之神托特（Thoth）玩塞尼特棋，以光为赌注，结果孔斯输了比赛，从此他只有在满月之时才能展现自己所有的光芒。

图1-41 美国摄影师Eric Pickersgill的一组作品《Remove》，他去掉了照片里人们手中的手机、电子设备等。照片里围坐一张桌子的家人们看起来都好像孤单地活在自己的世界里

而这条途径也意味着一种希望，希望人类不在自己创造抑或是随波逐流的信息时代里彻底迷失，希望人类保有人与人之间最本真的交流，希望人类不丢失祖先留给我们的、千百年进化而来的珍贵财富——情感与交流。

第二章

从竞争性棋盘游戏到幼儿合作性棋盘游戏

在第一章提到的众多分类方式中,我们基于玩家之间互动关系,将棋盘游戏分为了合作性棋盘游戏和竞争性棋盘游戏。本章我们将聚焦于专门面向幼儿的合作性棋盘游戏,对其发展历程和具体特点进行梳理、归纳和总结。

合作性棋盘游戏的行棋过程似乎与竞争性棋盘游戏区别不大,都需要玩家轮流按棋规走子,争取达到棋规中设定的胜利条件。而两者之间的重要区别在于,竞争性棋盘游戏中玩家之间是竞争对手的关系,要想赢得比赛必须战胜眼前的对手;而合作性棋盘游戏中,所有玩家是合作共赢的伙伴关系,有共同的任务和目标,需要共同战胜的"对手"通常隐藏于游戏内部,而不是参与游戏的任何人。

在合作性棋盘游戏中,输赢是行棋各方共同努力的结果,因此参与者的压力相对于竞争性棋盘游戏会更小,游戏时更放松,从这一点来看,这种游戏更适合心智尚未成熟、心理承受能力较弱的幼儿。更重要的是,在合作性棋盘游戏中,儿童需要学会通过讨论和协商,与团队成员合作完成任务,这个过程中他们将学会彼此分享(如将自己的道具、卡片等送给他人救急),学习关爱他人(如帮助其他小朋友指明更优路线),学习站在他人的角度和团队的角度考虑问题(如为了每一个游戏者都能及时到达终点而不是只考虑自己率先到达终点),等等。因此,合作性棋盘游戏能够更好地培养儿童的团队精神,使儿童不仅体验到借助团队合作获得成功的快乐,也能在团队任务失败后拥有更多共同承担责任的勇气。

合作性棋盘游戏兼备娱乐与教育的功能,尤其是对于年幼儿童来说,它的教育功能则会更加凸显。因为"合作、协商、分享、关爱、承担"这些平日教育活动中需要教师和家长费尽心思教给幼儿的品质,都可以通过合作性棋盘游戏自然而然地渗透到幼儿的行为与习惯中。年幼儿童不仅可以在合作性棋盘游戏中获得快乐,更重要的是从中获得社会性发展。

第一节　合作性棋盘游戏的出现与发展

传统意义中的棋盘游戏一定要在参与者之中分出胜负,这使得对弈者之间的"竞争性关系"成为棋盘游戏的重要特点。然而,随着时代的发展、社会的进步,"合作""共赢"的理念深入人心,"具有合作精神和合作能力"也成为这个时代对人才的重要要求,加之人们对于棋盘游戏的教育价值越来越重视,这都使得合作性棋盘游戏受到越来越多的关注。作为与竞争性游戏棋相对应的新形态,合作性棋盘游戏的出现拓宽了棋盘游戏的设计思路,开拓了棋盘游戏应用的新局面。在当今棋盘游戏市场尤其是欧美市场上,各个品牌推出的合作性棋盘游戏可谓琳琅满目,面向的群体也非常广,既包括成年人,也包括青少年和年幼儿童。

那么,合作性棋盘游戏到底是在怎样的背景下出现的,主要有什么特点,目前的发展状况如何? 本节我们将结合数据统计资料,分析合作性棋盘游戏的大致发展状况及特点。

2015年底,本书作者在BGG论坛中(www.boardgamegeek.com),以"cooperative board game""collaborative board game""Co-operative Play"为关键词进行检索,得到近600条结果,同时参阅了全世界主要出品合作性棋盘游戏的公司网站(包括Family Pastimes、HABA、Peaceable Kingdom、Ravensburger、Herder Spiele、DJECO、Wonderforge和中国启幼公司等),进一步将得到的产品信息进行筛选和归纳,同时排除卡牌游戏(card game)、文字游戏(word game)、骰子游戏(dice game)等非棋盘游戏,最终统计出合作性棋盘游戏共计408个。我们将这些合作性棋盘游戏依出版年代划分,并依据各个出版年代出版数量的变化(参见图2-1),大致将合作性棋盘游戏的发展历程划分为三个阶段:初创期(1970年代),平稳期(1980 ~ 1990年代)和激增期(2000 ~ 2010年代)。

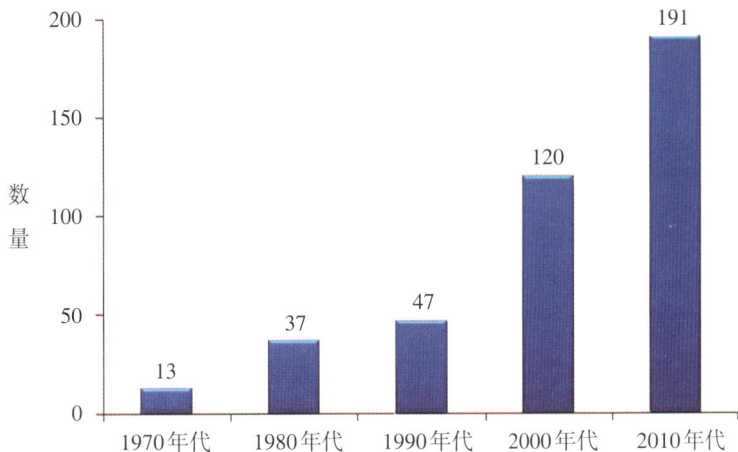

图2-1 合作性棋盘游戏数量随年代变化的分布图[①]

────────────

[①] 尽管在BGG等大型桌面游戏论坛上聚集的棋盘游戏并无国别或语言的限制,但网站上录得的棋盘游戏大都来自欧美等发达国家。因此,本统计为不完全统计。

长知识1

桌游发烧友之家：BoardGameGeek

BoardGameGeek（www.boardgamegeek.com，简称BGG）是一个专门为桌游爱好者提供信息资源和交流平台的桌面游戏论坛，由美国人Scott Alden和Derk Solko于2000年1月创立，如今已经发展为一个超大型国际桌面游戏爱好者的网上社区，全球拥有超过一百万用户。

BGG网站主要包括数据库、论坛、游戏清单、游戏集市等版块，其数据库容纳了全世界范围内绝大多数桌面游戏的信息，并详细介绍了每款游戏的游戏机制、出版厂商、设计师、获奖情况等。BGG统计的桌游信息范围之广泛与内容之详尽，是其他任何一个桌游论坛都难以比拟的。截至2016年5月底，数据库中已经记录了83 806款桌面游戏的相关信息。除游戏数据库之外，BGG还对玩家的游戏评价进行统计分析，提供年度桌游排行榜，其权威性被誉为"桌游玩家的圣经"。

图2-2　BGG的桌游发烧友形象

不仅如此，BGG还从线上走到了线下，从2005年开始在美国达拉斯举办年度桌面游戏展BGG.CON[1]，并且每年都会评出年度最佳游戏、最佳战争类游戏、最佳儿童游戏等。目前BGG.CON已经成为北美地区最权威的桌游展会之一。

鉴于其卓越贡献，BGG荣获2010年戴安娜·琼斯奖（Diana Jones Award）[2]，被誉为"最权威的在线桌面游戏社区"。

一、初创期：1970年代

合作性棋盘游戏的提法以及最早的合作性棋盘游戏设计皆出现在20世纪70年代的北美地区。合作性棋盘游戏的出现与当时轰轰烈烈的"新游戏运动"（New games movement）息息相关。新游戏运动反思传统游戏的弊端，认为传统游戏多为竞争性且彰显个人能力，因此呼吁将竞争性游戏转变为合作性游戏。正如新游戏运动的发起人，《全球概览》主编Stewart Brand所说："想要创造出新的游戏，不在于参照旧的游戏，也不在

---

[1] 与埃森桌游展一样，BGG年度桌游展每年都持续四天时间，期间各种游戏试玩会不间断地举行，还会有许多桌游厂商选择在此期间推出新游戏。

[2] 戴安娜·琼斯奖是每年一度的游戏领域内的优秀表现奖，始办于2001年。这个奖项有两个特立独行之处：第一，它可以被颁发给个人、游戏产品、游戏出版物、公司或者组织，只要是跟游戏有关系就可以；第二，它并不将流行程度及商业上的成功作为评选指标。

于分析、破解已有的游戏机制，甚至不在于超越它。真正的创新在于完全摒弃旧的游戏，换一种思维，到另一个层面上去重新思考游戏的价值，创造出全新的游戏，这才能真正迎来改变旧游戏、替代旧游戏的伟大时刻。"在Brand的基础上，Pat Farrington和Bernie DeKoven等人进一步将人文要素加入到新游戏运动之中，Farrington强调新游戏应鼓励游戏者发挥自身能力，而不是与他人竞争。DeKoven则强调在新游戏的设计中不仅要考虑游戏者如何参与到游戏中来，更重要的是，游戏者要承担起在游戏中与他人互动的责任。

早期的新游戏以户外运动游戏为主（见图2-3），且很快波及至更为广泛的游戏领域，这其中就包括棋类游戏。不管是何种游戏形式，新游戏运动的核心都是强调游戏的意义并不在于输赢，而在于游戏者的愉快体验、全力以赴的游戏精神以及与群体合作共赢。新游戏的设计鼓励合作，强调同伴间不应仅存有竞争，还应更多地互相欣赏、互相帮助，而且游戏规则也应该简单有趣，在游戏中，任何人都不应被排斥或淘汰。

图2-3 新游戏理念之下的运动性游戏列举：上图为人椅游戏（the Lap Game），游戏时，所有游戏者紧密围成一圈，每个人同时坐到后一个人的腿上。如果游戏中合作成功，则圆圈稳定，每个人都能舒适地坐着；下图的打结游戏（Knots）[①]展示了新游戏的活力

在棋类游戏的新浪潮中，专注于合作性棋盘游戏研发的加拿大Family Pastimes公司可谓是当时的"弄潮儿"；而美国TSR公司推出的后来被誉为经典的合作性棋盘游戏"龙与地下城"则可谓这场浪潮中的一个"巨浪"。

1. Family Pastimes：第一个专注于合作性棋盘游戏的公司

20世纪70年代出版发行的合作性棋盘游戏数量尚不多，其中大部分都出自加拿大的Family Pastimes公司。该公司创始人Jim Deacove是合作性棋盘游戏领域最早的开拓者，

---

① 打结游戏的玩法：6～10人组成的小组围成一圈，每个人都走到圈中，用右手握住对面的人，同时握住另一个人的左手。这样整个队伍就打成了一个结，然后团队要在不松开手的前提下打开这个结。

也是合作性棋盘游戏的先锋设计师。起初，Jim在和家人一起游戏时，发现孩子们玩竞争性游戏时经常会出现一些摩擦和不愉快。他认为需要有一种新的游戏形式来促进儿童间的合作和分享，因而开始尝试亲手为孩子们设计合作性游戏。幸运的是，这份起初的创意、爱好很快变成他对合作性游戏的执着，并最终演变成了一份事业。

1972年，Jim创办了Family Pastimes公司——专门从事合作性游戏的设计与制作，棋盘游戏是其中最主要的一部分。从20世纪70年代的纯手工制作一直发展到当今的批量生产，Family Pastimes公司的合作性棋盘游戏受到越来越多玩家的青睐。该公司目前已经开发了上百款合作性棋盘游戏，并根据棋盘游戏适用群体的年龄进行了分类：适合3～7岁、7岁以上、9岁以上、12岁以上，其中适合幼儿的游戏棋主要包括：Zen Blocks（1972），Harvest Time（1980），The Max（1986），Funny Face（1987），Earthquake（1992），Snowstorm（1994），Home Building（1997），Caves & Claws（1998）等四十多款[①]。Family Pastimes公司早年的一些棋盘游戏至今仍在市面上销售且受到儿童尤其是小年龄儿童的喜爱。

尽管Zen Blocks（禅方块，见图2-4）是Family Pastimes公司成立当年推出的第一款适合幼儿的合作性棋盘游戏，但是这款游戏是否为合作性棋盘游戏值得商榷。合作性棋

图2-4　上图为Family Pastimes公司于1972年推出的一款合作性棋盘游戏Zen Blocks（禅方块），适合6岁及以上儿童。这款游戏由Jim Deacove设计，方块图案运用了洋溢着中国文化的汉字和符号。玩法要求游戏者用标有"天、土、日、雨、子、羔"六个汉字和太极图的27块六面体（每个面上一个汉字或太极图，可重复）在3×3格的垫板上垒成一个3×3×3的正方体。初级水平的获胜条件是：叠层时，要保证最上面、最下面一层图案相同，中间接触面不要求相同，但要保证符合规则的连接方式（天与土，日和雨，子和羔可以连接，太极图可以与任何图案连接，其他则不允许连接）。这个要求比较适合幼儿园大班儿童游戏。而最高水平的玩法，要求最后搭成的正方体，保证六个外表面的图案要相同，中间的六个横截面除了对应外也要保证图案相同（有太极图亦可），这一要求只适合逻辑能力很强的成人了

---

① 这里提到的几种合作性游戏棋，在第五章均有具体的玩法介绍。

盘游戏作为棋类游戏的一个基本特点是：必须有对手。合作性棋盘游戏中这个对手并不是坐在对面的小朋友，而是游戏中的虚拟角色（既可以是竞赛的对手，如追赶小猪的狼；也可以是限定的时间或条件，如在太阳落山之前或在月亮出来之前完成任务等）。禅方块这款游戏尽管可以由多人一起合作完成任务，却并没有虚拟的对手。或许，在20世纪70年代早期，人们对合作性棋盘游戏的概念及特点的认识尚不够成熟，还在探索的过程中。

2. Dungeons and Dragons（龙与地下城），开创合作性游戏的新范式

"龙与地下城"是20世纪70年代问世的一款具有标志性意义的合作性棋盘游戏。该游戏强调角色扮演（Role-Playing），采用了一套比较精细的游戏规则和故事脚本，故事中设置了多种角色，每位玩家都要扮演一个角色，并对应一枚特定棋子（见图2-5）。"龙与地下城"需要玩家之间协作配合来推进游戏，而且角色扮演的形式充分满足了参与者的想象，这都是它十分吸引人的地方。也正是由"龙与地下城"开始，角色扮演类桌面游戏逐渐兴盛起来。

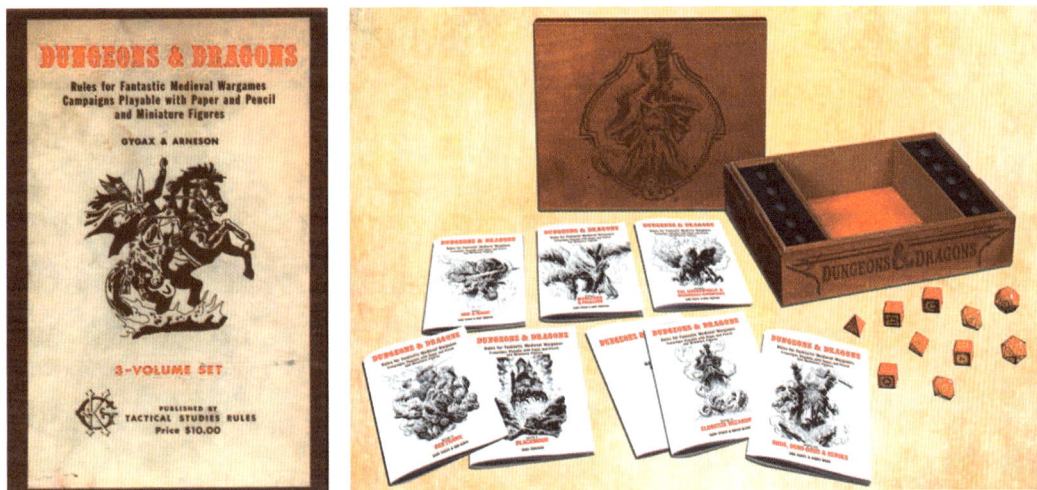

图2-5　左图为1974年出品的"龙与地下城"原版外包装图案，右图为2013年再版的"龙与地下城"豪华版

"龙与地下城"是20世纪80、90年代以后的单机及网络类角色扮演电子游戏的始祖。事实上，早在1974年就有大学生利用学校的大型机开发了"龙与地下城"的电子版本，它为后期角色扮演类电子游戏的繁荣奠定了基础。

初创时期的合作性棋盘游戏呈现以下特点。（1）主要针对的游戏人群年龄为7～12岁，即以小学生、青少年为游戏主体；初创时期的合作性游戏适合幼儿的并不多，主要有两款，分别为Family Pastimes公司出品的Zen Blocks（见图2-4）和德国Ravensburger公司出品的The Wonder Garden（见图2-6）。（2）因为主要目标群体是儿童，所以这一时期的合作性棋盘游戏通常含有较为明显的教育目的，以寓教于乐为基本的价值取向。这一点从游戏主题中便可看出——早期的合作性棋盘游戏主要涉及成长经历、社区生活、城市建设、爬山历险、拯救动物、空间探索等。（3）很早就出现了玩家群体的细分：20世纪70

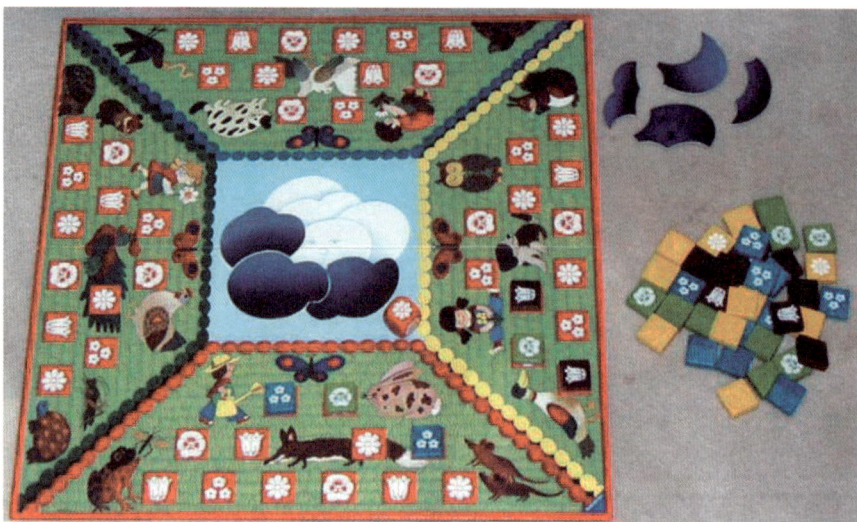

图2-6　德国 Ravensburger 公司[1]于 1977 年出品了面向 4 岁以上儿童的合作性棋盘游戏 "奇迹花园"（The Wonder Garden）。其规则简单易懂，主题贴近年幼儿童生活，且具有较高的可玩性。在 "奇迹花园" 游戏中，所有儿童组成一个团队，轮流在花园里种花。如果在一片片乌云遮住天空之前，儿童把所有的花都种上了，则大家共同获得胜利；如果没有完成任务，则倾盆大雨会把所有花都冲走，小朋友们就一同挑战失败了。"奇迹花园" 在游戏之中暗藏了一个对手——乌云，参与游戏的儿童需要相互协作，共同打败这个对手。本游戏的核心机制，就是合作性游戏

年代，以 Family Pastimes 公司、Ravensburger 公司为代表的合作性棋盘游戏，主要面向年龄较小的儿童群体，合作既是游戏的手段也是教育的目的，强调寓教于乐；而 TSR 公司的 "龙与地下城"，主要面向青少年及成年人群体，合作主要作为游戏的手段，强调娱乐性。本书主要关注适合幼儿的合作性棋盘游戏，与前者一样，以教育性为基本价值取向，强调寓教于乐，强调合作是手段更是目的。在棋类发展的历史长河中，始于 20 世纪 70 年代的合作性棋盘游戏推开了一扇崭新的大门，给传统棋盘游戏带来了许多新的色彩。

二、平稳期：1980 ～ 1990 年代

20 世纪 80 ～ 90 年代，约有 32 家棋盘游戏厂商出版了近 90 款合作性棋盘游戏，发展相对平稳。这一时期，合作性棋盘游戏为更多人所了解，设计师队伍不断壮大，出版公司的数量也有显著增加，包括：Family Pastimes、Herder Spiele[2]、HABA[3] 和 Games Workshop

---

[1] Raversburger 公司是德国一家知名棋盘游戏和拼图设计制造公司。

[2] Herder Spiele 是德国 Herder 出版公司旗下的棋盘游戏品牌。

[3] HABA 是德国 Habermaaβ 集团公司推出的木制玩具品牌。1938 年该公司成立后，便致力于从孩子们的角度出发，为孩子们工作，从而设计开发儿童玩具。迄今，该公司的主业仍旧是木制玩具，而棋盘游戏是其木制玩具中的一类。Habermaaβ 公司常备简称为 HABA，详细介绍见本节后面的品牌故事 1。

Ltd.① 等，其中 Family Pastimes 公司仍然占据主要地位，在纳入统计的84款游戏中占了38款，出版合作性游戏数量接近总数的一半，而 Herder Spiele 和 HABA 两家德国游戏出版公司此时也在合作性棋盘游戏的市场中占据了一席之地。

这一时期的合作性棋盘游戏，尽管总的数量与之前相比并无爆发式增长，但质量明显提高了，主要表现在几个方面：（1）外观设计更为精良，特别是儿童棋，具有材质优良、配色鲜艳、风格活泼的特点（1988年获德国年度游戏奖之合作性家庭游戏特别奖的"酸树"就是一个代表，参见长知识2）；（2）游戏取材趋向多元化，与绘本、影视作品等延伸合作也逐步增加（如长知识3中介绍的"蜘蛛小姐游戏棋"，其主题来源于美国童书作家David Kirk创作的绘本《蜘蛛小姐的茶会》）；（3）游戏主题更加丰富且有侧重点，面向成人的合作性棋盘游戏主题多为战争、打斗、科幻、侦探等，面向儿童的合作性棋盘游戏主题多为动物植物、自然环境、社会生活、奇幻探险等；（4）游戏机制更加多变，面向成人的游戏规则复杂性增加，对能力的挑战提高，游戏时间也有所延长，面向儿童的游戏则以掷骰或转盘来增加运气成分，游戏机制逐渐丰富与成熟（关于这一点，将在第四章棋盘游戏设计的机制部分详细介绍）。特别值得一提的是，与初创期相比，这一时期的合作性棋盘游戏中，针对儿童的数量明显居多，且呈现低龄化倾向，适合7岁及以下儿童的合作性棋盘游戏数量有56个，约占总数的2/3。可以说，1980～1990年代合作性棋盘游戏平稳发展，蓄势待发，为之后的蓬勃发展奠定了良好的基础。

扩展阅读

我是怎么开始设计合作性游戏的
——合作性棋盘游戏设计师Jim Deacove 的访谈

我经常被问到一个问题："是什么激发你开始设计合作性游戏的？"

回答这个问题时我会想起一段经历：那年我在我家后院的走廊上看着邻里小朋友们玩游戏。像大多数家庭一样，我和太太Ruth想教给我们两个小女儿一些好的品质，如分享玩具、帮助父母、善待宠物等。但是我们发现这常常需要花费很多精力，且不易实现。但是当我坐在那里看着孩子们玩游戏时，我突然产生了一些令人感到兴奋的想法。

我观察到孩子们游戏的过程：起初，孩子们聚集在一起，讨论他们想玩什么游戏。这时的他们愿意倾听彼此的建议，而且每个人都听进去了，不管高矮胖瘦、能

① Games Workshop Ltd.，中译名为游戏工场，简称GW，是英国一家游戏开发商，成立于1975年。游戏工场成立之初，主要从事传统木制棋盘游戏的生产、加工，同时也设计开发了一系列棋盘游戏。之后集中开发战争主题的桌游、电子游戏和网络游戏。

力高低。孩子们达成了共识，游戏开始。接下来就变了一幅场景：孩子们非常好胜，他们都想赢，甚至不惜相互推搡。游戏是靠实力说话的，所以他们很会利用对手的弱点，发挥自己的优势。

我看到孩子们从"共识"到"对峙"的转变，便开始好奇：如果他们刚刚讨论和协商的过程被运用到游戏情境中会是怎样的呢？我打算去试一试。

过了一会儿，当孩子们再次商议游戏的时候，我告诉他们我有一个新游戏玩法："这个游戏有点像捉迷藏，但是我称它为'lost and found'。"我给孩子们解释了这个游戏是怎么玩的——开始时，我站在一个位置（即营救站），蒙住眼睛数数，其他人则要找一个地方藏起来。当我数到100的时候，我就开始一个一个地去"营救"孩子们。当我找到一个人时，我们击掌、返回营救站。然后我们两个人再出发一起去找另外的人，找到后再把他带回营救站。这样一直持续，直到仅剩最后一个人的时候，这个人就是胜利者，因为他最擅长隐藏，没被找到。

孩子们听清楚规则之后，我们便开始了新游戏。我数了100个数，然后开始到处寻找。我先发现了一个小女孩。小女孩很开心，我们手牵手蹦蹦跳跳地去营救站。她看着我，眼神里没有任何因被淘汰而出现的忧心。她脸上的喜悦深深触动了我的心灵。我有了一种很奇妙的感觉，兴奋地看着将要出现的一切。很快，我们就找到了第三个人，第四个人……

游戏快结束时，我们依然找不到一个九岁的男孩。我们聚在营救站，组成了一个搜寻小组，讨论了各种可能的位置，"我们看过Riley的车库了么？很多人都藏在那里。"……但几次尝试后都没有找到男孩。这时有人说："我们每个地方都找了，唯独没有找上面！"这句话启发了所有人，于是我们立刻分散开去，抬头往树上找。果然，这个淘气鬼正在树上看着我们到处找他呢！当我们发现他的时候，大家都欢呼了起来。我用肩膀把他扛到了营救站。

后来，我坐在走廊上回味这个游戏。我意识到，这是我人生的一个重要转折点：孩子们的笑声，集体游戏的良好意愿，没有人从游戏中被淘汰，即便最小的孩子也可以做出很大贡献……这些给了我关于游戏的新的启发，这种游戏参与者之间的关系是健康的，简直太棒了！

我意识到之前困扰我的问题是什么了——之前我两个女儿玩的游戏经常将她们置于相互对立的位置，游戏的目的就是打败对方。由于姐姐有更多的经验、更强的能力，因此她总是能赢。而妹妹这时候要么是被哄骗着去继续游戏，或者更糟糕，她可能会欺骗姐姐以赢得游戏。不管怎样，孩子们游戏的重点都是战胜对手，这就是传统游戏的症结所在。

——摘自2000年*the Games Journal*有关Jim Deacove的专访①

---

① http://www.thegamesjournal.com/articles/FamilyPastimes.shtml.

寓教于乐的合作性棋盘游戏——酸树

尽管20世纪80年代初便有合作性棋盘游戏荣获了德国年度游戏奖——1983年的德国年度游戏奖颁给了Ravensburger公司的棋盘游戏"伦敦警察厅"（Scoltland Yard），但该游戏是一款较纯粹的成人娱乐性质的合作性棋盘游戏。而兼具娱乐性和教育性的合作性棋盘游戏第一次获奖是在1988年，Herder Spiele旗下的合作性棋盘游戏"酸树"（Sauerbaum）荣获德国年度游戏奖之"合作性家庭游戏特别奖"（Sonderpreis Kooperatives Familienspiel）[①]，而且在颁奖词中特别强调了合作性棋盘游戏的教育价值。

"酸树"适合8岁及以上的儿童进行游戏，棋盘上有一棵大树（如图2-7），这棵树马上就要被酸雨侵蚀（蓝色的小圆棋子代表酸雨的雨滴），儿童手执人形棋子，通过掷骰来移动。作为一款合作性棋盘游戏，所有儿童要为同一个目标而努力——在大树被酸雨完全侵蚀之前逃离大树。

"酸树"的游戏主题中蕴含环境保护的知识——酸雨会腐蚀大树、破坏环境。更让我们明白，好的合作性棋盘游戏不仅能给儿童带来快乐，还可以让儿童在游戏中自然地学到知识，激发儿童心灵深处对世界的美好和善意。

图2-7 "酸树"的棋盘是一棵画着棋格的大树，这款游戏棋适合3～7人进行游戏

---

① 在每年一度的"Spiel des Jahres"奖项之外，德国年度游戏奖的评选委员会还会在某些年份评选出特别贡献奖，用以表彰在某一个细分领域表现特别突出的桌面游戏。

长知识3

取材于绘本故事的棋盘游戏——蜘蛛小姐

将棋盘游戏的主题及玩法与绘本结合起来，是获取儿童棋盘游戏设计灵感的途径之一。绘本是儿童喜爱与熟悉的阅读媒介，借用耳熟能详的绘本角色或情境，首先能激发儿童游戏的兴趣，其次棋盘游戏的玩法更容易被儿童理解，有利于他们掌握棋规。许多棋盘游戏是由绘本故事延伸而来的，"蜘蛛小姐游戏棋"（Miss Spider's Board Game, International Playthings 公司 1998 年出品）正是取材于美国童书作家 David Kirk 创作的蜘蛛小姐系列绘本。

《蜘蛛小姐的茶会》（Miss Spider's Tea Party，见图 2-8 左）是这一系列绘本中知名度较高的一本。在这个故事中，蜘蛛小姐很想交朋友，却没有一只昆虫敢靠近她，直到一只飞蛾不小心栽在蜘蛛小姐的手上，才意外发现她一点也不可怕，于是所有昆虫都应邀前来参加她的茶会。这个故事告诉孩子一个道理——以貌取人是不对的，不论他人的外貌如何，只要他有颗善良的心，都可以与其成为朋友。蜘蛛小姐棋盘游戏便是根据这个故事设计的（见图 2-8 右）。

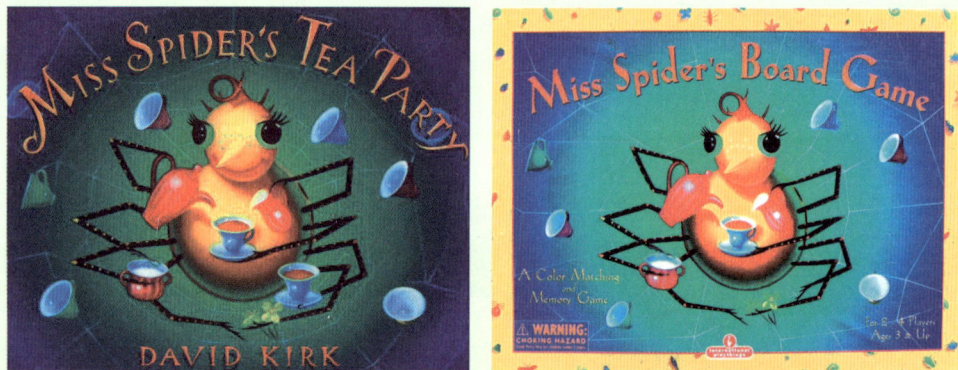

图 2-8　左侧图为 David Kirk 创作的蜘蛛小姐系列绘本之一《蜘蛛小姐的茶会》，右侧图为依托绘本故事设计的蜘蛛小姐游戏棋

这款棋盘游戏根据儿童的年龄和发展水平设置了三种不同难度的玩法。游戏的机制是掷骰、记忆和物品收集。前两种玩法是合作性游戏，所有儿童共同组成一个团队，为了同一目标——满足客人需求、收集物品、成功举办茶会而努力。第一种玩法是简单的寻找配对，需要儿童通过观察比较，找出相同的卡片，完成清单上的任务；第二种玩法在第一种玩法基础上增加了记忆难度，参与游戏的儿童轮流翻开彩色圆片，寻找清单上的物品，每次翻到一对同样的物品才算成功；第三种玩法则变合作为竞争，一人一张清单，谁先完成清单上的任务，谁就获得最终的胜利。

教你在游戏中学习种植知识——盖亚的花园

　　澳大利亚Living Earth Games公司于1999年推出了适合4岁以上儿童，2～6人共同游戏的合作性棋盘游戏"盖亚的花园"（GAIA'S GARDEN，见图2-9）。该游戏的棋具设计很有特点，棋盘清新又写实的画风让人过目难忘。"盖亚的花园"很好地将特定领域知识（植物种植）与棋盘游戏相融合，值得参照与学习。

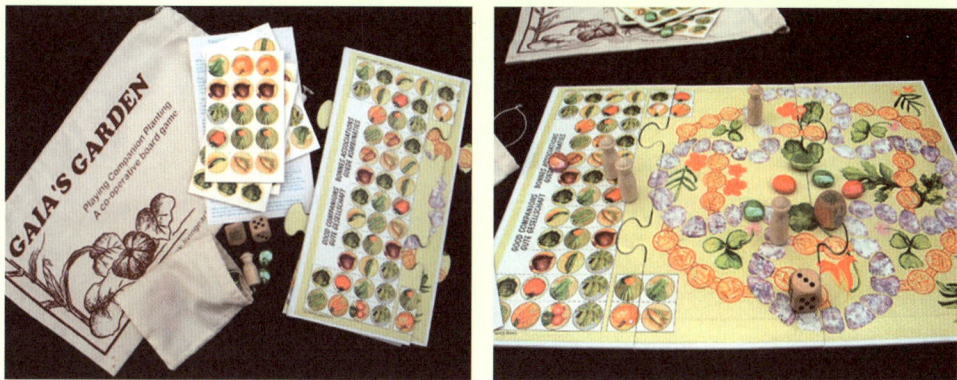

图2-9　"盖亚的花园"棋具及游戏场景

　　游戏中，大家共同操作园丁、害虫及捕食者3种角色棋子沿着棋盘上的路径前进。玩家通过轮流掷两个骰子，来决定此轮哪个棋子前进，以及前进几步。如果园丁棋子前进，又恰好停在没有种植植物的棋格，那么他可以在这个棋格上种植一个植物（即放置一个植物圆片在上面）。需要注意的是，园丁要根据游戏规则将可以一同种植的植物种在一起；如果害虫棋子前进，并停留在有植物的棋格，则害虫会吃掉该植物；但如果捕食者前进，并停留在有害虫的棋格，那么捕食者可以帮助吃掉害虫。最终，如果玩家率先共同在花园里种满了植物，那么大家共同获胜；如果花园中害虫泛滥，那么大家共同挑战失败。

　　该棋盘游戏的精髓在于向儿童传递了"植物—害虫—捕食者"的生物生态学概念，让儿童明白三者之间紧密的关系，另外也让儿童明白哪些植物能够一起种植，这都能促使儿童进一步理解如何种植、管理一个花园，体验如何保持花园中生物的平衡，学做一名合格的园丁。

　　另外值得一提的是，"盖亚的花园"采用了100%可回收再利用的环保纸板。可以说，该游戏从画风到内容设计，再到材质选择，都紧贴种植主题，提升了儿童对大自然的审美，增加了关于生物学的知识，使儿童仿佛真正进入了盖亚的花园并沉浸其中，乐此不疲。

20世纪80～90年代是合作性棋盘游戏的平稳发展期。在这一时期,合作性棋盘游戏主要有以下发展特点：首先,越来越多的设计者开始意识到合作性棋盘游戏的优点,尤其是在儿童游戏领域的应用；第二,尽管设计的数量还谈不上爆发式增长,但与之前相比,合作性棋盘游戏的质量得以提高了,创立于1978年的德国年度游戏奖,从20世纪80年代开始,曾多次为优秀的儿童合作性棋盘游戏颁奖；第三,棋盘设计师开始从各个领域探索适合合作性棋盘游戏的主题,比如与儿童绘本、影视作品、各领域知识等相结合。总的来看,无论是合作性棋盘游戏的主题、机制,还是外观形象,较之70年代都显得更为成熟。

品牌故事1

为年幼儿童设计合作性棋盘游戏

HABA是德国玩具设计制造公司 Habermaaβ GmbH 的玩具品牌。Habermaaβ GmbH 成立于1938年,陆续推出以木制玩具为主的众多儿童产品,并将自己定义为一个"好奇头脑的发明者"。

Habermaaβ GmbH 公司大约自20世纪80年代中期开始推出合作性棋盘游戏,这个时间虽不算早,但有其独特之处——材质安全环保,设计图案精美,风格活泼可爱,规则简单易懂,说明书制作也很精致,通常包括德语、英语、意大利语、法语、荷兰语、西班牙语六国语言版本,这不仅体现出德国人做事风格的严谨,也从侧面反映出 HABA 公司的文化风尚。

Habermaaβ GmbH 公司出品的合作性棋盘游戏主要面向7岁以下的低幼群体,其中有不少游戏都深受幼儿和家长的喜爱,例如：果园（Orchard,1986）、城堡骑士（Castle Knights,2007）、彩色矮人（The Color Dwarfs,2009）、嗨！水手（Sailor Ahoy!,2013）等,这些棋盘游戏在本书第五章均有介绍。

三、激增期：2000～2010年代

2000年以后,无论是合作性棋盘游戏的数量,还是设计和出品合作性棋盘游戏的公司数量都迅猛增长。图2-1中显示,2000年以后出品的合作性棋盘游戏有311款,其中面向成人、单纯娱乐性质的有157款,富有教育价值、以寓教于乐为主要目的的则有154款。两者相较平稳期均有突飞猛进的发展,因此这一时期可谓合作性棋盘游戏发展的激增期。

首先来看面向成人的合作性棋盘游戏,2000年以后,陆续推出的一批桌游如 Lord of Rings（魔戒,2000）、Arkham Horror（魔镇惊魂,2005）、Pandemic（瘟疫危机,2007）等均采用了多人合作角色扮演的方式,受到玩家的热捧,在欧美国家广泛流行。这一类合作性棋

盘游戏之所以能够迅速发展，一方面借助了20世纪90年代末桌游在欧美等地全面复苏的东风，另一方面源于伴随着电子游戏、网络游戏的发展，线上线下游戏从早期(20世纪90年代)的相互排斥渐渐转变为相互促进。

同一时期儿童合作性棋盘游戏的发展也十分迅猛，其中，适合幼儿的数量达到了102款，且作为反映棋盘游戏质量的一个窗口：这个时期儿童合作性棋盘游戏的获奖数量也有较大幅度的提升。与此相呼应，儿童合作性棋盘游戏的出版公司由原来的Family Pastimes公司独占鳌头变为多足鼎立、百花齐放，如德国的HABA、Ravernsberg、Amigo，法国的Djeco、美国的Peaceable Kingdom等公司均有佳作推出。不仅如此，游戏设计研发团队所属国也不断增加，包括中国、日本、芬兰、澳大利亚等诸多国家的玩具公司在这一时期均有新品推出(参见品牌故事2)。另外，玩家的年龄针对性更加凸显，出现了专门针对小年龄幼儿的合作性棋盘游戏，如Djeco公司于2012年出品的Little Cooperation(小小合作者)，针对的年龄段主要是2.5～5岁(见品牌故事3)。

这一时期儿童合作性棋盘游戏的快速发展，主要原因在于整个社会越来越重视人的合作精神和合作技能。人们开始意识到，合作交往是人类社会持续发展的前提，也是21世纪人才必备的基本素养和核心技能。这使得培养合作能力成为儿童社会性教育的重要组成部分与教育实践的重要方向。合作性棋盘游戏就是在这样的时代背景下拥有了更广阔的发展前景。无论是游戏设计者还是教育者，都希望通过游戏传递适宜的教育价值观和教育内涵，使儿童在快乐的游戏中学习与发展，使儿童在适应未来生活、承担社会责任、促进社会可持续发展等方面打下良好的基础。

品牌故事2

合作性棋盘游戏在中国生根发芽

柠檬猫(LEMON&PANDA)品牌2014年创始于中国上海，是由中国学前教育专业人士发起的原创玩教具品牌。柠檬猫专注于儿童益智棋的研发，其中"合作性棋盘游戏"是其五大产品系列之一，目前已推出的7款合作性棋盘游戏，使得合作性棋盘游戏的种子在中国生根发芽。柠檬猫的合作性棋盘游戏主题丰富且具有中国传统特色，涉及中国民间传统故事与儿童日常生活，深受儿童喜爱。

"牛奶的故事"是柠檬猫2014年出品的一款合作性棋盘游戏，其主题是关于牛奶的生产过程，通过游戏的形式将牛奶诞生记(历经挤奶、灌装、封盖、贴标签、运送等环节)的知识传达给每天都喝着牛奶，却鲜少知道餐桌上的牛奶从何而来的年幼儿童。游戏中的"合作"也别出心裁，可以说，这款合作性棋盘游戏中没有真正的对手，其中包含了小合作和大合作：小合作体现在儿童之间，他们需要共同操

作2～3个①牛奶瓶，在送奶工人赶到奶站之前完成牛奶的生产。游戏机制主要是轮流掷骰并走子，儿童需要将掷到的点数进行数的分解，在"快速前进"和"吃星星"（一颗星星可以让送奶工人倒退一步）之间获得平衡，也在无形中发展了儿童的数学能力；大合作则体现在游戏参与者与送奶工人之间并不是敌对的关系，儿童快速完成任务正是为了与送奶工人合作，尽快将新鲜的牛奶送给餐桌上的小朋友们（见图2-10）。游戏本身善意与巧妙的设计，促使儿童在游戏中一心只想帮助送奶工人生产牛奶，而不是打败他。

另外值得一提的是，游戏设计者将送奶工人的前进道路设置为了半夜12点到清晨6点的闹钟，不仅巩固了儿童关于时间的知识，更让孩子们在游戏中体验到了送奶工人的生活，体会到他的辛苦与勤劳。而真实的游戏中，不少孩子们喜欢让送奶工人棋子躺着前进，理由是"让他多睡一会儿"；即便孩子们已经胜利了，将所用牛奶都送到了终点，依然会坚持掷骰子，帮助送牛奶工人到达终点。这让我们从另一个角度体会到了棋盘游戏的价值：让孩子们在游戏中体验他人不一样的生活，发掘孩子们内心对他人的爱与关怀。

图2-10 "牛奶的故事"棋盘游戏中，儿童需要通过轮流掷骰子前进，赶在送奶工人来奶站取奶之前，合作完成2～3瓶牛奶的生产。骰子表面有两种图案："点数"代表牛奶瓶前进，点数可分解，让不同牛奶瓶共同前进；"脚印"则代表送奶工人前进。另外，棋盘上印有颜色的棋格可帮助牛奶瓶跳跃、加速前进；吃到棋盘上的小星星可以使送牛奶工人倒退一步

品牌故事3

Djeco公司面向小年龄儿童的合作性棋盘游戏

Djeco（中译：智荷）是一个旨在启发儿童艺术灵感与智能的玩具品牌，1954

---

① 儿童可在游戏开始前相互商量本轮游戏要运送几瓶牛奶，牛奶瓶数量不同决定了游戏的难度有所不同。

年创立于法国巴黎，Djeco 将视觉艺术应用到儿童玩具产品之中，设计出诸多赏心悦目又符合儿童学习与发展特点的玩具（包括棋盘游戏）。正如 Djeco 的自我介绍所提到的：

——在 Djeco 看来，赋予儿童想象的自由是非常重要的，我们希望能够让儿童那些有趣的甚至是古怪的想法自由生长。我们与儿童一样，我们盼望好的玩具和有趣的游戏，凭借它们，我们可以尽情做梦、尽情欢笑与尽情探索。

——我们看重产品的品质与审美元素，同时也注重其实用性。我们想透过我们的产品去唤起儿童的好奇心，丰富他们的想象力，鼓励他们勇于探索。我们总是不断完善我们的产品，直到最后一刻，包括将我们的产品手册、外包装以及其他细节都尽可能做到完美，从而帮助儿童和家长更快地理解我们的产品，然后真正喜欢上我们的产品。

Djeco 面向年幼儿童的棋盘游戏类型丰富，有许多有趣的创意，且造型非常可爱。下面这款 Little Cooperation（小小合作者）棋盘游戏适合2.5～5岁的儿童，可以成为小年龄儿童的亲子游戏。

"小小合作者"的游戏要求小朋友们齐心协力，互相合作，一起帮助南极冰层上的四只小动物安全通过冰桥到达另一端的冰屋。游戏中小朋友们轮流掷骰，根据骰子的结果移动一只动物到冰桥上或者移动一只已经在冰桥上的动物安全抵达冰屋，如果不幸掷出桥墩融化，则必须将一个桥墩从桥下抽走。小朋友们的任务就是在所有桥墩都融化掉、冰桥倒塌之前帮助四只小动物安全通过冰桥到达冰屋。"小小合作者"的游戏规则简单易懂，3岁幼儿也能够理解，而一场游戏下来大概只需要十多分钟，可谓有趣与轻松。

图2-11 "小小合作者"棋盘游戏的棋具包含四个部分：1. 两块大浮冰，其中一块上有冰屋，是小动物们要回的家；2. 长桥面和六个冰块，可以组成一座冰桥；3. 四个生活在极地的小动物，企鹅、北极狐、雪兔和北极熊；4. 一个六面骰子，有三种图案，分别是冰屋、冰桥和冰块，每个图案占两面

21世纪迎来了合作性棋盘游戏的繁荣，棋盘游戏的数量和质量有了相应的提升，但新游戏的大量出现也导致了游戏生命周期缩短的情况，目前已经出现一些游戏在上市一两年内就遭退市的现象。所幸的是，整体来看，当前的繁荣是真实的繁荣，更多地反映了

社会发展的趋势和用户的真实需求。近年来，随着互联网和智能移动终端的迅猛发展，许多儿童在年幼阶段就已经开始大量接触各种视频游戏，但这些体验难以满足幼儿身心健康发展的需求，幼儿的发展迫切需要的是高质量的人与人之间的真实互动，需要真实的合作体验。

另外，我们可以从购买者关于合作性棋盘游戏的真实评价入手，了解家长们购买合作性棋盘游戏的原因与诉求等，表2-1从美国亚马逊网站（Amazon）中选取了部分消费者对合作性棋盘游戏消费的评价与反馈。

表2-1　Amazon网上消费者对合作性棋盘游戏的评价与反馈（摘录）

棋盘游戏名称 出版公司，年份	消费者的评价与反馈	信息发布 的时间
Harvest Time （收获季节） Family Pastimes, 1980	Harvest Time是最经典的合作性棋盘游戏之一，虽然它并不华丽，外观也并不现代，但它依然是我的最爱之一。游戏获胜的关键在于儿童要帮助他人而不能只顾自己——就我个人而言，这是我最想要传递给我的孩子们的价值观	2015年 11月28日
Obstacle （障碍游戏） eeBoo, 2013	这是一款合作性的棋盘游戏，目的在于让玩家一起努力完成任务。我的孩子平时爱争强好胜，但在我的一些指导之下，他们开始对合作性棋充满兴趣……而且，不像其他的儿童棋那样，常常让坐在旁边的家长感到枯燥。Obstacle可以带来一段真正美妙的时光，游戏中儿童需要充满创造力，这使得观看孩子玩棋的过程都会变成一种享受	2012年 9月17日
Orchard （果园） HABA, 1986	游戏玩法很简单，即使是2岁的孩子都可以加入……4岁的女儿正处在输不起的阶段，一旦输了就会哭闹不止。这款游戏中，所有玩家都同属一个团队，对她来讲，与队友一起输给乌鸦比较好接受，而我们也可以为她做一个"可以输得起"的好榜样。果园游戏的另外一个优点是它不会持续太久，每一局只需要用时10～15分钟	2007年 12月11日
Outfoxed （智胜狐狸） Gamewright, 2014	Outfoxed是一款我的孩子们可以自己独立进行的游戏，但是我也喜欢跟他们一起玩。在齐心协力寻找罪犯时，每个孩子都会表现出自己的优长和特点，这是我最乐意看到的。我的孩子分别是8岁、6岁和5岁，他们可以一直不停地玩	2015年 11月28日
Snug as a Bug in a Rug （虫虫毛毯） Peaceable Kingdom, 2012	这是一款很有趣的游戏。开始时，看懂转盘对我3岁的儿子来说有点难，因为转盘上有四个环，分别是颜色、数字、形状和眼睛大小。但是，当他学会怎么看懂转盘，立刻就爱上了这款棋。他喜欢小臭虫，还喜欢捏着它们。这是一款合作性棋盘游戏，游戏没有唯一的赢家。我们作为一个集体，要在3个臭虫出现之前把所有虫子都藏在毯子底下。到目前为止，我们还没有赢过，但是这并不重要……我们会继续玩这款游戏，通过游戏我也教给孩子正确看待输赢的态度	2013年 2月6日
Stone Soup （石头汤） Peaceable Kingdom, 2011	这是一款非常棒的教育游戏，我强烈推荐！它是我丈夫在他二年级的班级上最喜欢使用的一款合作性棋盘游戏。与竞争性游戏中儿童相互对抗以赢得胜利不同的是，这款棋需要儿童相互合作——这对于孩子来说，是多么难得的又重要的教育啊！这款游戏颜色明亮鲜艳，非常吸引儿童，同时又简单易懂。作为教育性游戏，它可以帮助儿童学会匹配、团队协作以及更多。事实上我丈夫所在的小学刚刚又购置了一些Stone Soup棋	2011年 3月17日

（续表）

棋盘游戏名称 出版公司,年份	消费者的评价与反馈	信息发布 的时间
Waldschattenspiel （森林光影） Kraul,1985	（最好的童年回忆）当我们还住在德国的时候,我曾经购买过这款棋（只花了很低的价格）。不幸的是上次搬家时,将它遗失了。虽然我的孩子们都已经到了青少年阶段,但他们还是让我再买一个新的,来取代丢失的那一个。这是我们最温暖的回忆,游戏将我们带入一个柔和、安静的空间,所有人都依赖着彼此。这款棋让我们一起交流和放松。在我的孩子们组织自己的家庭的时候,我一定会毫不犹豫地为他们每个人再买一套Waldschattenspiel	2015年 12月27日
Wildcraft （野生草药） Learning Herbs, 2006	我是为自己买的这款棋盘游戏(我已经50岁了),因为我想学习关于中草药的知识,而我最擅长通过图片和互动性的材料来学习。我和4岁的侄女一起玩,她非常喜欢这款游戏,并且可以比我更快速地记住每种草药各有什么用途。她非常要强好胜,所以,能有这样一款蕴含合作性的游戏非常重要,在这款棋里,只有相互帮助才有可能赢得胜利。这款游戏的插图非常精美,而且我非常喜欢它的色彩。	2008年 11月28日
World of Disney Eye Found It （发现迪士尼） Wonder Forge, 2009	我购买这款棋,主要是为了避免孩子之间"我第一!""我先来!"的争吵,这样的争吵在他们玩Candyland之类的游戏时经常出现。对他们而言,谁先走就意味着谁最可能赢。在这款游戏中,所有人一起赢或者一起输——我非常喜欢这种观念……购买的另一个原因是它曾经获得了许多奖项。据我所知,Wonder Forge是最好的儿童游戏公司之一。我会用谷歌搜索"获奖游戏",因为我希望游戏能让儿童在玩的同时学到一些东西,而不是已经知道了一些知识之后再去游戏(像Candyland)	2016年 4月26日
The Yoga Garden Game （瑜伽花园） YogaKids,2000	我和两个女儿(4岁和7岁)一起玩这款游戏,它让我们度过了美妙的、高质量的亲子时光。我最喜欢的部分是游戏不会使得有人赢有人输,而是大家一起团结合作在花园里种花。另外,我还喜欢和女儿一起练习瑜伽。我很惊讶地看到我的两个女儿在游戏中相互合作,没有争吵。即使是花园已经被种满了植物,他们仍然不希望游戏结束。我要向我们的瑜伽老师推荐这款棋盘游戏,让她在幼儿班里使用	2011年 1月4日

注:本书第一章对"石头汤"进行了介绍,第四章对"虫虫毛毯"进行了介绍,第五章介绍了表中所列其他棋盘游戏的具体玩法及特点。

　　表2-1呈现了具有代表性的10款合作性棋盘游戏的消费者评价与反馈,从中可以看出,这些家长之所以选择购买合作性棋盘游戏,最重要的原因是合作性棋盘游戏中玩家之间的关系相比竞争游戏更加友好,且游戏氛围轻松,可以避免因为争夺游戏资源和最后的胜利而产生的争吵,帮助儿童在同伴合作中慢慢学会正确看待输赢。另外,家长同样看重棋盘游戏的教育功能,而不仅仅需要游戏具有趣味性和可玩性,就像一位家长提到的那样——"我希望游戏能让儿童在玩的同时学到东西"。

　　美国以多子女家庭为主,让一个家庭里几个不同年龄的孩子融洽地进行游戏对大多数家长来说都是一个难题,而合作性棋盘游戏恰好可以满足家长的此类需求。2016年,在中国已经实施了几十年的独生子女政策全面取消,多子女家庭在中国也将成为主流,在这样一个时代背景下,儿童合作性棋盘游戏更能体现其独特的教育价值。

第二节 幼儿合作性棋盘游戏的特点

培养儿童的社会性技能是学前阶段的重要教育目标。我国传统教育注重培养幼儿的集体意识，但说教特点较为明显，借助游戏的形式尤其是棋盘游戏的形式，寓教于乐地培养幼儿集体意识与合作技能的方法和策略尚不够丰富。此外，幼儿参与的团体游戏活动大多数有明显的竞技性，孩子们也已经习惯于在相互竞争中体现自身的能力。

棋盘游戏是幼儿园普遍运用的一种游戏形式。以往幼儿园中使用的游戏棋多以竞争性为主，侧重发展幼儿的认知和思维能力，培养幼儿遵守规则、勇于挑战、不畏挫折的社会性品质，而合作性棋盘游戏在以上功能的基础上，还可以为幼儿互助、协商与分享提供更多的机会，培养幼儿的合作精神与合作能力。表2-2对比了合作性棋盘游戏与竞争性棋盘游戏的区别，了解它们的区别可以帮助我们更好地理解合作性棋盘游戏的特点。

表2-2　幼儿合作性棋盘游戏与竞争性棋盘游戏对比

	合作性棋盘游戏	竞争性棋盘游戏
游戏者人数	对于不需要为每位游戏者分配角色的"简单合作类"棋盘游戏来说，游戏人数的限制很小，1人至多人都可以玩。当然，对幼儿来说，由于心智尚不够成熟，游戏人数最好不超过5人	游戏人数由游戏规则确定，且竞争性棋的规则约束性要强于合作性棋。一般竞争性棋盘游戏中2人对弈的情况较多，偶尔也会有3～4人同时参与竞争的情况
游戏者年龄与能力	由于游戏参与者之间可以互相帮助，因此年龄不同或能力差异较大的儿童也可以一起游戏，教师不用担心能力弱的孩子被淘汰，因为没有人在行棋过程中会被淘汰	讲究势均力敌，因此年龄或能力差异较大的儿童一起游戏时，往往会出现"一边倒"的局面。年龄小或能力弱的儿童往往会长期处于弱势地位，很难从游戏中获得快乐，而能力较强的儿童也会因为对手过弱而觉得无趣，也很难从游戏中获得提升
游戏者之间的关系	游戏中的所有参与者之间都不是对手关系，而是合作伙伴关系，所有人组成一个团队，为了共同的目标而努力，共同击败游戏设定的虚拟"对手"，完成游戏安排的任务	游戏的参与者之间是对手关系，打败他人是自己获胜的条件
游戏机制	游戏内部创造了一个虚拟的"对手"，这个"对手"有可能是正在追逐小猪的大灰狼，也可能是滴滴答答不断往前走的时钟，或者是逐渐靠近的灾难，但不是参与游戏的任何一个人。在游戏中幼儿需要联合起来，齐心协力战胜困难	游戏中的对手就是一同参与游戏的人。游戏往往只能有一个或一方赢家，游戏的目标是战胜对手。每个人都需要在游戏中充分表现个人能力，在对手中脱颖而出，获得最终的胜利

（续表）

	合作性棋盘游戏	竞争性棋盘游戏
规范与监督	由于游戏参与者之间是合作伙伴关系，因此要求儿童不仅要为集体的利益考虑，更要维护游戏本身的公平——即共同遵守游戏设定的规则。成熟的游戏者会及时制止同伴的作弊行为，但部分幼儿年龄较小，监控自己与监督他人的能力不够强，因而行棋过程中有可能出现集体作弊的现象	由于游戏参与者之间是竞争关系，因此游戏各方会相互监督，保证游戏公平进行，保持一种相互制约的平衡状态。一方行棋，其他游戏者会对他的行棋合理性进行监督，一旦出现违规行为，其他游戏者会及时指出，对于参与者的约束要比合作性棋盘游戏更高
游戏结果	所有游戏参与者一起赢，或者一起输，不存在"有人欢喜有人忧"的结局。年幼儿童在和同伴一起面对游戏结果时，赢了大家可以一起分享快乐，输了也不会特别沮丧，使得整个游戏的氛围轻松愉快，适合心理承受能力还较弱的幼儿	游戏最后注定一些人赢而另一些人输。人人都喜欢赢，不喜欢输，因此在竞争性棋盘游戏中，经常存在胜利的幼儿得意洋洋，失败的幼儿垂头丧气甚至哭闹的情况。但这种情况也为儿童提高抗挫能力、心理复原能力（心理弹性）提供了契机
能力培养	亲社会性——相互理解、相互支持、相互帮助、相互学习、与人合作、分享； 语言能力——积极主动与人协商、沟通交流； 社会规范——遵守规则、等待与轮流； 认知和思维——解决问题、策略使用、计划性、抑制性等	社会认知——理解对手的行为并依此调整自己的行为； 学习品质——勇于挑战，不畏挫折； 社会规范——遵守规则、等待与轮流； 认知与思维——解决问题、策略使用、计划性等

通过对比可以看出，合作性棋盘游戏与竞争性棋盘游戏之间最显著的差异源自游戏者之间关系的不同。而合作性棋盘游戏的参与者之间是伙伴关系，大家共同组成了一个团队，因此也提供了更多培养儿童的亲社会行为、团队意识与集体责任感的机会。

第三节 幼儿合作性棋盘游戏的分类

在第一章介绍棋盘游戏的分类时，已经提及棋盘游戏的分类比较复杂，同样一款游戏常包含数种不同的特质，根据不同分类标准可能有不同的分类结果。本书主要介绍适合幼儿的合作性棋盘游戏，为了方便进一步的分析讨论，同时也为了更好地应用幼儿合作性棋盘游戏，有必要对现有幼儿合作性棋盘游戏进行简单易懂的分类。

在对合作性棋盘游戏进行分类之前，需明确三个基本前提：第一，此处的分类对象是合作性棋盘游戏，它是棋盘游戏中的一种，从游戏者之间的关系来讲，它是与竞争性棋盘游戏相对应的游戏类型，因此分类时需考虑"合作性"这一特点。第二，尽管幼儿合作性棋盘游戏强调可玩性，但正如前面已经提到的，适合幼儿的合作性棋盘游戏不是纯粹以娱乐为目的，强调可玩性的同时对教育内涵的强调是幼儿合作性棋盘游戏的重要特点，因此其分类要便于教育工作者和家长了解其内容和功能，便于将棋盘游戏与幼儿园的课程特

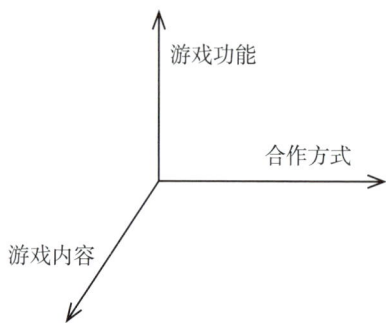

图2-12　儿童合作性棋盘游戏分类维度

点、儿童及家长的教育需求联系起来，故内容领域和教育功能应当成为幼儿合作性棋盘游戏分类的重要线索。第三，我们关注的玩家年龄集中在2～7岁之间，因此在确定分类维度以及具体指标时，应充分考虑到幼儿的身心发展特点和学习经验。

基于上述三个前提，本节提出幼儿合作性棋盘游戏分类方式的基本构想，见图2-12。这是一个三维坐标图，由合作方式、游戏内容、游戏功能三个维度构成。下面对这三个维度进行具体介绍。

➤ 合作方式：一般来说，幼儿合作性棋盘游戏中所有游戏参与者都属于同一个团队，他们联合起来对抗棋规中设置的障碍，以取得共同的胜利。然而，即便如此，游戏者之间的合作方式也会有所不同，有的游戏需要不同游戏者进行角色的分配及协作（深度合作），有的则不需要（简单合作）。因此，基于游戏中参与者合作的方式，尤其是不同游戏者是否存在角色的分配以及任务的分工，可以对合作性棋盘游戏进行分类。

➤ 游戏内容：游戏的内容主要指游戏的主题与情境。常见的幼儿合作性游戏主题常常与自然生物、社会生活有关，还有的棋主题是虚构的，因此可从自然、社会及虚构奇幻三个范畴来划分游戏主题内容。这样的分类方式也便于教育机构和家庭依教育目的（如配合幼儿园课程中特定主题活动的开展）选购和投放合作性棋盘游戏。

➤ 游戏功能：游戏的功能是指该游戏主要为幼儿哪一领域的发展提供了机会，幼儿在玩游戏的过程中最可能获得哪方面核心经验的提升。很明显，针对幼儿的合作性棋盘游戏，最主要的一个功能就是帮助幼儿提高合作意识和能力，社会性发展无疑是合作性棋盘游戏普遍具有的重要功能，因此，这里所提到的游戏功能是指除社会性发展之外，最突出的发展与教育功能。

根据对已有分类方式的整理、对照与分析，加之对现有幼儿合作性棋盘游戏的解析，我们对每个维度提出了具体分类标准，详见表2-3。在了解任意一款幼儿合作性棋盘游戏时，都可根据这一分类标准，从合作方式、游戏内容、游戏功能三个方面进行界定和具体描述。

表2-3　幼儿合作性棋盘游戏分类标准[①]

分类维度	类　别	具　体　表　现
合作方式[②]	简单合作	简单合作类棋盘游戏中，团队的职责由各个玩家共同承担，但无进一步的职责细分

[①] 本书第五章有关合作性棋盘游戏的介绍与分析，有助于对本表各维度具体表现的理解，故此处未提供较详细的具体实例。

[②] 第一章在谈到基于玩家之间的互动关系，可将棋盘游戏划分为完全合作性棋盘游戏、半合作性棋盘游戏和竞争性棋盘游戏，其中完全合作性棋盘游戏又可分为简单合作类和深度协作类两种。此处我们把半合作性棋盘游戏纳入对合作方式的考虑，合作方式划分为三种：简单合作、深度合作和半合作。

（续表）

分类维度	类　别	具　体　表　现
合作方式	深度协作	深度协作类棋盘游戏中，团队的任务细分给每一个人，每人拥有的角色及职责不同，因此任务的完成需要分工和协作
	半合作	游戏中既有合作行为，又有竞争行为，即"合作与竞争并存"，主要表现在"组内合作，组间竞争"。因此，半合作棋盘游戏中，一定有现实的对手，也一定有需要合作的小组
游戏内容	自　然	游戏主题围绕自然界中的事物，比如动植物、天文、自然现象等
	社　会	游戏主题围绕社会生活中的事物，例如社区、交通、城市农村、历史、文化生活等
	奇　幻	游戏主题主要指虚拟的或构想的人物、事件及情节活动等，并未真实存在于世界上
游戏功能	感　知	指游戏主要提供了儿童基本认知能力的发展机会，例如感知觉（颜色匹配、形状识别等）、注意及记忆、模仿及表征能力等
	思　维	指游戏主要提供了儿童高级思维能力的发展机会，如策略运用、逻辑推理、问题解决、计划性、创造性等
	语　言	指游戏主要提供了儿童语言表达、理解、交流等方面的发展机会，如倾听并理解、讲故事、言语协商等
	运　动	指游戏主要提供了儿童运动方面的发展机会，主要是动作技能，如手眼协调、精细动作等
	知识学习	指游戏主要提供了儿童某方面特定知识的学习机会，包括物理世界的知识、生物世界的知识、数概念及与心理有关的知识等

　　上述幼儿合作性棋盘游戏分类标准的确立，抓住了儿童的年龄特点、认知水平，强调了幼儿合作性棋盘游戏对于儿童发展的重要意义，体现了游戏的教育价值。

　　需要注意的是，此处没有将游戏的机制作为一个划分的维度来考虑，主要是认为合作性棋盘游戏的机制与其他棋类游戏一样，也相当复杂多样。从实践中的投放需求来看，机制并不是一个必要的分类维度。当然，游戏机制对于理解合作性棋盘游戏的表现特点有重要参考价值，在第四章关于合作性棋盘游戏的设计中，将会比较详细地介绍一些主要的游戏机制及其应用。

　　结合以上三个分类的维度，可以将幼儿合作性棋盘游戏按照标准合理分类，这不仅为游戏设计者和游戏研究者提供了分析和概括棋盘游戏特点的线索，也为教育工作者和家长选择、投放合作性棋盘游戏应用于教育实践提供了依据与便利。另外，这一分类维度还可作为梳理、介绍、分析和评价幼儿合作性棋盘游戏的组织框架，本书第五章也将依照上述分类标准，对各国幼儿合作性棋盘游戏进行梳理和具体介绍。

第三章

合作性棋盘游戏与
儿童发展及教育

3

尽管从以往的历史来看，棋盘游戏的主要功能是休闲娱乐，但是棋盘游戏在近现代的发展中越来越多地与教育联系了起来。尤其是儿童棋盘游戏的应用，人们期待儿童能够通过下棋积累经验、获得发展。事实上，大量研究已证实棋盘游戏确实能为儿童提供多方面的发展机会，诸如玩棋过程中儿童认知策略的运用、玩家之间的言语沟通与协商、棋局输赢对儿童心理承受力的挑战等，皆对儿童的认知、语言、社会性发展以及学习品质等方面起到促进作用。因此，尽管本书着重介绍的幼儿合作性棋盘游戏的历史还不算长，但是从一开始人们就对其在幼儿学习与发展中的作用抱有不小的期待。本章首先将结合相关研究介绍棋盘游戏在儿童认知、语言、社会性以及学习品质等方面发展中的作用，以及棋盘游戏在中小学及幼儿园教育中的运用状况，进而专门就合作性棋盘游戏与儿童发展（尤其是幼儿发展）的关系进行介绍。

第一节　棋盘游戏与儿童发展

棋盘游戏是集娱乐、益智、文化、艺术、竞技为一体的游戏活动，规则简单容易上手，又常玩常新，深受孩子们的喜爱。儿童在玩棋的过程中能够丰富自己的知识和经验，在思考决策中锻炼逻辑思维能力，在同伴互动中享受游戏的乐趣，也在与同伴的彼此监督制约中养成良好的规则意识，同时在公平竞技中形成合理看待输赢、勇于面对挫折的心理素质。由此可见，棋盘游戏对儿童诸多方面的发展都有益处。本节将从认知、语言、社会性以及学习品质等几方面阐述棋盘游戏在儿童发展（尤其是幼儿发展）中所发挥的不容小觑的作用，以示棋盘游戏的价值。

一、认知发展

长久以来，棋盘游戏被称为"智力的体操"，因其常综合了符号、数量、时间、序列、空间方位等多个元素，有助于培养儿童的感知觉、表征能力、记忆力、数学逻辑与推理等认知能力的发展。[①]比如幼儿和小学低年级儿童经常玩的飞行棋,其中就包含了不少数学学习的机会:(1)分类。飞行棋的棋子是不同颜色的小飞机,幼儿要根据颜色分类,挑选出相同颜色的小飞机作为自己的棋子;(2)顺序。根据谁先掷到"6"来确定谁先走、谁其次、谁最后,根据所有飞机到达终点的先后顺序确定谁胜出、谁其次、谁最后;(3)数量关系。根据所掷的数字行棋,需要幼儿将棋子上的点数和移动步数对应起来;(4)空间关系。棋子飞行到下一个格子就能离终点更近一些,这是一个与数量有关的空间关系;(5)时间关系。最先让4颗棋子全部到达终点就算胜利,这个规则包含了时间和数量的关系。小小的游戏中包含了年幼儿童数学学习的数、量、形、时、空五大方面的内容,使儿童在玩棋的过程中发展了数学能力。美国心理学家Robert Siegler的研究团队(2008)针对棋盘游戏与幼儿数能力和认知策略发展之间的关系做过细致的研究,他们认为线性数字棋盘游戏[②]能为幼儿提供数序和数值大小方面的发展机会。同时,他们利用这种棋盘游戏对美国低收入家庭幼儿进行干预,发现其对于促进幼儿早期数概念的学习成效显著。其他一些研究也表明,棋盘游戏有助于儿童策略运用的学习,增强了计划性,并让儿童借助具体事物进行抽象思维,有效支持了复杂思维能力的发展。因此,棋盘游戏是一种适合儿童参与的智力活动,并能让儿童在快乐的游戏中、与伙伴们轻松的互动中,自然地积累数学逻辑经验、锻炼问题解决能力、增强思维的灵活性,真可谓一举几得。

二、语言发展

通常人们一提到棋,就会将它与策略、谋略等智力因素联系在一起,其实棋盘游戏中包含的元素丰富多样,远不止这些。如今市面上为儿童提供的棋盘游戏种类繁多,其中不乏与语言发展密切相关的棋。研究表明,棋盘游戏对儿童的语言发展有积极的促进作用。国外学者Salmina和Tihanova(2011)认为,在棋盘游戏中儿童通过言语互动,能获得单向和双向的交流经验,并不断调整和完善自己的语言表达,包括口语的语句结构和语法形式。国内徐茂芬、张守娟和丰玉秋(2000)的相关分析也指出,诸多棋盘游戏都包含特定的教育目的,比如有些棋盘游戏融入了儿歌、童谣等内容,幼儿在玩棋时,既要动脑,又要动口动手才能顺利进行游戏,这个过程锻炼了幼儿的语言表达能力。

在实践领域,不少幼儿园老师将自制棋盘游戏引入语言活动中,在棋盘游戏中融入语言的基本要素,使幼儿在游戏中锻炼倾听与表达能力,讲故事与创编的能力,践行了"寓教于乐"的理念,并且效果明显。

---

① Salmina, N. G., &Tihanova, I. G.. Psychological and pedagogical expertise of board games [J]. Psychological Science and Education, 2011(2):18–25.

② 线性数字棋盘游戏(Linear Number Board Games)是指棋盘上的格子呈线性排列,每个格子的大小一样,上面按顺序(从左到右或从右到左)印有连续数字的棋盘游戏,有助于儿童在游戏中获得数序和数值大小的概念。第一章介绍的蛇棋就是典型的线性数字棋盘游戏。

三、社会性发展

棋盘游戏在幼儿社会性发展方面所发挥的作用在近年来受到了越来越多的关注。

首先，棋盘游戏有助于提升幼儿的社会交往能力。从棋盘游戏的特点来看，通常需要两位以上儿童参与，是一种典型的团体游戏。在游戏中儿童常需沟通和交流，包括针对游戏规则进行交流、表达自己的观点和立场、控制自己的行为和情绪、了解其他同伴的观点、与同伴建立合作关系、通过协商和约定来解决冲突等，这就为儿童的社会交往提供了机会，创造了条件，儿童的社会交往能力在游戏中得到了锻炼。

其次，棋盘游戏还是一种有效帮助年幼儿童去"自我中心"的方式。因为儿童在玩棋时，在与同伴互动的过程中会逐渐发现自己与他人的想法可能不同，时有冲突。想要顺利进行游戏，常需采纳别人的观点和意见，并据此调整自己的行为方式，只有当参与游戏的各方和谐共处，下棋的乐趣才能更好地体现出来。

再次，棋盘游戏培养了儿童的规则意识。俗话说"没有规矩，不成方圆"，规则是社会秩序的前提与保障，是制定出来供大家共同遵守的制度，规则意识则是遵守这些制度的良好态度和习惯。规则意识的养成并非一朝一夕的成就，而是一个持续不断、循序渐进的过程。由于年幼儿童的心智尚未成熟，自我控制能力较弱，规则意识也较为薄弱，因此从小培养儿童的规则意识是发展儿童社会性的重要内容。而棋盘游戏是有规则的游戏，规则约束着游戏者的行为，维护着游戏的公平性，儿童要想顺利地参与到游戏中，就要了解并遵守相应的游戏规则。孩子们在棋盘游戏的过程中，切身体会到规则的重要性，并能从遵守规则中收获玩棋的乐趣，久而久之，棋盘游戏能促进儿童规则意识的形成，培养其社会责任感。

四、学习品质

"学习品质"是1995年首先由美国国家教育目标委员会（National Education Goals Panel）提出，而近些年来，逐渐被我国儿童教育领域认同的一个词汇。"学习品质"一词，源于英文词汇"Approaches to Learning"。美国国家教育目标委员会认为，儿童学习品质主要包括五个方面：好奇心与兴趣、主动性、坚持与注意、创造与发明、反思与解释。我国教育部于2012年10月颁布的《3～6岁儿童学习与发展指南》也在"说明"部分强调，应"重视幼儿的学习品质"，包括：好奇心与学习兴趣、积极主动、认真专注、不怕困难、勇于探索和尝试、乐于想象和创造。

了解过究竟什么是学习品质后，我们不难发现，也不难真切地感受到：虽然"学习品质"不同于我们常常挂在嘴边的儿童认知、语言、社会、健康与艺术发展，但它却是至关重要的。儿童拥有学习的愿望、探究的兴趣，并且为此专注，同时敢于尝试、经得起挫折，进而不断地发挥想象与创造力。这无论对于儿童眼前的学习发展，还是对于儿童未来的终身学习与生活，都是至关重要的能力品质。

学习品质如此重要,那么在棋盘游戏中也可以培养幼儿的学习品质吗? 答案是肯定的,棋盘游戏是培养幼儿良好学习品质十分有效的活动形式。

1. 好奇心和学习兴趣

好奇心是幼儿智慧的萌芽,面对新鲜、有趣的事物,孩子们总是充满好奇,并会产生强烈的探索欲和求知欲,这正是幼儿学习的开始。而棋盘游戏的巧妙设计能够极大地满足幼儿的好奇心,并自然地调动他们探索和思考的兴趣。以合作性游戏棋"后羿射日"为例(见图3-1,具体玩法参考第五章的介绍),游戏中设置的功能卡片是背面朝上放置的,只有棋子移动到

图3-1　小朋友们正在积极思考着最优的行棋路线

功能卡片上才可以翻过来查看卡片内容,"翻看"这一机制带来的神秘感,恰好呼应了幼儿对未知事物的好奇心。在好奇心的驱使下,幼儿对翻看牌面乐此不疲,有时还会进行推理,即根据已有的线索推测还没有翻开的功能卡片内容,并积极思考着最优的行棋路线,幼儿的思维便在潜移默化中得到发展。

2. 专注力、坚持性和抗挫能力

幼儿期是培养儿童专注力、坚持性品质与抗挫折能力的重要时期,表现为在完成任务的过程中能够集中注意,坚持到底,不容易被外界干扰,不为眼前的挫折感到沮丧而灰心等。这三种品质与幼儿的任务意识有关,具有良好专注力、坚持性和抗挫能力的幼儿在面对干扰、困难甚至失败时能够作出有效调节,完成具有一定持续性特点的任务。

而棋盘游戏恰好是这种类型的任务,能为培养儿童专注力、坚持性和抗挫能力提供良好的契机。下一盘棋通常需要20分钟左右,这就考验了儿童能否集中精力在游戏之中,并且无论棋局对自己有利有弊,都能不畏挫折,坚持到底。由此可见儿童的坚持性与抗挫折能力发展也息息相关,相辅相成。

具体到游戏过程中,儿童要经常关注自己的棋子以及对方的动态,即便遇到困难和暂时的落后,也要坚持,不仅源于对成功的渴望,也因为自己的行为对整盘游戏顺利推进至关重要。这都在无形中锻炼了幼儿的专注力、坚持性和抗挫能力。游戏结束时,如果幼儿获胜,则能体验到成功的喜悦,增强了自信心和成就感;但如果面临失败,幼儿则需要一定的承受挫折的能力,不仅要接受眼前的败局,还要激发斗志,在下一次游戏中积极投入,无形中坚持性也获得提升。而在不断的练习中,更多地接受输与赢中,幼儿也就逐渐养成了专注、坚持与抗挫折的学习品质,并能将这种品质慢慢迁移到日常生活中,使得幼儿在学习、做事时更加专注,面临困难时有更强大的心理韧性去支撑、去超越。

3. 积极思考和挑战精神

大多数棋盘游戏的机制融合了运气和策略,幼儿要想赢得游戏,单凭运气是不够的,还要运用一定的策略,这便需要幼儿在游戏中积极思考,主动探索,寻找解决问题的方法。以合作性棋盘游戏"小猪跑跑"为例,这是典型的掷赛类游戏,即根据掷到的点数来移动

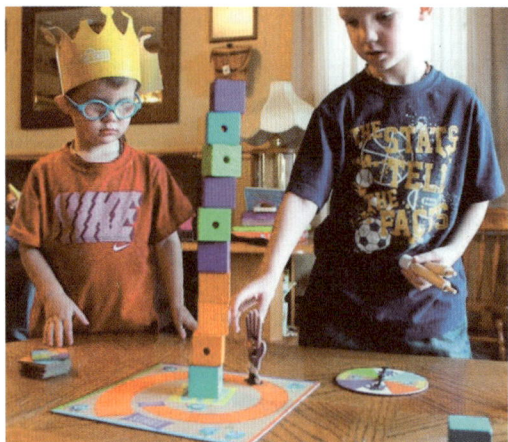

图3-2　这两位玩家的积木堆栈水平看来很不一般！

棋子，在每次掷完骰子后，幼儿都要思考并做出决策，是让跑在前面的小猪走，还是让落在后面的小猪走？怎么走才能避免大灰狼抓到小猪？什么时候使用食物让大灰狼退回山洞？孩子们可以在不断地思考和探索中，总结并分享游戏经验。再如合作性棋盘游戏"叠高高"（STACK UP!，见图3-2，具体玩法参考第五章的介绍），该游戏鼓励幼儿在棋盘上合作搭建积木塔，主要发展幼儿的手眼协调和精细动作。游戏设置了三种难度水平，第一级是直接用手搭建积木塔，第二级不能用手直接触碰积木，用两根堆栈木棒（木头端）拿积木搭建，第三级为用两根堆栈木棒（泡沫端）拿积木搭建，难度层层递进，幼儿可以逐级挑战。加之游戏中"挑战卡"的设置，更是让幼儿每一次的挑战任务都有所不同，大大增加了挑战的难度和未知性。如此一来，孩子们积极思考和勇于挑战的学习品质便在与同伴快乐的游戏中自然而然地养成了。

扩展阅读1

围棋与儿童的专注力

　　孟子《告子》曰："今夫弈之为数，小数也；不专心致志，则不得也。弈秋，通国之善弈者也。使弈秋诲二人弈，其一人专心致志，惟弈秋之为听；一人虽听之，一心以为有鸿鹄将至，思援弓缴而射之。虽与之俱学，弗若之矣。为是其智弗若与？"曰："非然也。"这段话的意思是，下棋的时候，需要专心致志，沉下心来。

　　专注力是下好围棋的基本要求，而弈棋也能培养专注力。徐德龙（2010）的研究发现，儿童在围棋对弈中，注意力能从10分钟逐渐延长到一两个小时。其研究还发现，学围棋的儿童在学习和生活中，其注意力也能逐渐提升。朱红珍（2011）曾追踪调查围棋班的学员，经过围棋教学后，大多数儿童的注意力表现和注意时间都有显著增加。黄和林、孔克勤和胡瑜（2006）借助《艾森克个性问卷》和《克里佩林心理测验》，探讨了围棋学习对儿童人格发展的影响，结果表明学习围棋的儿童和一般儿童相比，其注意集中和意志力表现都相对更好。徐平（2008）以准实验研究，考察了围棋学习对儿童不同向度注意力的影响，发现围棋学习对于儿童注意力的稳定性、持续性和集中性方面均有积极作用。韩国相关研究也显示，参与围棋课程的幼儿其专注于任务的时间较未参加者明显增加，表示学习围棋对幼儿的持续注意力有帮助（Kim, 2010）。

尽管围棋并不是适合幼儿的棋类，但是棋盘游戏在对幼儿专注力的培养方面是有共性的，即棋盘游戏能够使幼儿集中注意力，不受外界干扰，专心思考以做出正确的决策。所以我们可以通过组织幼儿进行棋类活动，有意识地对幼儿的专注力进行培养。

（摘自：萧爱霖.围棋活动对幼儿空间能力及专注力的影响[D].台北：台湾师范大学,2014.）

第二节　棋盘游戏与教育

"寓教于乐"是教育领域十分盛行的理念，游戏与教育的结合已然成为一种重要的教育形式。棋盘游戏的独特之处，如益智性强、互动性佳、携带方便、场地限制小等，使之容易受到教师和家长的青睐。无论是棋类商品还是各种自制棋，在中小学课堂、幼儿园活动，抑或是家庭教育中，都有广泛应用，以支持儿童的学习与发展。

为了更清晰地展现棋盘游戏在教育中的应用，下文将对棋盘游戏在机构教育、家庭和社区中的应用逐一介绍。由于棋盘游戏运用于中小学的历史要比幼儿园更悠久，因此我们先从中小学教育中的应用说起。

一、棋盘游戏在中小学教育中的应用

在中小学教育中引入棋盘游戏，主要有两个意图：其一是在各科教学中引入棋盘游戏，比如在语言、数学、科学等教育中的应用，主要目的是借助棋盘游戏的寓教于乐特点，巩固和提高学生的学科知识与能力；其二是将棋作为一种才艺和兴趣，提升学生对特定棋艺的掌握。本书强调棋盘游戏对支持儿童学习与发展的作用，因此将主要介绍棋盘游戏在中小学各学科教学中的应用。

（一）棋盘游戏在语言教育中的应用

中小学语言教育主要包括听、说、读、写四个部分，强调语言的运用和交流，强调营造积极的学习氛围从而激发学生语言学习的兴趣。在教学实践中，有许多教师将棋盘游戏引入到语言教学中，这为语言学习增添了不少趣味性，同时棋盘游戏（如单词游戏、故事游戏等）的内容也呼应了课程，满足了教学的需要。而棋盘游戏在语言教育中的运用主要有以下两个特点。

1. 在棋盘游戏中融入语言教育的内容要素

多数情况下，教师根据教学目标将语音、词汇、语法、句型等语言要素融入自制棋盘游戏中，以发展学生的语言能力。比如利用字母表棋盘以及单词棋子，帮助学生练习单词的拼读；鼓励学生用单词棋子组成固定句型的句子，巩固学生的语法知识；利用辅助功能卡片请学生大声读出牌面内容，互相提问和回答，让学生进行听、说练习，等等。

下面以林毓伦（2013）的应用案例[①]为例，介绍如何将语言要素巧妙地融入棋盘游戏。该案例的目标是在英语文法课中运用棋盘游戏帮助小学五六年级学生巩固和提升英语语法句子写作能力。所用棋具是在国际象棋的基础上改造而来，即每个棋子上都印有单词，游戏规则改为按照特定的句型，在棋盘上摆放棋子并组成一句话，句子长度从1个单词到10个单词不等，最终设计出"英语句子书写"棋盘游戏（Sentence Writing Board Game），作为支持学生学习英语的介质。游戏前，教师组织学生了解游戏规则，并将单词棋子按词性进行分类（如名词、动词、形容词等），然后开始游戏。每次选定一种句型，学生按照所选句型，用棋子在棋盘上摆出长度从1～10的英语句子，摆出的句子又多又准确即获胜。游戏之后，教师会请学生将自己所造的句子抄在笔记本上，并相互进行检查。教师也会核查所有学生的句子，并给予反馈，帮助学生澄清语法知识。游戏活动为期四个星期，共22节课，每一节60分钟。总体而言，这种教学形式不同于传统的讲授式语言教学，是通过棋盘游戏（练习——整理——反馈——澄清）的过程，来促进学生更加有效地学习、练习，并巩固语法知识和五大句型，以求达到流利度及准确度高的造句能力。

2. 以小组学习形式开展教学活动

利用小组学习形式借助棋盘游戏组织语言教学活动是较常用的一种应用形式。在2～6人组成的小组游戏中，每个学生都是主动的参与者，通过体验式活动来调动学生的积极性，使学生更加集中注意于任务上。

来自冰岛的教师Sigurðardóttir（2010）[②]以小组学习的形式，将棋盘游戏运用于英语听和说练习。他从"填格子"游戏[③]中获得灵感，设计了一款字母拼读棋盘游戏，棋具包括棋盘（如图3-3所示）、人形棋子、六面点数骰子和手牌（如图3-4所示）。

游戏规则为：为确保大家都有充分的机会参与游戏并进行听说练习，可以2～6人为一组进行游戏。玩家轮流投掷骰子，从起点处（start）出发，在棋盘上按照从A到Z的字母顺序移动棋子。当玩家的棋子落在某个印有字母的棋格时，他右手边的玩家就需要抽取印有同样字母的手牌，并大声读出手牌上面的内容，向该玩家提问。如果玩家答对了，则可以停在该格子上，如果回答不出，就要回到原位。当棋子落在其他棋格上时，按照棋格上的指示行动（如后退一格，或再掷一次等）。最先到达终点的玩家获胜。这个棋盘游戏含有两个教育功能：首先，锻炼了学生阅读的技巧，抽取手牌的人要大声读出手牌内容并提问；其次，锻炼了学生倾听的技能，被提问的人要仔细倾听以做好回答问题的准备。

---

① 林毓伦. 运用棋盘式游戏来提升国小高年级学童英文造句能力 [D]. 台湾：文藻外语学院硕士学位论文，2013.

② Sigríður Dögg Sigurðardóttir. The use of games in the language classroom [EB/OL]. http://skemman.is/stream/get/1946/6467/13457/1/Sigridurdogg2010.pdf.

③ "填格子"游戏（Filling in a chart）是一种传统的字母游戏，游戏中玩家需要说出或拼写出含有指定字母的任何一个单词。

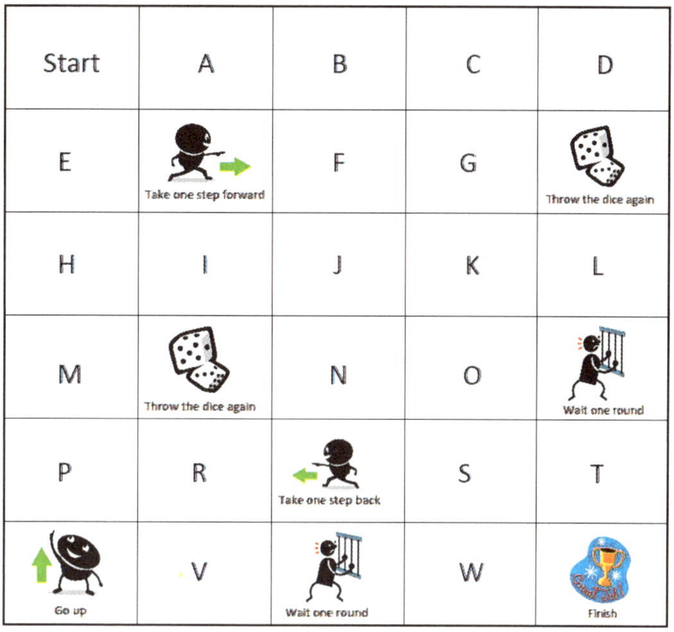

图3-3 Sigurðardóttir（2010）自制字母拼读棋的棋盘示意图，棋格上标有特定的字母。走子从左上方的起点处开始，在棋盘上按照字母从A到Z的顺序移动棋子

字母A为首的食物有苹果（Apple）。你能想出其他以A字母为首的食物吗？ 提示： *Asparagus*（芦笋）， *Almonds*（杏仁）	你喜欢运动吗？你最喜欢的运动是什么？篮球（Basketball）是以字母B为首的单词，你能想出其他以B为首的单词吗？ 提示： *Boxing*（拳击）， *Bowling*（保龄球）	很多美味的食物都是以C字母为首的，如巧克力（Chocolate），你能想出其他的吗？ 提示： *Carrots*（胡萝卜）， *Chicken*（鸡肉）	有不少食物以D字母为首，如饺子（Dumpling）。你还能想出其他以D为首的食物单词吗？ 提示： *Doughnuts*（甜甜圈）， *Dressings*（调味品）

图3-4 Sigurðardóttir（2010）自制字母拼读棋所用字母手牌的部分牌面内容，第一排为手牌正面的内容，第二排为手牌背面的图案

（二）棋盘游戏在数学教育中的应用

将棋盘游戏引入数学教育中主要有两方面优势：一方面使数学学习更具直观性。数学学习原本具有抽象性特点，而棋盘游戏的介入可以巧妙地将抽象概念和运算转换得更为具象；另一方面使数学学习更具趣味性。数学教学的游戏化，为原本较为枯燥的数学学习注入生机与活力，能激发学生学习的兴趣，鼓励学生通过亲自操作、探索、观察、猜想、验证，进而更加牢固地掌握数学知识、理解数学原理。

棋盘游戏在数学教育中的应用主要有以下两种形式。

1. 挖掘市面上已有棋盘游戏中的数学教育价值

无论是传统的象棋、围棋，还是专门为儿童设计的棋盘游戏，大多蕴含一定数学教育价值，适合小学低年级儿童开展游戏，如第一章提到的"糖果世界""蛇棋"等，都能为儿童提供有关数概念、形状与空间关系等学习机会。教师可根据课程的需要，选择性地将它们运用到自己的教学中。在课堂上，棋盘游戏作为辅助教具，可以帮助教师更为直观地传递知识；在课后，棋盘游戏可以进一步帮助学生巩固知识和学习经验。

例如，在"用数对确定位置"的教学中，教师设计了一个棋盘游戏活动，先采用象棋棋盘，让学生在棋盘边角处从左到右标注出"0～8"九个数字，从下到上标出"0～9"十个数字，利用棋盘来认识列和行，接着在棋盘上摆上棋子，按照象棋的基本规则来下棋，但每走一步要求利用数对表示棋子所在的位置。学生在玩棋的过程中，进一步认识和理解数对与列和行的关系。此后，教师又借助五子棋盘，学生三人一组共同玩五子棋，其中一人负责操控双方棋子，另外对弈双方指挥落子所摆的位置，通过向操控棋子者说出数对，由其摆放好棋子，通过玩棋，不仅理解和巩固了数对概念，空间观念也有进一步的增强。棋盘游戏将数学教学进一步直观化，学生在形象直观的动手动脑中理解数学知识，拓展思维空间。

（选自：吴健英.游戏化教学让学生学习更主动——游戏在小学数学课堂教学中的应用探究[J].华夏教师，2015.）

2. 灵活利用自制棋盘游戏开展数学教学活动

也有不少教师会选择自制数学棋盘游戏，将教学内容融入棋盘游戏的内容和规则中，使较为枯燥乏味的教学学习在游戏中被学生所接受（如图3-5），让孩子们在玩的过程中自然接触掌握数学知识，提高运算能力，锻炼数学逻辑思维。

自制棋盘游戏的优势更在于教师可以根据自己的教学需要灵活改变棋盘游戏的设计及规则，接下来这则案例中，我们将看到教师如何利用自制的算数棋，培养学生的计算能力。

图3-5　学生们使用骰子提升计算能力。他们投掷5枚骰子，运用基本的运算法则（加、减、乘、除）得出一个新的数字，然后将棋子放置在棋盘对应的数字上，游戏的目标是将自己的4个棋子连成一条线

算数棋棋具包括：1个棋盘（上面是标有数字1～9的九张数字牌，可以向上推动），2个骰子。游戏规则为：同时投掷两枚骰子，并计算骰子的点数之和，接着在棋盘上选择要推动的数字牌，并使得这些数字牌上的数字通过一定的四则运算得出的分数与骰子点数之和相等。游戏一直进行到无法再推动木牌为止，谁能够将所有的木牌都推上去，则是本轮比赛的赢家。游戏难度逐级增加，从加、减运算，到加、减、乘、除四则混合运算。利用棋盘游戏开展教学的基本过程为："教师示范——小组游戏、记录计算过程——交流小结——小组

再游戏、记录计算过程——交流总结",让学生在玩棋盘游戏的过程中进行数学计算。

教师的观察表明,通过游戏,学生会积极思考如何进行运算,使得数字牌的分数与骰子点数相等,并将数字牌全部推上去。这是一个不断探索的过程,能激发学生的学习潜能,培养计算能力和解决问题的能力。

（选自：孙琳琳."棋"乐无穷——《算数棋》教学设计与反思[J].中小学数学,2016.）

（三）棋盘游戏在其他科目教学中的应用

棋盘游戏在其他科目教学中也有广泛的应用,虽然领域不同,但其应用都有一些共同之处：1. 棋盘游戏的设计融入学科教学目标和内容,与学校课程衔接；2. 寓教于乐,强调以"学习者为中心",学生是操作、探索、思考的主体,教师的主要职责是引导与支持学生,并提升相关经验；3. 利用棋盘游戏鼓励学生和教师、学生和学生之间的交流互动,为不同层次的学生提供充分的学习机会。

下面我们将通过两个具体案例来了解棋盘游戏如何实际应用在财商教育与环保教育之中。

案例一：运用棋盘游戏对儿童进行财商教育

Kiyosaki（1997）设计的一款现金教育棋盘游戏（CASHFLOW 101,参见图3-6）,旨在对10岁以上儿童进行财商教育。不少中小学财商教育课程都应用了这一棋盘游戏形式。实践结果表明,借助棋盘游戏,儿童能够轻松学会一些简单的会计知识,包括收入、支出、资产和负债等金融理财概念,提高理财能力。

案例二：利用棋盘游戏对儿童进行环保教育

何宜芳（2012）[①]以棋盘游戏活动辅助教师开展节能减碳教学,研究了下棋活动对于小学六年级学生节能减碳的知识获得与态度转变的影响。他将学生分为实验组和控制组,两组儿童都接受日常的节能减碳教学,此外,实验组还会进行节能减排主题的系列棋盘游戏。

该研究基于从"衣、食、住、行、娱乐"五个方面传递减碳方式的教育目标,设计出五款节能减排主题的棋盘游戏,分别为"减碳衣起来""食物碳旅行""节能屋大冒

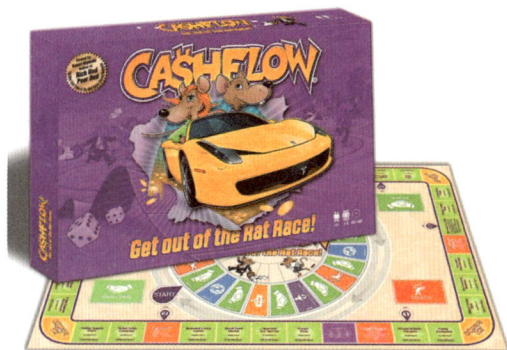

图3-6　"现金流101"是一款专注于财商教育的棋盘游戏。该游戏分为两个阶段。第一阶段为"老鼠赛跑",玩家的游戏目标是通过各种投资方式来提高自己的收入水平,使得收入大于支出。第二阶段是决定胜负的关键阶段,即"快速通道",玩家必须购买自己"想要的物品"以积累50 000美元的月度现金流。游戏鼓励玩家自己做账目,用财务报表代替"计分卡",如此玩家可以更清楚地知道自己的财务状况和资金的流动,譬如资产是如何产生收入和负债的,购买各种零星的小物件如何影响费用等。该游戏中涉及的基本经济行为有：买卖股票、现金流、升值和杠杆

---

① 何宜芳.盘面游戏对小学六年级学童节能减碳知识与态度之影响研究[D].台中：台中教育大学,2012.

险""碳足迹追追追""绿色采购我最行"。每款游戏各有不同的棋盘和规则，以增加玩家的新鲜感，内容设计分别从上述五个方面让学生能清楚地了解衣、食、住、行、娱乐诸方面的减碳方法，实现节能减碳知识教学。

下面以"减碳衣起来"棋盘游戏为例，介绍如何在教学中利用棋盘游戏。

设计理念：借此棋盘游戏，让学生了解到关于"衣"的节能减碳方法，也融入"全球暖化"和"能源"的相关知识，拓展学生的认知。棋盘（如图3-7）的路径设计没有固定方向和特定终点，玩家可以自由选择所走的路，此游戏的问题均设置在棋盘上，能让玩家直接看到，回答自己有把握的问题，增强自己的信心，也能借由别人的回答加深对某些知识的了解。

游戏材料："减碳衣起来"棋盘，衣物排列卡6张，衣物图卡16张（4种颜色的帽子、上衣、裤子、鞋子），棋子四个，转盘1个（如图3-7）。

游戏规则：游戏前准备，将4种不同颜色的帽子、上衣、裤子、鞋子摆放整齐，每个人选择一种颜色的棋子，放在起点处，轮流转动转盘，转盘所示数字决定步数，行棋路径可自行决定。棋子走到棋盘某一格时，其他玩家读出棋格里的问题（如：穿旧衣服也是节能减碳的方法？破掉的旧衣可以改造成其他东西继续使用？全球暖化会加剧气候异常，例如：豪雨、干旱、强烈台风等问题）进行提问，由该玩家作答（即对棋格里的内容进行正误判断），回答正确则可领取该转盘所指颜色对应的衣物，如回答错误则不能领取。进入"跳蚤市场"棋格的两位玩家可交换一件物品。最先将一整套衣物（同色系的帽子、上衣、裤子、鞋子）拼起来的玩家获胜。

图3-7 "减碳衣起来"的棋盘和转盘示意图

棋盘投放的应用结果表明：棋盘游戏能增进学生节能减碳知识的学习，且学生对棋盘游戏的引入持积极肯定态度，认为棋盘游戏活动能够活跃课堂气氛，让知识学习更有趣。

综上所述，将棋盘游戏引入中小学各科教学之中，无论是作为教师的辅助教具，还是作为学生课后巩固课堂知识的介质，无论是采用市面上已有的棋盘游戏，还是教师自制，都有着积极的作用与意义。这与棋盘游戏本身的特点及中小学教学活动的需求是密不可分的，可简单总结为以下三点。

1. 形式新颖,有利于激发学生学习的兴趣

学习兴趣是学生有效学习的原动力,学习兴趣缺乏往往会导致学生学习效率下降。而棋盘游戏集知识性和趣味性于一身,加之本身采用游戏的形式,可以很好地调动学生学习的积极性。尤其对小学低年级阶段的学生来说,他们的好奇心、好胜心和求知欲都非常旺盛,对新事物的接受能力也比较强,对于新颖的教学形式非常感兴趣。因此,教师可以多加善用。

2. 群体参与,有利于师生和生生间有效交流

将棋盘游戏引入课堂教学之中,常以群体参与性为基本动力,以小组活动为基本形式,以游戏为基本手段,同时在活动中鼓励参与者之间的互动与交流,因而能够较好地改善目前教学中存在的"师生个别对话"或"生生个别对话"的情况,可以给学生及教师间更多合作与交流的机会,甚至能让教室中的每个成员都参与到同一个游戏中来,让同学、教师之间产生新的接触与碰撞,从而获得不同以往的经验。

3. 自主探索,有利于学生主动性和创造性的培养

传统中小学课堂多采用"教师教授,学生记录"的教学形式,学生更多采用一种被动的学习方式。而在各科教学中合理地利用棋盘游戏,可以使学生在游戏中经历"尝试——交流——反思——再尝试——再交流"的过程,从而鼓励学生主动、大胆进行尝试,在积极的操作和自主探索中,依靠自己的发现逐渐总结出经验。如此一来,可以使学生的主动性和创造性得到提升,实践能力和探究能力也得到锻炼。更重要的是,在这个过程中,学生能够将依靠自身发现并获得的知识更加深刻地印刻在脑海中,并为以后的学习与反思提供更多的相关经验。

二、棋盘游戏在幼儿园教育中的应用

与中小学的教育采用分科教学的形式,重视学生对学科知识的掌握不同,当今幼儿园教育更强调课程的主题性和整合性,为年幼儿童提供整体性的学习经验。幼儿园课程通常划分为健康、社会、语言、科学、艺术五大领域,且各个领域相互渗透、有机结合,并以主题形式开展活动,旨在通过多样化的教育活动培养幼儿的基本素质,促进幼儿身心全面发展。而随着幼儿园课程改革的深入,以及对游戏在幼儿发展中的作用的日益强调,主题背景下的游戏成了幼儿园的基本活动。

棋盘游戏作为幼儿规则游戏的一种重要形式,具有启蒙性、趣味性、益智性、竞技性等特点,也逐渐受到幼儿教育工作者的重视。一方面,各地玩教具配备大都明确规定了幼儿园不同年龄段班级棋类玩教具的配备要求:以上海市《幼儿园装备规范》(2006)为例,明确幼儿园中大班每班应配备不同的棋类玩具8～10副。另一方面,更多的幼儿园教师发现了棋盘游戏在实践中的教育价值:幼儿在玩棋的过程中,逐渐学习遵守游戏规则,为了取胜探索思考行棋路径和策略,并学会与他人沟通、协商,逐渐学会以平常心乐观地面对输赢结果,并变得更加自信。在这一过程中,提升棋艺本身已不是教师投放棋盘游戏的最

终教育目的，更重要的是，棋盘游戏作为中介能够促进幼儿社会性、认知能力和学习品质等综合素质的提升。

而棋盘游戏在幼儿园教育活动中的应用途径主要有三：1. 融入幼儿园主题活动；2. 投放在班级的区角内；3. 利用专用活动室组织棋类活动。接下来，我们将具体介绍这三种投放形式与应用。

（一）融入幼儿园主题活动

棋盘游戏可以根据具体情况在主题活动开展过程中适当投放，从而配合主题活动更好地实施。

比如，在大班"家乡风貌"主题活动中，有的教师利用幼儿对游戏棋的喜爱，将家乡美景融入棋盘游戏中，在班级组织了一次集体棋类活动，引导幼儿在合作制作、玩耍游戏棋的过程中进一步熟悉隐藏在棋盘中的家乡景点照片，从而梳理归纳出家乡的旅游风景线，帮助幼儿更加充分地体验家乡的美，激发幼儿对家乡的热爱。该活动主要流程为：一是回顾经验，感知棋盘主要特征。教师展示以前玩过的棋盘游戏（教师自制掷赛类棋盘游戏），引导幼儿回顾棋盘游戏的有关知识，并讨论出棋盘包含起点、终点、数字和箭头四个要素。二是集体讨论新棋盘创意，探索制作完整棋盘。教师出示一张不完整的大棋盘（棋盘有起点、终点，并在任意的四格中隐藏有家乡旅游风景线中的景点照片，但是缺少数字和箭头），请幼儿共同讨论，帮忙给棋盘添加数字和箭头，以设计出棋子所走的路线。三是分组合作，完成不同路线的旅游棋谱。请幼儿四人一组，选择一张大棋盘进行设计，用箭头和数字把棋谱中棋子要走的路线标识清楚。以小组合作的方式，在轻松愉悦的氛围中完成游戏棋谱的制作。四是分享交流，归纳家乡旅游风景线。请幼儿介绍自己小组设计制作的棋谱，包括路线和景点，并互相交换棋谱进行游戏。幼儿在交流、游戏中进一步熟识家乡的美丽风景。

教师将"家乡美景"的主题内容和幼儿动手自己制作棋盘游戏、玩棋盘游戏有机结合在一起，使得这一节社会主题活动变得生动有趣，极大地激发了幼儿参与的热情，也让幼儿在短时间内轻松熟悉了家乡的各个旅游景点，并进一步了解了它们的地理位置。

（二）班级区角的投放

幼儿园区角作为幼儿一日活动中个别化学习和自由活动的区域，通常包括益智区、角色扮演区、建构区、美工区等。而棋盘游戏根据其自身的特点最常被投放在益智区内，或者独立设置成棋盘游戏区。

我们以某幼儿园的班级棋盘游戏区为例，来了解棋盘游戏是如何运用在班级区角的。

为了能够创设积极的棋盘游戏环境，让棋盘游戏渗透在幼儿的一日活动之中，某幼儿园班级自主活动区域内专门开设了"棋类游戏区"。为了充分调动幼儿动手、动脑、动口的积极性，提高幼儿的智力发展水平，该班级的教师在棋类游戏区投放了一系列益智棋（包含七个完全独立的棋盘游戏，均充分利用了各类废旧物自制而成，其中涵盖了幼儿数学、语言、健康等领域学习内容），幼儿可以根据自己的意愿选择不同的益智棋进行游戏。如此一来，既能够给幼儿带来不同的游戏体验，又能够配合幼儿园课程，对课程内容的学习起到铺垫与巩固的作用。该棋类游戏区自开设以来,深受孩子们的喜爱。

这七种棋盘游戏分别为:计算棋,五子棋,识字棋,故事棋,分类棋,单数、双数棋,趣味安全棋。以趣味安全棋为例,进行简单介绍:该棋盘游戏参照经典的蛇梯棋机制,教师自制棋盘,将原本的奖惩内容替换为安全做法及不安全做法。选用不同颜色的废旧瓶盖做棋子。游戏规则为:从起点出发,小朋友采用"黑白配"或"剪刀、石头、布"决定谁先掷骰子,骰子为六面数字骰子,骰子掷出的数目为棋子移动的步数。棋子若走到安全做法的图片处,则按提示前进(如"排队滑滑梯"前进一格);走到不安全做法图片处,则按提示后退(如"逆向爬滑梯"退两格)。先到终点为赢。这款棋盘游戏以安全教育为主题,渗透了多种生活中的安全行为小知识,让幼儿在愉快的棋类活动中,加深对安全常识的认识,以提高自我保护能力。

教师还充分利用棋类游戏区的墙面,设置了"棋类互动栏目",开展棋盘游戏的延伸活动,如遵守规则很快乐、棋盘大转移、玩法大搜索、小巧手DIY等。其中,"遵守规则很快乐"通过照片直观地向幼儿展示下棋时应该怎样做,如何遵守棋盘游戏的规则从而快乐地下棋。"玩法大搜索"则向幼儿征集下棋时遇到的问题,鼓励师幼一同寻找解决问题的对策,让幼儿对棋内的机制更理解、更钻研,从而激发幼儿深入学棋的兴趣。"小巧手DIY"中展示亲子利用废旧材料巧手制作骰子和棋子的过程,并提供半成品和成品制作材料供幼儿体验与欣赏。

图3-8　第一排为幼儿园班级棋类区角整体效果图,通常有供幼儿游戏的区域以及用来分门别类来摆放棋具(棋盘、棋子)的架子。第二排为棋类区角墙面的布置图,通常为进行棋盘游戏需要遵守的基本规则,以及自制棋盘游戏的流程介绍图等

（三）专用室组织开展棋类活动

为了更加有序地组织幼儿进行棋类活动,丰富游戏环境,进一步营造"棋文化",幼儿园还可以专门开设棋类专用活动室（简称"棋室"）。

比如国内有一些幼儿园创建了"围棋活动室""小棋迷俱乐部"等,给予幼儿进行棋盘游戏的专门性活动场地,把幼儿带入棋趣天地（如下图3-9所示）。

图3-9　左图为幼儿园棋室里的地面式国际象棋,右图为幼儿园专门开设的围棋室

但仔细梳理现有的幼儿园棋室建设情况不难发现,多样化的幼儿园棋室仍属于初期探索阶段,现有的棋室内投放的棋盘游戏种类往往比较单一,以投放国际象棋、围棋等传统棋为主,缺少适合幼儿的游戏棋。

而我们倡导建设多样化的棋室,因为"多样化"三个字的背后往往意味着捍卫幼儿选择的权利:一方面,是棋盘游戏种类的选择权,即幼儿可以根据自己的喜好选择不同种类的游戏棋,例如喜爱语言表达的幼儿可以选择讲故事为主的棋盘游戏,喜爱探究事物运动轨迹的幼儿可以选择空间思维为主的棋盘游戏,对认识自我有需求的幼儿可以选择情绪体验为主的棋盘游戏,等等;另一方面,这还意味捍卫幼儿选择适合自己发展水平的棋盘游戏难度的权利。目前一些幼儿园将国际象棋、围棋的学习设定为特色活动,专门开设了国际象棋室或围棋室。但传统棋类活动对技能要求过高,玩法和规则对幼儿来说较为复杂,需要长时间的学习和训练才有可能掌握,或许这对一部分对传统棋类感兴趣或较有天赋的幼儿来说是合适的,但对不少幼儿来说,传统棋却是他们不感兴趣或者力所不能及的。而对于后者的选择权力,还特别需要我们捍卫,需要通过为他们提供多样化的棋盘游戏来满足其需求。有关棋室建设更多的构想可参见本书第六章的论述。

【案例锦集】主题背景下的教师自制棋

许多与主题活动相融合的棋盘游戏是由心灵手巧的幼儿园教师自制而成。下面列举出了一些幼儿园教师自制棋盘游戏棋,让我们一同看看教师们如何将棋盘游戏设计与主题内容巧妙融合吧!

表 3-1

自制棋盘游戏盘	主题	玩法介绍	基于主题内容的设计
"小朋友成长棋"	日常生活习惯	玩法：幼儿轮流掷骰子，按照所掷点数移动棋子。如果棋子停在坏习惯上，则需要后退2步，如果停在好习惯上，则可以前进1步。最先到达终点的幼儿即获胜	将认识自我主题中与日常生活习惯有关的知识融入棋盘游戏中，让幼儿了解到睡前吃糖果、不刷牙、爆粗口等都是不好的行为习惯，而自己穿衣服、自己洗手、吃饭不挑食等都是值得鼓励的好习惯
"交通标志棋"	学习交通规则	玩法：掷骰子，根据点数走到相应的棋格，棋格上印有对应的交通标志。行进的棋子要遵守相应的交通规则：如途中遇到红灯要停1次，遇到"禁止机动车通行"标志要后退1步，遇到天桥可以直接从天桥过马路，等等。最后看谁先到终点谁就获胜	将交通工具主题中与交通标志有关的知识融入棋盘游戏中，鼓励幼儿在游戏中自然认识不同的交通标志并初步掌握其含义，同时通过亲自操作，更加深入地理解交通规则
"乌龟棋"	动物朋友	玩法：此棋为双人对弈。对阵双方各选一枚棋，或水生动物图案，或陆生动物图案。轮流掷骰，按掷到的点数移动棋子，并根据棋子所落位置判断；若棋格上的图案与自己棋子上的图案属同一类，则允许再进一格。率先到达终点者获胜	将动物主题中有关动物分类的知识融入棋盘游戏中，可以进一步帮助孩子们巩固有关动物类属的知识，学习如何科学地对动物进行归类

三、棋盘游戏在家庭及社区教育中的应用

　　棋盘游戏的一大特点就是可以将不同的人聚在一张桌子上共同游戏。在学校和幼儿园中，它将同龄的小伙伴们聚在同一张桌子前，相互交流，进行智力的碰撞。而在家庭中，棋盘游戏更是能将不同年龄、不同兴趣爱好的老老少少一家人聚在一张桌子前共同游戏，让一家人能够放下手上各自的事情（也许是写了一半的作业，完成了一半的工作，做了一半的家务，看了一半的电视），花时间来相互交流，更多地进行情感的碰撞。同样在社区活动中，棋盘游戏可以轻松自然地联结不同的家庭，让陌生的彼此能够卸下防备、建立联系，真切地交流，分享快乐游戏的经验。

　　可以说，在科技日益发达的今天，在家庭内的每个成员将更多的时间放在与电子产品和虚拟世界互动的今天，在邻里社区间更多地紧闭大门缺少了往日的熟识与沟通的今天，棋盘游戏在家庭与社区中的应用尤为重要，似及时雨，堪比雪中炭。

（一）棋盘游戏在家庭教育的应用

苏联教育学家苏霍姆林斯基说过："家长是孩子的第一任教师。"可见，家庭教育对于孩子的成长是至关重要的。而借助棋盘游戏与孩子互动交流，在游戏中渗透教育，不失为一种好的途径。

在如今日新月异的信息时代，人们每天面对着手机、电脑、游戏机等电子设备，成人和孩子都沉浸在虚拟的信息世界里，电话、网聊代替了面对面的交流，网络游戏、电玩代替了追逐与嬉戏。而这似乎与人类长久以来进化发展的模式特点相悖，人与人之间需要通过眼神、身体触碰等进行真实的交流，尤其是孩子年龄尚小，其成长还需要充分与真实事物接触、需要与真实的人交流，获得更多真实的体验和信任，这也是他成长与发展的基础。而棋盘游戏，恰好可以让忙碌了一天的家人聚在一起，用眼神、语言进行智力与情感的交流，不仅可以让人心情舒畅，使彼此之间的关系更为亲密，还可以让孩子在家长的陪伴中，在与家长的亲密互动中进行模仿和学习，从成人那里获得知识和做人做事的道理。

图3-10是一位美国家长利用白色胶带在户外地面上自制的大型游戏棋盘，棋格上印有"扮鬼脸""唱首歌""扮作小鸡跳舞"等动作要求。游戏时一家人轮流抛骰子，人作为棋子进行移动，落在某个棋格上时需要完成相应的任务。不难想象游戏时的场景，一家人一定是"连蹦带跳""不亦乐乎"。这样的游戏这不仅能让家庭成员看到彼此生活中有趣的另一面，还能发现大家之前不为所知的专长，更能增进彼此的感情，享受与家人在一起的幸福时光。

同样，一家人一起下棋的过程也为家庭教育提供了契机。家长在游戏中可以充分观察、了解孩子，发现孩子的优势给予肯定，同时发现孩子的不足及时弥补。例如，家长也许可以透过孩子玩棋时的行为表现发现他在数学认知方面还有所欠缺，或者发现他的语言能力还较为薄弱，或者发现他在与人交流想法时还缺少沟通的技巧，或者发现他总是退缩，缺少勇于挑战的学习品质，等等。发现的这些问题正是家长开展教育的好契机。一方面家长可以借助棋盘游戏，对孩子进行适当的指导与教育，帮助他进步。另一方面家长可以根据孩子在游戏中表现出的问题，进一步在日常生活中有针对性地展开润物细无声的教育。同样，通过不同时间玩同一款游戏，家长也可以利用它对孩子的表现进行评价，发现前后的差异。当孩子在游戏中慢慢表现出进步时，家长应及时给予夸奖和鼓励，让他变得更加自信。

图3-10　地面上的棋盘游戏让一家人共度幸福时光

家庭学校与棋盘游戏

美国的"家庭学校"(Homeschool)倡导自由教育选择权。不同于传统的家庭教育，它指适龄儿童或青少年不在公立或私立学校接受教育，而在自己家中接受符合教师条件的父母或专门的教育人员有计划、有目的的教育，在家中完成初等教育的学习课程。

Frugal Fun for Boys就是这样一个家庭学校，妈妈Sarah Dees在家教育4个男孩，即在自己家中完成孩子们的生活教育、科学教育、数学教育、拼读教育等。为了让孩子们在愉快的学习中获得发展，这位妈妈想出了许多男孩喜欢的游戏好点子。4岁的Owen此时需要掌握计数方面的知识，为了让计数不再枯燥，妈妈鼓励他通过自制棋盘游戏来学习(见图3-11)。

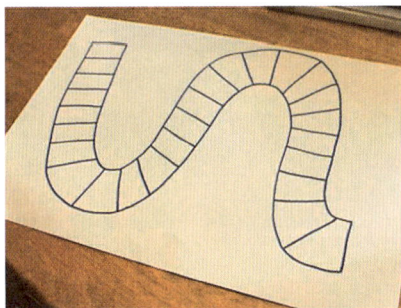
第一步

第二步

第三步

第四步

图3-11 幼儿自己动手制作棋盘游戏

第一步：事先帮孩子画好棋盘格子，然后剩下的交给孩子来完成。

第二步：Owen自己决定游戏的主题(森林主题)，他选择了蓝、红、橘三种颜色的彩色笔，并完成棋盘涂色。

第三步：妈妈帮Owen在特定的格子上写下指令，如"被蛇咬到了，暂停一次""有大狗熊，向前快跑2步"。

第四步：用小人当棋子，可以开始游戏啦。

而自制棋盘并进行游戏的过程本身也为Owen提供了多方面技能发展的机会：

- 模式——ABCABC模式排序。Owen在给棋盘格子上色时，用到了蓝、红、橘三种颜色的排序。
- 想象力——设定游戏主题，并装饰棋盘。
- 轮流等待并遵守游戏规则。
- 将掷到的点数与棋盘格子相对应。
- 了解棋盘上文字的意思，如"起点""终点"及其他文字指令。

因此，利用棋盘游戏开展家庭教育，既能够融洽家人彼此的关系，又能够让孩子学到知识获得经验，值得家长们借鉴。

（二）棋盘游戏在社区活动中的应用

"社区"（Community）一词源于拉丁语，原意是亲密的关系和共同的东西。德国社会学家Ferdinand Tönnies将社区定义为"通过血缘、邻里和朋友关系建立起来的人群组合"。因此，社区常常指有共同文化、居住于同一区域，彼此互动和相互影响的人群，强调人群内部成员之间的文化维系力和内部归属感。近年来，无论国内外，区别于以往过度重视宏观经济发展而忽略社区需求的情势，都已然将"社区建设"和"社区服务"提升到了国家政策层面。

在中国，社区娱乐活动是社区居委会为其成员提供的一项服务，通过组织各种趣味游戏、文娱活动，将社区内各个家庭联动起来，传递积极健康的社会风气，丰富社区成员的物质生活与精神生活。活动内容丰富多样，包括户外亲子运动、家庭卡拉OK比赛、儿童书法绘画展，等等。同样，棋盘游戏因其"聚众"的特点，也是非常好的社区活动形式。

将棋盘游戏用作社区活动，主要因其有三点明显的优势。首先，方便组织，只需有一定的场地，备好棋盘、棋子，三四个人就可以坐在一起玩一局。其次，棋盘游戏种类非常丰富，可供不同的社区成员进行选择：既有"老少咸宜"的传统棋类，也有适合青少年的桌面游戏，还有为低龄儿童专门设计的游戏棋，另外不得不提的是非常适合家庭共同游戏的合作性游戏棋。总之，参与者可以根据自己的喜好进行选择、自行组队。再次，棋盘游戏普遍难度不大，对游戏者的经验与能力要求不高，易上手，能够吸引社区成员随时参与其中，并且乐在其中。

在社区内组织成员们玩棋盘游戏时，往往需要提供一个专门的、较大的场地，以实现多人参与，如此一来就打破了各个家庭之间的藩篱，让一个个小家庭聚集在一起，形成社区大家庭。成人和孩子们聚在一起玩棋，结交更多朋友，交流与分享更多教育经验，也使得邻里关系更为融洽，使人们对社区有更多归属感。

近年来，棋盘游戏在各国社区活动中逐渐占有一席之地。在美国，人们会利用周末时间去社区公共图书馆看书或参与活动。社区图书馆常会专辟一个活动室，经常有热心人会发起一些好玩的游戏活动，来到此处的人，只要感兴趣，都可以参与其中。原本互不相识的孩子们,通过棋盘游戏认识彼此,结交为朋友,棋盘游戏也成了孩子们社交的媒介。图3-12是美国一个社区图书馆,孩子们在一起开心地玩地面棋盘游戏——真人版的"糖果世界"(Candyland),还有巨型版的"大富翁"(Monopoly)。

可以说,无论是孩子,还是成人,甚至整个家庭,都是社区棋盘游戏活动的受益者——棋盘游戏与其他社会性游戏一样,是社区的孩子们、家长建立关系的重要媒介。尤其是对于当今中国的大多数独生子女来说,他们常常被包裹在安全的高墙之中,缺乏同龄人和成人的陪伴与交流。而社区中组织棋盘游戏可以让儿童走出去,接触社区里的小朋友,扩大社交圈,并在团体活动中提升自我效能感和社交技巧。因此,我们应该充分认识到棋盘游戏的价值,鼓励将更多好玩有趣的棋盘游戏引入社区活动中,让来自不同家庭的孩子和家长们坐在一起,在周末或者是晚饭后,一同共享愉快而美好的交流时光。

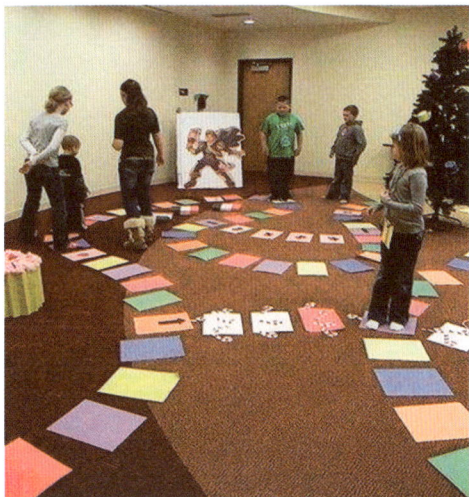

图3-12　美国一个社区图书馆内组织的地面棋盘游戏活动场景

第三节　合作性棋盘游戏与幼儿发展及教育

21世纪需要的人才是全面发展的、富有开拓精神的、善于与他人合作的人。合作,作为一项基本素质,对儿童未来的发展有着重要的推动作用,有助于其适应未来社会。因此,从小培养幼儿的合作意识与行为,既是社会的责任,也是教育的使命。

从当前现实来看,在幼儿园这个小小社会中,孩子们的表现有时并不尽如教育者之意……孩子们之间不善合作或合作不愉快的现象时有发生:不少孩子并不合群,而且在玩耍中习惯争抢玩具、书籍,在活动过程中遇到困难也很少与同伴协商解决;有些孩子不会向同伴提出自己的愿望和想法,或很难借助协商等方式与同伴达成良好的合作关系。尽管幼儿期的学习已经开始萌芽,但是我们也要看到,懂得与他人合作并不是幼儿普遍具备的行为品质,特别需要成人适宜的教育与支持。

合作性棋盘游戏不仅具有棋盘游戏的基本教育价值——促进幼儿在游戏中学习遵守游戏规则,促进其认知、语言等方面的发展,它还有着自身独特的机制与教育价值,还需要幼儿在游戏中相互合作才能共同赢得胜利,使得幼儿与他人合作的能力在游戏得到进一步的提升。由此可见,合作性棋盘游戏在教育领域的应用有着广阔的空间。

尽管合作性棋盘游戏的历史不长,但已有一些研究对于其独特的教育价值进行了探究与分析,另外在教育实践中也有一定的应用。接下来,我们将对其进行详细介绍。

一、合作性棋盘游戏独特的教育价值

顾名思义，合作性棋盘游戏的特色就是合作，这也是它与传统竞争性棋盘游戏最大的不同之处。Dewar（2009）指出，合作性棋盘游戏中参与者属于同一个团队，要为了共同目标而一起努力，其真正优势在于培养幼儿的合作能力，这也是它在促进幼儿发展方面独特的价值所在。下面我们将结合相关研究成果，对合作性棋盘游戏的教育价值来做概括性的说明。

（一）促进幼儿的合作性学习

我国两千多年前的《学记》中就有"独学而无友，则孤陋而寡闻"的论述，强调学习者在学习过程中合作与交流的必要性。在西方，公元1世纪的古罗马昆体良学派也曾指出，学生们可以从互教中受益。19世纪初，英国开启的合作学习小组观念传入美国后，受到杜威等人的推崇和应用，形成了影响世界的现代合作学习理论（曾琦，2000）。鼓励合作学习，促进学生之间相互交流、共同发展，促进师生教学相长也是我国现行教育政策的基本导向，合作学习作为一种有效的学习策略也是教育界的共识。

由此也可牵引到教育界对合作性棋盘游戏教育价值的肯定。且已有研究表明，合作性棋盘游戏因其独特机制——鼓励儿童在游戏过程中合作交流，成了一种有效促进儿童合作学习的媒介。

例如，美国印第安纳大学的Peppler, Danish和Phelps（2013）的研究表明，合作性棋盘游戏在促进儿童合作学习上发挥着积极的作用。他们设计了一款包含合作和竞争两种游戏模式的棋盘游戏——HIVEMIND（参见专题介绍），与学校课程相衔接，让一二年级小学生在游戏中获得蜜蜂生活习性的生物科学知识。该研究考察了合作、竞争两种不同游戏模式下儿童的学习特点和效果。研究者选择了40名一二年级学生，4人一个小组，每个小组被随机分配进入竞争或合作游戏模式。研究记录了游戏过程中学生的互动行为和语言，并进行了详细分析。

研究结果表明：在社会互动方面，合作游戏模式下儿童的注意力更集中，即能将注意力集中在游戏过程中和与同伴的讨论上。他们围绕游戏主题和进程进行讨论，为其他同伴解读游戏说明，且更倾向于对同伴进行积极的评价。另外，在知识学习方面，合作游戏模式下的儿童能够更加积极地参与到关于科学知识（如蜜蜂如何采集花蜜）的分享和讨论。

HIVEMIND游戏介绍：

游戏主题：蜜蜂采集花蜜。

游戏规则：该棋盘游戏是典型的掷赛类游戏。每个游戏者都持有一个棋子，扮演蜜蜂的角色，大家共同从"起点"出发，轮流投掷六面骰子（1～6点），按点数移动棋子,落在某个棋格上则需按照相应指令(如搜集花蜜,回到起点等)进行下一步行动。儿童在游戏中的任务是尽可能多地采集花蜜:合作模式下,儿童共同组成一个团队,一起在冬天来临之前采集到指定数量的花蜜;竞争模式下,玩家以个人为单位采集花蜜,多者获胜。

　　教育内容:该游戏中蕴含着蜜蜂采集花蜜的相关生物科学知识,儿童可以在游戏中进行"探索",边玩边获得知识。棋盘上的路线(如图3-13所示)展示了蜜蜂采集花蜜的过程:蜜蜂在花丛中找到花蜜来源,以跳舞的形式告诉同伴花丛的位置,然后一起去采集花蜜,将花蜜酿成蜂蜜,最终储存在蜂巢中。

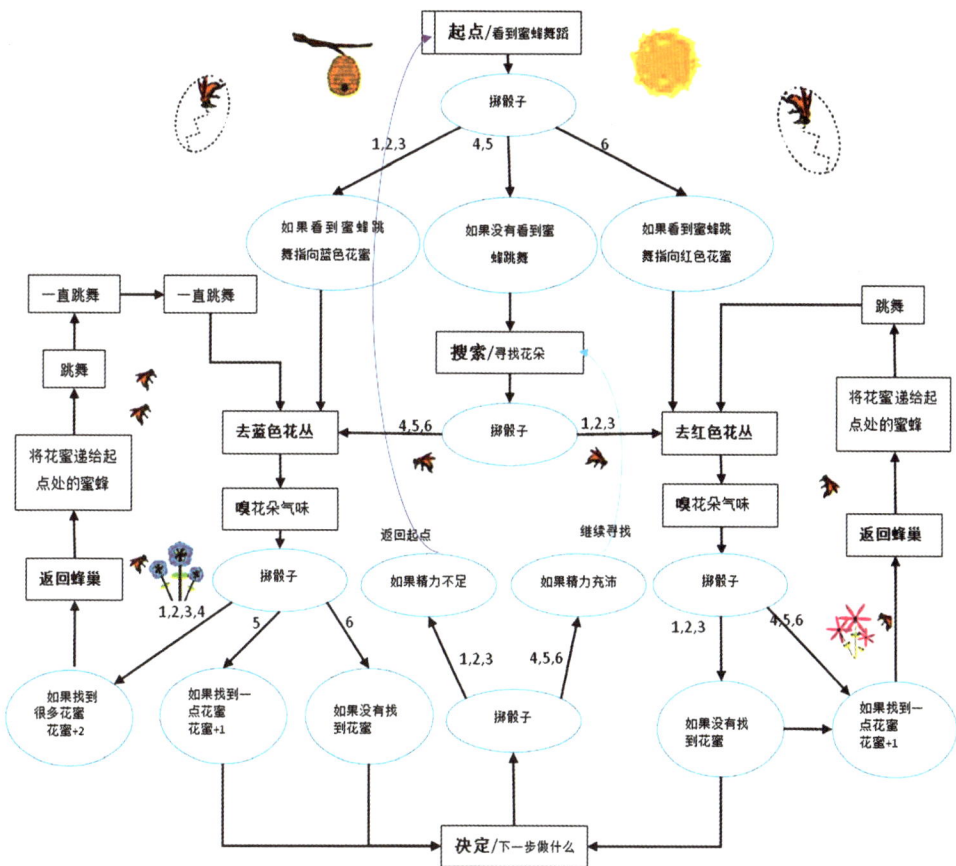

图3-13　HIVEMIND游戏棋盘示意图(文字已翻译成中文[1])。棋盘设计成流程图样式(如利用圆圈、方框、箭头等表示内容和过程,图中数字表示骰子的点数),可以让玩家清楚了解蜜蜂采蜜的全过程

[1]　HIVEMIND棋盘游戏原文介绍引自: Peppler K, Danish J, & Phelps D. Collaborative Gaming: Teaching Children about Complex Systems and Collective Behavior. Simulation & Gaming, 2013, 44(5): 683-705.

该棋盘游戏可以传递给幼儿的知识包括：

- 蜜蜂是群居动物，以集体为单位生活，彼此相互关照和协助。
- 蜜蜂采集花蜜的全过程。
- 有时候蜜蜂可以找到很好的花蜜来源，但是有时候找到的并不十分充足。
- 蜜蜂通过舞蹈向同伴传递信息，但并不是所有同伴都可以看到。
- 蜜蜂们要在冬天来临之前尽量多地采集花蜜。

该研究证实了合作性棋盘游戏在促进儿童合作学习方面的重要价值，同时也具体分析了合作性学习在儿童知识习得过程中的突出优势——合作性学习中，儿童注意力更加集中，能够更积极地参与讨论、分享经验。值得注意的是，在合作性游戏中，儿童倾向于给予同伴更正面的评价，这便引出了接下来要讨论的合作性棋盘游戏的另一重要价值——促进儿童的社会性发展。

（二）促进儿童社会性发展

已有的许多研究表明：相较于竞争性游戏，合作性游戏更有助于儿童发展亲社会行为的产生，如合作性游戏更有助于儿童被同伴接纳和自尊的建立（Ames，1981；Johnson 和 Johnson，1985）。相反，许多问题行为与竞争性活动有关，竞争性活动可能会增加儿童的攻击性行为和对同伴的敌意（Kohn，1992）。以下三项研究，清晰地表明了合作性棋盘游戏对年幼儿童社会性发展的作用。

研究一：合作性棋盘游戏和运动游戏对幼儿社会性行为发展的影响

美国研究者Bay-Hinitz，Peterson 和 Quilitch（1994）选取了70名4～5岁幼儿为对象，考察了他们参与合作性或竞争性游戏之后在自由活动中互动行为（包括亲社会行为和攻击性行为）的变化。研究选在一天的上午时段让孩子们参加了30分钟的棋盘游戏和运动游戏（在合作性游戏阶段引入合作性棋盘游戏与合作性运动游戏，在竞争性游戏阶段引入竞争性棋盘游戏与竞争性运动游戏），下午则对孩子们在自由活动中的社会互动行为进行观察记录，整个研究持续了两个月时间。上午的游戏活动中采用的棋盘游戏和运动游戏见表3-2。

表3-2　**Bay-Hinitz 等人（1994）的研究采用的合作性、竞争性游戏类型及名称**

游戏类型	游 戏 名 称
合作性棋盘游戏	Max（麦克斯）、Harvest time（收获季节）、Granny's House（奶奶的房间）、Sleeping Grump（睡觉的阿甘）
合作性运动游戏[1]	Musical Chairs（音乐椅子）、Balance Activities（平衡活动）、Freeze-Defreeze Tag（贴人游戏）等

---

[1] 这些合作性运动游戏主要是在传统的竞争性游戏基础上改编而来，如"音乐椅子"原本的竞争性游戏规则是3人以上参与游戏，椅子数量比人数少一个，音乐响起时，幼儿绕着椅子转圈，音乐停时，需要尽快抢到一个空着的椅子坐下，没有抢到椅子的人则被淘汰。而在合作性游戏中，幼儿需要想办法让所有人都坐在椅子上，要与同伴分享椅子。椅子会逐渐减少，每一次幼儿都要全部坐在剩余的椅子上。

（续表）

游戏类型	游 戏 名 称
竞争性棋盘游戏	Candyland（糖果世界）、Chutes and Ladders（蛇梯棋）、Double Trouble（宝岛双雄）
竞争性运动游戏	Simon Says（西蒙说）、Duck Duck Goose（鸭鸭鹅）、Bean Bag Balance（豆包平衡游戏）、Tug of War（拔河游戏）等

注：表中多个合作性棋盘游戏在本书第五章有详细介绍。

该研究发现，引入合作性游戏后，幼儿的合作、帮助、分享、协调等行为增加了，而打、骂、踢、咬、拒绝、扔东西、破坏玩具等攻击性行为减少了；相反，竞争游戏的引入则会导致幼儿攻击性行为的增加，合作性行为的减少。

这项研究表明，合作性棋盘游戏与运动游戏的共同作用下引发了幼儿更多的亲社会行为，而下面这项研究则更加直接反映出合作性棋盘游戏对幼儿社会性行为的积极影响。

研究二：合作性棋盘游戏在幼儿社会性行为干预中的积极作用

中国台湾研究者陈贞如（2014）的一项研究以两名4～5岁低社会能力幼儿为研究对象，在区角自由活动时间将合作性棋盘游戏（见下表3-3的介绍）和竞争性棋盘/卡牌游戏[①]交替引入孩子们的活动中，组织两名幼儿与同伴一同进行游戏。在持续一个月的干预过程中，研究者对幼儿在三个维度的互动行为（详见表3-4的介绍）变化进行了观察与分析，有以下一些发现。

表3-3　陈贞如（2014）的研究中采用的合作性棋盘游戏介绍

游戏类型	游戏名称及介绍
合作性棋盘游戏	Hoot Owl Hoot!（小小猫头鹰要回家！）, Madeline（玛德琳）, Orchard（果园）三款。 "玛德琳"是德国Ravensburger公司1992年出品的一款合作性棋盘游戏。游戏中的主人公玛德琳是家喻户晓的一个卡通人物，她的五只小狗在巴黎街头失踪了，游戏者需要一起帮忙玛德琳找到小狗。棋盘上有巴黎的几处著名景点，参与者在棋盘上轮流移动自己的玛德琳棋子，可以往左或右移动，最多三格。停在粉红色格子时，可以翻看该格圆片的图案，如果是小狗，则直接带走，如果是其他图案，则玛德琳需要移动到相应地点。当五只小狗都被找出时，任务完成 （本书第五章对"小小猫头鹰要回家！"和"果园"均有详细介绍，此处不再赘述）

---

① 竞争性棋盘/卡牌游戏包括Spot it Jr.! Animals.（就是你，少儿版）、Zicke Zacke（拔毛运动会）和Greif zu!（快手一把抓）三款。其中本书第一章对"拔毛运动会"进行了介绍，美国Blue Orange Games公司2012年出品的"就是你"以及德国Selecta Spielzeug公司1998年出品的"快手一把抓"玩法可参考公司相关网站获得进一步信息。

表3-4　陈贞如（2014）研究中所观察的三个维度的互动行为描述

互动行为维度	行为特点描述
正向互动行为	（1）专注：对正在进行之游戏、活动或他人的言语能注意与倾听 （2）适当应对进退技巧：对他人友好之动作或口语 （3）等待轮流：在游戏、活动中能等待与轮流 （4）合作：乐意与他人分工合作，并能遵守游戏或活动规则 （5）帮助与分享：能帮助他人，与他人分享东西或想法，安慰、关心他人
负向互动行为	（1）不专注：在游戏过程中，注意力不集中、发呆，或到处走动，未进行任何活动，或者是偶尔在旁观看但持续不到10秒 （2）不适当应对进退技巧：哭泣、哭诉、发脾气、嘲笑他人、威胁、独自活动游戏完全不理会他人、拒绝他人与被他人拒绝 （3）干扰破坏：在游戏、活动中会破坏或拿走他人作品与东西、游戏或活动中不愿意遵守规则、轮流与等待 （4）攻击或争吵：会用肢体攻击，如推、拉、咬、踢、用东西攻击他人；或语言攻击他人，如辱骂
主动性互动行为	（1）领导：能带领与指挥幼儿玩 （2）服从：在游戏、活动中能接受与顺从他人提出的建议 （3）解决问题与冲突：协助同伴解决游戏、活动中的冲突与问题、会设法维持或修复遭到破坏或快中断的游戏、活动 （4）协调：能和他人商议自己或他人的想法、建议与游戏规则 （5）发起活动与启动对话：能主动发起活动、游戏，在游戏、活动中主动开启对话为主要发言者

　　通过一个月的持续干预和观察，该研究发现合作性棋盘游戏与竞争性棋盘/卡牌游戏均有助于提升幼儿正向与主动性互动行为表现，减少负向互动行为表现，两名幼儿的社会互动能力皆有较好的提升。特别值得一提的是，在促进幼儿主动性互动行为方面，合作性棋盘游戏的效果更为明显（见图3-14）。与基线期相比较，合作性棋盘游戏介入的处理期，幼儿的主动性互动行为改善情况较竞争性棋盘游戏介入更为明显。

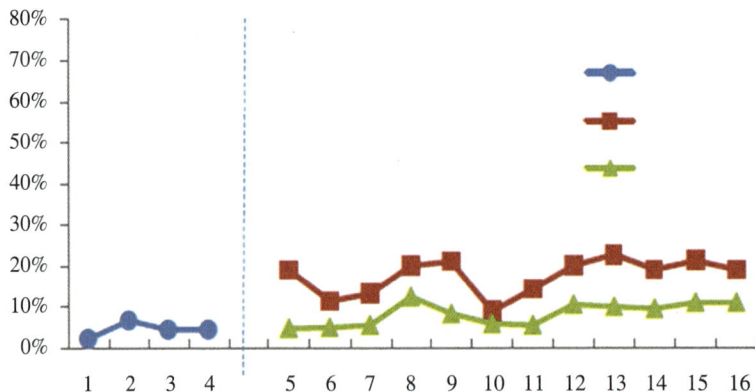

图3-14　研究采用单一被试实验法交替处理设计，整个观察分为基线期（无干预）和处理期（分别投放合作性棋盘游戏和竞争性棋盘/卡牌游戏）两个时期。上图为两个时期各次观察中主动性互动行为出现频次在所有行为中所占百分比

该研究的确进一步说明了合作性棋盘游戏对幼儿主动性互动行为的促进作用。但鉴于研究对象只有两位幼儿,研究结论的推广仍有局限性。而下面要介绍的这项研究,则选取了更多的被试,将研究范围进一步扩大,进一步提高了研究的效度。

研究三:合作性棋盘游戏中同伴互动行为和规则行为的发展变化特点

白洁琼(2016)以70名幼儿园大班幼儿为对象,从同伴互动行为和规则行为两方面观察分析了幼儿在合作性棋盘游戏中的行为表现特点和发展变化过程,为合作性棋盘游戏在幼儿社会性发展方面的促进作用提供了更多的依据。

研究将幼儿园大班幼儿随机分为两组,即合作组和竞争组,分别玩合作性棋盘游戏和竞争性棋盘游戏(棋盘游戏见表3-5的说明)。

表3-5　研究采用的合作性棋盘游戏"后羿射日"及进一步改编的竞争版本

棋盘游戏	游 戏 规 则
"后羿射日"[①] 合作版	角色分配:3名幼儿参与游戏,选择自己的角色,分别扮演后羿、神弓和神箭; 行棋方式:参见本书第五章的介绍; 输赢判断:如果后羿、神弓和神箭都拿到自己需要的功能牌,并且在10个太阳都升到天空之前全部到达山顶,射掉太阳,则所有幼儿共同获得胜利。否则,幼儿一起挑战失败
"后羿射日" 竞争版	角色分配:3名幼儿参与游戏,选择自己的角色,分别扮演后羿、神弓和神箭; 行棋方式:游戏者轮流投掷骰子,根据骰子点数决定各棋子前进的步数。落在功能牌上时,可以翻开看牌面,根据牌面指示进行下一步动作; 输赢判断:哪名幼儿先拿到自己需要的功能牌,并第一个到达山顶,则是游戏的胜利者

研究对幼儿在不同棋盘游戏情境(合作或竞争)中的行为特点进行了观察,并比较了二者的差异。其中游戏行为主要分为正向互动行为、负向互动行为和违规行为三种。结果发现:

(1)幼儿在合作性棋盘游戏中正向互动行为显著多于竞争性棋盘游戏,而负向互动行为显著少于竞争性棋盘游戏。具体表现为合作性棋类游戏中幼儿有更多的轮流等待、适当应对、帮助与分享、协商和安慰同伴等行为,而不适当应对、争执、干扰破坏和破坏轮流等行为则相对较少。历时性分析表明,幼儿正向行为随时间会逐渐增加、负向行为逐渐减少,而在竞争性棋盘游戏中,幼儿的正向行为和负向行为均无明显变化(见图3-15)。

(2)合作性棋盘游戏属于规则游戏,幼儿对于规则的理解和遵守是保证游戏顺利开展的前提。幼儿在合作性棋盘游戏中会出现个人违反游戏规则的行为,虽然行为类型、频次等与竞争性棋盘游戏没有明显差异,但幼儿对于同伴违规的纠正行为明显要少于竞争

---

① 本书第五章介绍了合作性棋盘游戏"后羿射日"的具体玩法。

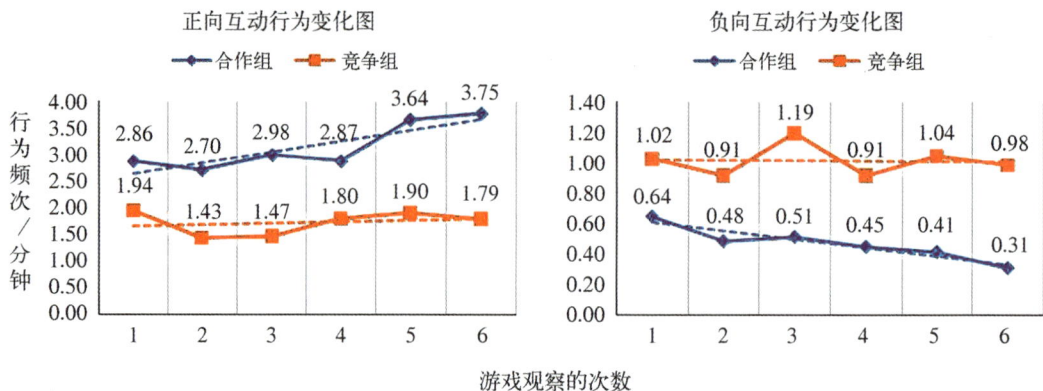

图3-15　合作性棋盘游戏与竞争性棋盘游戏中幼儿互动行为变化趋势图

性棋盘游戏；另外，合作性棋盘游戏中还会出现一种独特的违规现象——多人参与的集体作弊行为，即幼儿相互默许，一起违反游戏规则。这也是合作性棋盘游戏应用中需要注意的一点。

以上三项研究层层递进地证实了合作性棋盘游戏对幼儿亲社会行为（如轮流等待、适当应对、帮助与分享、协商和安慰同伴等）的促进作用，同时对合作性棋盘游戏中幼儿的集体作弊行为有所揭示，可以说较为全面地论述了合作性棋盘游戏与幼儿社会性发展的关系。

（三）有利于提高幼儿的观点采择等思维水平

观点采择能力（能够站在他人的角度考虑问题）是儿童早期社会性发展的一项重要内容。Zan 和 Hildebrandt（2003）的研究以小学一年级儿童为对象，通过分析合作性和竞争性棋盘游戏中儿童的社会互动行为表现，比较了不同游戏情境中儿童观点采择水平的差异。

研究以 Selman 的社会观点采择发展水平划分为依据：

水平0的儿童是自我中心的，并且没有意识到他人和自己的观点存在差异。这一水平的儿童，其协商策略是冲动的，对待他人像对待一般事物。例如从同伴手中抢过玩具，大声喊着："不！"其经验分享行为往往也是冲动的、随意的，例如不由自主地咯咯笑，又或是为了满足自身娱乐的需求而拿着棋子在棋盘上随意移动。

水平1的儿童，观点采择是单向的，能够意识到并承认他人的观点，但无法同时兼顾自己和他人的观点。儿童在协商互动中容易直接提出命令或要求。例如直接表达"我要第一个走"，而不征求同伴的意见。分享经验时也往往单向地向同伴表达自己的心情和状态。例如，高兴地喊着："我拿到功能牌啦！""我要重新种这个植物（游戏卡片）"（这类话语中主语常常为"我"）。

水平2的儿童观点采择是双向的，能够同时协调多种观点，即可以站在他人的角度考虑问题，并将自己的观点和他人的观点作比较。在协商过程中，儿童能够站在他人的角度去考虑如何说服别人。例如幼儿向同伴解释或提出建议："因为我们已经有4张卡片了。"（"我们在这里等他回来吧！""让我们开始玩吧！"（这类话语中主语常常为"我们"，表示幼儿能够考虑他人的想法）在分享表达时，儿童会考虑同伴的感受。例如笑着对同伴说："我们赢啦！我们做到啦！""我们都很喜欢这个游戏！"又或者告诉同伴："如果我们站在这个格子里，就不能往那边移动了。"

而水平3的儿童则能够跳出当前的情境，以第三者的身份来看待每一个人的观点。通常只有青少年和成人能够达到这一水平。

Zan等人的研究结果表明：不同的游戏情景（合作情境或竞争情境）会影响儿童的观点采择水平。值得注意的是，合作性棋盘游戏中水平2的协商策略和水平2的分享经验行为均显著多于竞争性棋盘游戏。正如维果斯基所说，游戏创造了最近发展区，合作性棋盘游戏对于儿童观点采择能力的进一步提升具有积极意义。已有观察也表明，这一点不仅小学一年级如此，对于幼儿园中大班幼儿同样有效。

综合来看，合作性棋盘游戏对幼儿的合作性学习、社会性发展、认知发展等方面均有助益。而以上关于合作性棋盘游戏的研究，大多也采用了竞争性棋盘游戏作对照，我们不能忽视竞争性棋盘游戏对儿童在认知、学习品质（如勇于挑战）等方面的积极作用，但与竞争性棋盘游戏相比，合作性棋盘游戏对儿童亲社会行为的培养的确有着得天独厚的优势，也的确顺应、满足了现代社会对人才发展的需求，是从小培养儿童合作精神与能力的有效介质。

二、幼儿合作性棋盘游戏的教育应用

合作性棋盘游戏对幼儿的合作学习、社会性发展、思维发展等有独特的教育价值，因此它在教育领域也具有很好的应用前景。近年来，在一些发达国家，无论是家庭还是幼儿教育机构，都有越来越多地采用合作性棋盘游戏以满足幼儿及成人的教育需求。

（一）合作性棋盘游戏与家庭教育

合作性棋盘游戏如今已经成为许多发达国家家庭必备的游戏之一，很多家长都认为合作性棋盘游戏中的"合作"模式可以让孩子与家人共同组成一个团队，一同体验合作与分享带来的快乐，是十分有价值的。正如一位家长在谈到合作性棋盘游戏体验时所说："3岁孩子正是处在这样一个阶段，他希望自己能够赢，而别人是失败者，但这个游戏里就不是这种情况。这个游戏教会孩子，不是所有事情都要去竞争，有时候能够与别人合作也是很重要的。"

家长们普遍能对合作性棋盘游戏表现出积极的接纳态度，源于合作性棋盘游戏几个突出的特点：（1）团队合作——新颖的游戏形式。鼓励幼儿进行团队合作是合作性棋盘游戏的最大特点，家长可以利用合作性棋让孩子体验如何与伙伴进行沟通，如何站在他人的立场考虑问题，初步形成"合作"和"团队"的意识，等等；（2）亲密互动——愉悦的游戏体验。在合作性棋盘游戏中，家长和孩子们可以进行很好的互动交流，合作会使得家人之间的关系更为亲密,游戏过程更加愉快;(3)沟通协商——充分的倾听和表达机会。孩子们在合作性棋盘游戏中会经常与他人进行沟通、协商,会更加愿意表达自己的想法,倾听对方的建议,由此积极展开团队合作;(4)分享策略——积极的策略学习。合作性棋盘游戏中,大家需要彼此分享和交换行棋建议,这种策略上的交流有利于幼儿加深对游戏规则的理解,并逐渐提高思维与策略水平。可见,合作性棋盘游戏为家庭教育提供了很好的契机,也为家人之间的情感交流提供了恰当的机会。

（二）合作性棋盘游戏与幼儿园教育

合作性棋盘游戏因其独特的教育价值也备受幼儿教育机构的重视。表3-6是从Amazon网站上摘取的教育工作者关于美国小学低年级(K-2)及幼儿园班级(pre-K)中使用合作性棋盘游戏的一些评价与反馈信息。

表3-6 来自教育机构的消费者在Amazon网上对合作性棋盘游戏给予的评价与反馈(摘录)

棋盘游戏名称 出版公司,年份	消费者的评价与反馈	信息发布 时间
Caves and Claws （洞穴与魔爪） Family Pastimes, 1998	我是家庭学校的支持者,所以我在自己的家里教育我的孩子。这款棋盘游戏是我们活动时间的必备娱乐项目之一。它不仅能带给孩子们很多欢乐,还有很好的教育功能。该游戏能够促进孩子们的逻辑性、批判性思维和提前做计划的能力。而且这款游戏规则清楚、简单,我解释给5岁的儿子听,他很快便明白了怎么玩。正如包装盒上所标示的,这款游戏的确更适合6岁以上的孩子,因为它里面有很多纸卡片,小年龄儿童可能容易将它撕坏,但只要你合理使用的话,这些零件还是很耐用的。此外,这款游戏的游戏时长一般为15分钟左右,是比较适宜的。因为它是合作性游戏,没有同伴间竞争,所以有时候也可以一个人玩	2010年 11月17日
Count Your Chickens （数鸡趣） Peaceable Kingdom, 2011	我是一名幼儿园教师,我给班里的孩子们买了这款棋盘游戏,主要是为了帮助他们习得各种数概念,包括计数、点数以及总数等。这个游戏中还有"再加一张"的功能卡,可以让孩子明白加和减的概念,知道已知数字后面的数字是几 孩子们很喜欢这个游戏,他们总是想赶在鸡妈妈到家之前把所有小鸡都送回家。游戏规则也比较简单好理解,当孩子们掌握游戏规则以后,便可以自己玩了,不需要教师的指导	2015年 4月10日
Hoot Owl Hoot! （小小猫头鹰要 回家） Peaceable Kingdom, 2011	我是一名言语治疗师,我发现利用游戏的形式鼓励孩子们学习,是一种很有效的方法。然而,幼儿园的孩子们还存在一个令人头痛的问题,那就是如果他输掉游戏便会哇哇大哭,并且拒绝参与活动。所以我决定使用这款合作性游戏,他们真的太喜欢了!起初,他们在理解游戏目标时有些许困难——大家同属于一个团队,要共同打败游戏中的太阳,而不是互相竞争。而且也不能很好地形成团队意识,游戏时,他们还会彼此区分,比如"这是我的猫头鹰,这是你的猫头鹰"。但是玩过几次后,他们意识到这个游戏中没有单独的胜利者,只有大家一起赢或者一起输掉游戏。这极大地提高了孩子们参与治疗的积极性,他们还会经常相互鼓励并赞美对方。这真是太棒了!	2015年 11月12日

（续表）

棋盘游戏名称 出版公司,年份	消费者的评价与反馈	信息发布 时间
Max （麦克斯） Family Pastimes, 1986	我是一名学校辅导员,将这款棋盘游戏带到不同的学生群体中,大家都很喜欢它! 这款游戏教会孩子们在游戏中要彼此合作而非竞争。当我第一次给学生介绍游戏玩法的时候,他们都感到很困惑,因为他们还没有从竞争性游戏模式中转换过来,认为游戏应该是比赛谁先到达终点而不是共同到达终点。该游戏最大的特点就是教会孩子们团队合作、轮流等待和逻辑思维	2015年 4月6日
Obstacles （障碍游戏） eeBoo,2013	我是一名言语治疗师,主要接触小学1～5年级的学生。"障碍游戏"是一款教育性棋盘游戏,可以让学生们在合作游戏中发挥创造力和想象力,并提高解决问题的能力。它已经成为我用于语言治疗的必备工具,我所有的学生（从1年级到5年级的学生）都很喜欢它! …… 游戏中孩子们会进行头脑风暴,想出各种有趣的解决方法,比如,一名学生说,可以用胡椒粉工具卡让自己不停地打喷嚏,这样就能把沙漠里的沙子全部都吹走! 当有人提出解决办法时,大家要一起讨论这个方法是否可行,投票决定出最好的办法,然后继续解决下一个障碍 我对游戏规则进行了改编,以便用于治疗。我请学生们各自拿一张他们自己的照片当作棋子,并放在起点处,这样学生便可以更加清楚地知道自己的游戏进程。每个学生拿4张工具卡（我认为这是比较适宜的难度水平）,然后轮流使用工具卡提出解决问题的提议,如果某个学生的提议被一致通过,那么他可以将这张使用过的工具卡弃掉,再抽取一张新卡,并向下一个障碍行进。如果有的学生被问题难住了,他可以向同伴们请教,或者是换一张新的工具卡 这款游戏最大的特点就在于能够极大地激发学生的想象力,从传统思维中跳出来,用创造性思维去解决所有问题。我的几名高功能自闭症学生在玩这款游戏时也都格外认真,努力地进行发散思维。所以,这是一种很好的训练形式。这个游戏还能够让学生认识很多新的单词,因为一些工具卡中包含的项目可能是他们不太熟悉的,如:高跷、杠杆、指南针、弹弓、织物、缝纫、铜盆、滑轮等词汇	2015年 1月25日
Orchard （果园） HABA,1986	我的学生们很喜欢这款游戏,而且它具有丰富的教育内容,能够一次性教会孩子们很多概念,包括水果名称、颜色识别、对应、分类和计数	2007年 12月11日
Round-Up （套马） Family Pastimes, 1991	我是一名言语治疗师。最初开始接触这款棋是因为我的一名学生说,他和别的治疗师一起玩过这个游戏。于是,我也开始尝试用这款合作性棋盘游戏治疗5～11岁的孩子,他们都很喜欢玩。选用这款游戏的理由是:它是非竞争性的,鼓励孩子们一起合作,彼此交换意见,进行商议。而且如果他们拒绝合作的话,就要面临一个后果——不能将所有的马匹都圈在马厩里 这款游戏还有一个好处就是,包含运气的成分在里面,所以孩子们不能责怪彼此。而且,对于自闭症的孩子来说,他们很难理解和考虑同伴的想法,但是这个游戏鼓励所有人说出自己的观点,这便给予了他们很多了解并思考同伴想法的机会。他们一定要通过与同伴交流协商才能一起将任务完成	2010年 5月4日

（续表）

棋盘游戏名称 出版公司，年份	消费者的评价与反馈	信息发布 时间
Stack Up! （堆高高） Peaceable Kingdom, 2013	我是一名学前班的教师，这款游戏在我们班级里十分受欢迎！学生们喜欢在课余时间聚在一起玩这个游戏。我也曾在班级运动迁移活动中用过这款游戏。该游戏有利于孩子们学会合作、轮流等待，学习颜色识别和配对，还能锻炼精细动作技能。我们全班都很喜欢玩这款游戏棋！	2013年 7月22日
Stone Soup （石头汤） Peaceable Kingdom, 2011	我将这款棋盘游戏带到我工作的小学里，我发现低年级的孩子们都很喜欢玩。他们中大部分人并没有听过《石头汤》的故事，不过好在这款游戏棋的说明书上简单地介绍了这个故事。这款游戏最主要的机制是记忆，要求游戏者一起合作，在翻开所有的熄火卡片之前，共同找出成对的食材，并添加到汤锅里。找到魔法石卡片还可以消减熄火卡片。我发现孩子们总能赢得游戏，很少会输掉，这很好地保护了他们的自尊心。特别是当他们成功找到配对食材时，那种欣喜和自豪的表情，真的非常可爱	2014年 6月5日
The Yoga Garden Game （瑜伽花园） YogaKids, 2000	这是一款很优秀的儿童瑜伽游戏。我是一位母亲，也是一名儿童瑜伽教练。这款游戏可以用在小型的瑜伽授课班。棋盘颜色鲜艳，设计精美，最重要的是它是一款合作性游戏，我们要一起合作在夜幕降临前，在花园里种满美丽的植物。瑜伽卡片上绘制的各种动作姿势都是比较容易学习的。强烈推荐这款游戏给瑜伽教练们！	2011年 9月6日

　　从上述反馈信息中，可以看出，合作性棋盘游戏的教育价值得到越来越多的认可。无论是学校、幼儿园教师还是其他教育工作者，都认为以合作性游戏的形式展开活动有助于孩子们的学习和发展，将合作性棋盘游戏引入班级，不仅可以培养孩子们的团队意识和合作能力，还可以传递给他们语言、科学、社会等各方面的知识。合作性棋盘游戏不仅可用于日常教学和课余活动，也备受学校心理治疗师们的青睐，成为儿童心理辅导的有效工具，尤其适合学前阶段和小学阶段的儿童，不少心理治疗师开始利用合作性棋盘游戏来帮助特殊儿童掌握社交技巧、改善言语沟通障碍等问题，且颇有成效。

　　需要特别注意的是，合作性棋盘游戏有效应用的关键，在于为特定年龄、发展水平的幼儿选择合适的合作性棋盘游戏并进行适宜的教育，这需要教育工作者在实践中不断摸索，不断改进。本书第六章，我们还将具体讨论合作性棋盘游戏在幼儿园中的应用。

第四章

幼儿合作性棋盘游戏的设计与制作

4

棋盘游戏虽然往往道具简单,却有着让人百玩不厌的魅力。一副棋盘、几对棋子就可以引人入胜,给人们提供变幻多端、充满乐趣的游戏体验。这一切都要归功于设计者[①]的匠心独运。那么,棋盘游戏设计的背后有何规律可言?怎样才能设计出让人爱不释手的棋盘游戏?幼儿合作性棋盘游戏的设计该如何恰当考虑年幼儿童的特点?接下来的这一章将着重回答上述问题。

第一节 棋盘游戏设计的主要环节

棋盘游戏从构想到实现,主要包括创意、原型制作、试玩、试制等环节,每一个环节都需要设计者的灵感与创造,也需要扎实的数据收集和科学分析。

一、一切源于创意[②]

创意从哪里来?棋盘游戏设计与开发中的两个关键词——"主题先行"和"机制先行",讲的就是设计者的创意从何而来。主题(或称背景、情境)是游戏的导入,描述了这是一个关于什么的游戏,机制则包含让游戏运转起来的核心规则。如果把游戏机制比作人的机体的话,游戏主题则更像是人身上的着装,让游戏充满故事情节。以图4-1所示棋盘游戏"小猪跑跑跑"为例,这款游戏的主题借鉴了《三只小猪》的童话故事,所有游戏者

---

① 这里及下文所指的设计者,既可以是个人,也可以是一个设计团队。幼儿棋盘游戏的设计,以往很多时候是个人行为,比如幼儿园的教师为自己班上的孩子们设计适合当下主题活动的棋盘游戏。对于设计一款准备投入市场的棋盘游戏产品而言,设计者则往往不只是一个人,而是一个团队,是各方智慧碰撞与合作的结晶。

② 创意源于儿童的需求,同时与市场需求也是息息相关的。以下论述主要从儿童需求的角度展开,较少涉及市场需求,读者可从玩具设计的其他读本中了解玩具设计与市场需求的关系。在本章第六节具体设计案例的介绍中,提到市场需求分析如何推动了创意的产生。

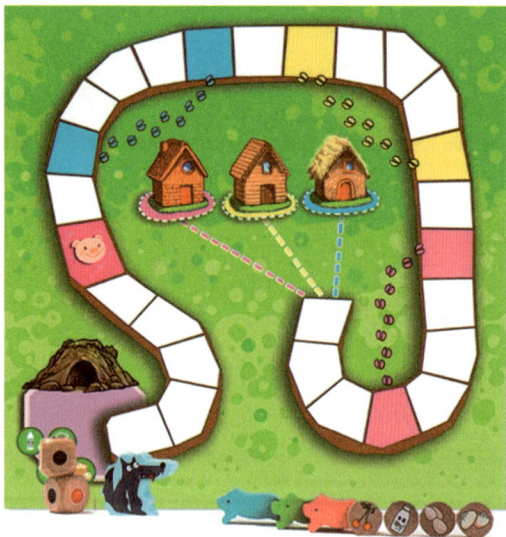

图4-1 幼儿棋盘游戏"小猪跑跑跑"的游戏场景及棋具

要齐心协力地帮助三只小猪尽快回到自己的房子，避免被大灰狼追到。而它的机制主要是：投掷骰子并根据骰子提示的信息移动棋子；任意一只小猪被大灰狼追到就意味着所有游戏者都失败了。

棋盘游戏设计从主题入手或者从机制入手都可以，这完全取决于游戏设计者的偏好以及具体的状况。而且主题与机制相互关联、彼此促进，即使是从机制入手进行游戏创意，为这个机制找到合适的游戏主题对于完善机制本身也会大有帮助。举例来说，儿童棋盘游戏"西游记"的创意源自设计者的一个想法——设计一款让每个玩家拥有独特资源的游戏，要想赢得游戏必须彼此分享，互相帮助。这一想法是对游戏机制的构想，在确定了这一基本要素后，设计者开始寻找合适的游戏主题并最终选择了传统故事《西游记》中三个徒弟救唐僧的主题[①]，虽然故事中大师兄孙悟空更厉害一些，但三个徒弟都有各自的优势和不足——这正是与游戏机制相切合的故事情节！因为套上了这样一个游戏主题，游戏机制变得更容易具体化且可不断完善。

总的来说，创意的来源多种多样，设计者可以从生活的方方面面攫取灵感的来源——也许是与孩子一次真切的交流，也许是游戏活动中的一段观察，甚至只是关于自然美的发现与感悟，等等。但工欲善其事，必先利其器，设计者在捕捉灵感的同时，扎实地学习游戏设计及相关知识，分析现有游戏并进行批判性地思考，提炼其可借鉴与学习的地方，以及有哪些可进一步改进之处，这些都是十分必要的。仿佛站在巨人的肩膀上思考，这一切也将转换为设计者灵感的源泉。

不是所有的创意都有进一步开发的价值，而当设计者天马行空般地构思出一款棋盘游戏时，应对照以下几个问题对创意进行反思和检验。拥有"筛查"的能力，是将创意进一步实现的基础[②]：

- 对这个游戏的自我感觉如何？
- 孩子们会喜欢玩这个游戏吗？
- 我到底想让儿童获得什么样的体验？

---

① 当然，选择一个合适的主题也并非易事，之所以能找到《西游记》，是由于设计团队头脑风暴过程中，大家都认为通过合作性棋盘游戏来弘扬中国传统文化是一条值得探索的道路，于是才有了"西游记""后羿射日""鹊桥会""葫芦兄弟"等棋盘游戏主题。

② Jesse Schell在《The Art of Game Design》一书中提及8个过滤器，指在选择一个创意时应该考虑8个方面的问题，具体包括艺术冲动、群体、体验设计、革新、商业和市场、工程技术、社区社会和试玩。此处所列举的几个问题参考其观点，并结合了儿童产品的独特性。

- 游戏的难度适合儿童吗?
- 这个游戏的新意是否突出?
- 这个游戏在技术上可以实现吗?
- 这个游戏在市场上有卖点吗?

其实,不仅仅是在创意阶段,在游戏设计的每一个环节,设计者都应该不断反思自己的思路和行动,时刻保持敏感和清醒。

二、制作原型

游戏设计和开发的过程是迭代的、不断循环的。迭代设计是一个循环的过程,包括多次打样、试玩、评估、调整与精致化。设计者很难完全通过想象来预测游戏体验,上文中针对创意提出的几个问题只有通过"不断地玩"才能更好地回答。因此,为了把思想的火花转化成真正可玩的棋盘游戏,就需要尽快制作原型,并在实践中检验。对于一个需要花费一两年时间制作的视频游戏来说,通常需要建立若干个小规模的原型,从不同的角度去检验创意的可行性。但是对于较为简单的幼儿棋盘游戏设计来说,对于游戏整体创意进行原型制作也不会太复杂,你可以在大的纸板上画出棋盘、在空白骰子上自定义地创造、用积木来充当棋子……总之,不要拘泥于形式,制作原型的目的是为了更好地试玩与改进。

在制作原型时,应该注意:原型是为了回答某一个或某几个关键问题,而且它的价值就在于回答这些问题。例如,"西游记"棋盘游戏的设计,设计者在确定了游戏的基本机制和故事情节后,便开始着手制作原型。在制作原型之前,以下几个关键问题需要重点回答:

- 这种要求孩子与他人分享资源的玩法会不会有趣?
- 如果孩子不愿意帮助别人,游戏还能进行吗?
- 如果孩子一直帮助别人,游戏还好玩吗?

为回答上述几个问题,可以采用一个相对简单的原型来考察——在纸板上画出行棋的道路,道路的长度(总棋格数)是粗略估计的;在路途中确定了三种障碍,每种障碍出现两次;把一个空白的骰子画上点数;再拿三种颜色的小积木当作三个棋子;用一些卡片作为每一位玩家的技能卡。此时或许还无须细究棋盘的路线应该有多长,也无须精算"障碍物"与"技能卡"的数量,甚至还无须为妖怪设计好相应的路线,因为如前所述,本次原型的目的是为了回答上述三个重点问题,所以设计的棋盘能对三个问题作出判断即可。至于棋子应该走几个格子,每个角色应该具备哪一种技能,并不是此轮循环中关注的重点。

有经验的游戏设计者通常会提出建议,初期不要太关注原型的外观设计(例如画面是否精美、用色是否恰当,等等),而是应该快速便捷地通过原型来回答关键问题。这个建议对于新手来说非常重要,许多人在一开始便格外关注外观或细节,这往往会本末倒置。越早建立原型来回答关键问题,对后面棋盘设计的完善意义越大、效果越好。

三、试玩

棋盘游戏原型建立之后，接下来的一个环节就是试玩。试玩的目的是在游戏过程中发现原型存在的问题，并提示改进的方向。每一轮试玩结束后，设计者需记录和总结试玩过程中存在的问题，进而对原型进行细化、修改和完善。从制作原型到游戏试玩常被视为一个循环，一个好的棋盘游戏在设计过程中常常要历经多次循环（通常还应在不同的人群中），通过一次次的试玩，逐步对原型进行改进。通常而言，循环的次数越多，棋盘游戏的质量会越高。

增加试玩的次数并不是提高设计质量的唯一途径，丰富试玩者的类型也非常重要。游戏试玩通常从设计人员内部开始，然后扩展到其他人员。就幼儿棋盘游戏的设计来说，试玩过程还必须着重考虑幼儿的参与，因为即使我们再细致地揣测幼儿的心理，甚至刻意模拟幼儿的思维方式去行棋，也很难预测幼儿会出现的各种行为表现。另外，在选择试玩的幼儿时需注意：不能只选择认知发展水平较高或者常接触棋盘游戏的幼儿，而是应该随机抽取，使观察的结果反映出幼儿普遍的游戏特点，这样才能更细致全面地了解游戏中可能存在的问题。

请幼儿来试玩会有许多优点，比如幼儿通常不会掩饰自己的喜好，可以通过直接观察其表情、语言和动作来了解他们是否乐在其中；由于发展水平尚不及成人，因而幼儿不会总按"套路"行棋，其行为总是那么"出其不意"，这便为设计者寻找原型中的瑕疵和漏洞提供了线索，也有助于设计者筛查哪些设计细节并不适合幼儿或者容易产生歧义。不过，幼儿作为试玩者同样会带来一些不便，比如受其心理发展水平及语言表达能力的限制，幼儿很难换位思考，设计者有时很难琢磨出幼儿真正的想法和诉求。因此，棋盘游戏设计者需要学会细致地观察、耐心地交流，保持对幼儿的敏感、理解和尊重。关于如何更好地借助儿童参与的方法进行棋盘游戏设计开发的问题，将在接下来的"儿童参与"小节进一步介绍。

在棋盘游戏"西游记"的设计过程中，主要有三类人群参与了试玩，分别是内部试玩、外围试玩、幼儿试玩。具体来说，内部试玩是在几位设计人员内部进行的试玩，着重关注游戏的可玩性等方面，内部试玩能更加明确游戏的改进方向，进而对最初的原型提出细化与改良建议，同时有助于落实游戏规则的撰写（及早撰写游戏规则很有必要，它能帮助设计者梳理思路，查找漏洞）。外围试玩主要是请幼儿园教师、孩子家长来参与试玩，因为他们对幼儿比较了解，能提供更有实际价值的建议。"西游记"在外围试玩时，没有对玩家进行规则的详细介绍，而是请其自行阅读游戏规则，只在他们提出疑问时进行解答（如果玩家难以通过阅读规则来理解玩法，这常常意味着规则描述出现了纰漏或撰写规则有所疏忽，应注意补充完善）。外围试玩后，可以对玩家进行非正式的访谈，与他们一起讨论游戏中存在的问题以及可以改进的方向。几次对原型进行调整之后，棋盘游戏看上去已经相对完善，此时可进入幼儿园，通过随机方式选择一些大班幼儿来试玩。幼儿与成人的一个不同点在于，很难保证向孩子讲解一遍规则后他们就能自主地进行游戏，因此请幼儿参与试玩时需要有成人带着他们玩，一点一点向他们渗透玩法和规则。许多孩子玩棋的经验并不多，刚开始时常会出现争抢，违犯规则，不清楚如何合作、怎么赢等情况，这都是设计者在引导过程中应格外关注的方面。一旦幼儿掌握了规则，就可以放手让其自由玩了，此时的观察应尽可能保持自然态，不要轻易打断幼儿玩棋的过程，即使他们做出了一些出乎意料的行动，如改变规则、作弊、争吵等情况。对于有经验的设计者而言，这些情况的出现往往是启迪灵感的重要线索。幼儿试玩之后，可与他们进行轻松的聊天，询问他们觉得这款棋盘游戏怎么样，好不好玩，他们说出的常常是一些比较直观的感受，如"我喜欢孙悟空"等等，坚持耐心提问和倾听，一定会收获有价值的想法，比如"可不可以再增加一个会把人吹回去（倒回去几个格子）的龙卷风"。

总的来说，棋盘游戏的终极评判标准在幼儿手中，只有经历了幼儿的试玩，确定该游戏能获得幼儿的喜欢，并观察感受到幼儿在其中获得了学习与成长，棋盘游戏的可玩性和教育价值才能真正获得认可。

四、试制

只有通过试玩环节不断地重塑、调整、更新后，棋盘游戏的主题和机制才能变得更为适合幼儿，棋盘游戏设计此时可以推进至试制环节。从评价一款产品的角度，通过试玩被认可只到达了成功的一半，产品的试制过程也十分重要，有时甚至决定了一款产品能否真正被市场、大众所接受，而试制是联结产品设计和产品生产之间的重要环节。

本书所谓试制主要指产品化的图样设计、工艺评审、制作产品的手板等过程，这是工业制版、制模进行批量生产的前奏。棋盘游戏的试制过程，常常需要团队合作[①]，尤其是棋具的结构、外观和棋盘游戏功能三方的合作。如画师会进一步将产品的外观进行美化与完善，从审美的角度、儿童画的角度将棋盘、棋子等图画部分精细化、精致化。在这一过程中，画师需常与结构及功能设计者沟通，将棋具的外观、尺寸等与功能的实现打磨成一个和谐的整体。在此过程中，进一步聆听幼儿的想法也是外观定性的关键。

试制过程中，关于棋盘、棋子及零部件的结构与材质，则需要设计者与生产工艺师、玩具检验人员，以及产品工程师进一步沟通、磨合与确认，需要充分考虑结构的合理性、材质的安全耐用性、可实现性以及成本状况。例如，棋子是采用木制还是塑制？木制无须开模，但难以通过大批量降低成本，塑制往往需要开模注塑，尽管可批量化降低单件成本，但前期投入较大。除此一层的考虑外，采用木制或塑制还涉及对产品的定位等。例如，这款产品的定位是低端、中端，还是高端呢？在保障产品安全环保、符合国家儿童玩具标准的基础上，棋盘和棋子及零部件需要采用怎样的材质呢？采用哪种材质或哪些材质的组

---

① 比较成熟的设计环境下，这种团队合作在创意、制作原型、试玩阶段就已经开始了。但是在条件尚不够成熟的设计环境下（如一个初创玩具公司，设计初期并没有成形的团队，或者拘于经费有限，主要在试制阶段再外请画师、工艺设计师等参与进来），往往到了试制阶段，才有更为正式的团队合作。

合既可以满足消费者的功能性需求（既便于携带），又能满足其品质上的需求？确认材质后，还要进一步考虑工艺流程，如棋盘、棋子的表面印刷，如何既能确保效率，又保证印刷的准确性与低次品率等。

不难看出，到了试制阶段，设计者更重要的任务是与各方人员（包括工艺设计者、玩具检验人员、产品工程师等）保持沟通，从沟通中掌握玩具材质材料，生产工艺与消费市场的即时、有效信息，从而结合多方的经验，共同做出试制产品及后续生产的关键决策。当然，即便是试制阶段，设计者的角色仍旧是至关重要的，因为形式、外观说到底都是为功能服务的，而设计者保有的儿童立场是棋盘游戏真正能为幼儿服务的关键。另外，试制的过程同样可以为设计者下一款产品创意做积淀，毕竟能"落地"的创意，能转化为产品的创意，从传播、普惠性的角度来看，更具价值。

第二节　幼儿棋盘游戏的设计原则

前面一节中，我们了解了棋盘游戏设计和开发的环节与途径。这一节我们将把关注点放在幼儿棋盘游戏设计的原则上来，分别从安全性、可玩性、教育性和年龄适宜性这四个方面来详细论述幼儿棋盘游戏设计过程中需要遵循的原则。

一、安全性原则

安全是一切儿童产品必须具备的前提。这里的安全包含两方面含义：一是生理方面的安全，即不能对儿童的身体、生理造成伤害；二是心理方面的安全，即不能对儿童的心理产生即时的及潜在的伤害。幼儿棋盘游戏的设计和开发过程不仅仅涉及棋具的制作，还包括主题内容的构想、规则的确立等，这比一般的玩具设计更加复杂。我们认为棋盘游戏的设计至少应在三个方面保证安全。

1. 材料安全。幼儿棋盘游戏产品最常采用的是木质材料、塑质材料和纸质材料，材料表面还常常需要覆以涂层，选择这些材料时要注意材料本身的属性（如柔韧性、抗压强度、易燃性、耐腐蚀性等）以及重金属含量等方面的特点。在选材方面，中国玩具行业已经有较为成熟的安全标准，世界各国也都有自己专门的玩具安全标准可参考。

2. 结构安全。幼儿棋盘游戏棋具的结构应该避免对幼儿身体造成伤害。具体来讲，应该坚固、耐摔，边角处理平滑，避免锋利物体，避免体积过小，零部件不易脱落，防止儿童误吞等。另外，还应该在明显处标明适用年龄、警告标语、注意事项等，帮助家长、教师引导幼儿安全使用玩具。

3. 内容安全。内容的安全指的是幼儿棋盘游戏的主题应该积极健康，避免出现暴力、歧视、偏见、恐吓等主题，内容贴近幼儿的生活，为孩子的游戏营造积极健康的心理氛围。

长知识

新的玩具安全标准（GB 6675-2014）

为保障儿童玩具的安全与质量，保护儿童的人身健康安全，国家标准委对GB 6675-2003《国家玩具安全技术规范》进行了修订，形成了GB 6675-2014《玩具安全》国家标准1～4部分，自2016年1月1日起强制实施。

本次公布的4个部分是玩具的基本安全部分，既适用于设计或预定供14岁以下儿童玩耍时使用的玩具及材料，也适用于不是专门设计供玩耍但具有玩耍功能的供14岁以下儿童使用的产品。

GB 6675.1-2014《玩具安全 第1部分：基本规范》是关于玩具的基本规范，标准明确了通用安全和不允许可能对儿童造成任何伤害的定性要求，以及根据国情提出的特定安全要求，如增塑剂的限量要求、仿真枪的限制要求等；该标准还明确了对于玩具安全标准强制执行的相关措施，包括国家强制性认证、监督抽查、召回等。GB 6675.2-2014《玩具安全 第2部分：机械与物理性能》、GB 6675.3-2014《玩具安全 第3部分：易燃性能》、GB 6675.4-2014《玩具安全 第4部分：特定元素的迁移》是关于玩具机械与物理性能、易燃性能、特定元素迁移的通用安全要求，此3项标准针对GB 6675.1的定性要求展开，包括了限量值和检测方法。

二、可玩性原则

可玩性，有时被称为趣味性、游戏性，指的是幼儿在游戏中的愉悦体验，这种体验用幼儿的话来说就是"想玩、会玩、好玩、玩了还要玩"。可玩性是游戏的精髓，是游戏的生命力所在，也是衡量玩具品质的关键因素。

孩子们为什么会喜欢玩玩具/游戏呢？美国心理学家Maslow的需求层次理论或许能为我们提供一些启示。Maslow把人的需求分成由低到高的七个层级，分别是基本生理需求、安全需求、归属与爱的需求、自尊需求、认知需求、审美需求和自我实现需求。幼儿在玩玩具/游戏的过程中，大多数心理需求或多或少都得到了满足。

游戏中，幼儿常会面对不确定性，如需要掷骰子碰运气，掷骰子的不确定性会给人带来压力和焦虑。然而，游戏中这种心理不确定感又比较短暂且易解除，掷完骰子知道结果，不确定感便会消散，安全感和避免压力的需求即被满足。游戏创设了不确定性的情境，让幼儿感受到短暂的焦虑后又可以满足其安全感，而安全感的需求被满足后的愉悦也就油然而生。

归属与爱的需求指的是所有人都希望成为群体中的一员，获得群体的接纳与承认。自尊需求指个体感到自己有能力、能够获得他人尊重，是感受自信和自豪的需求。在游戏过程中,尤其是合作性棋盘游戏,游戏中的共享、合作可以满足幼儿归属与爱的需求,而玩棋过程中达成了目标,提升了能力,也满足了幼儿自尊的需求。

幼儿天性好奇、喜欢探索,他们对世界充满了认识的渴望。幼儿在游戏中学习,通过和玩具材料及玩伴的互动实现对周围世界的认识,可以说,游戏是满足幼儿认识世界、了解世界的认知需求的重要途径。

幼儿操作玩具的过程又是发现美、感受美、创造美的过程,幼儿也能因观察和发现而体验到自己的智慧之美。这种发现美的喜悦正是对其审美需求的满足。

自我实现需求是最高层次的需求,游戏设置的不同难度梯度为幼儿迎接挑战提供了机会,幼儿通过不同难度的游戏挑战自我,不断跨越自己的最近发展区,满足自我实现需求,并带来强有力的成就感和满足感。

综上,除最基本的生理需求外,游戏,包括合作性棋盘游戏几乎可以在各个层次上满足幼儿的心理需求,使幼儿在游戏过程中获得愉悦的享受,这种愉悦感正是可玩性的重要表现。

如何具体来判断一款玩具是否拥有可玩性呢? 郭力平和谢萌(2014)认为判断可玩性有三个标准: ① 能否激发儿童游戏的兴趣; ② 把玩的过程是否有趣,儿童能否专注于游戏,并乐在其中; ③ 是否具有持久的吸引力。不难发现,玩具可玩性的核心在儿童,上述三个方面均是从儿童借助玩具进行游戏的行为表现来判断的,按玩之前、玩之中和玩之后三个阶段描述了幼儿对玩具的兴趣。

从设计师的角度来看,如何设计出一款可玩性强的棋盘游戏呢? Lennon(2001)通过对自制棋盘游戏的调查,分析了高年级小学生认为棋盘游戏好玩的原因,其中最主要的原因是他们觉得"这款棋整体感觉好玩";其次是为能够获胜而觉得好玩,且不管是否曾经获得胜利,被调查学生均表示是对胜利的渴望,才觉得好玩;第三是因为游戏中无论是生理上还是心理上都能获得刺激、感到兴奋;第四是因为玩了之后还想再玩,并不觉得无聊。同时,其调查还发现,同伴游戏水平的接近和能够自由修改、创建规则对提高棋盘游戏可玩性也很重要。

结合上述讨论,我们认为可将合作性棋盘游戏的可玩性细分为三个方面:激发兴趣,玩的过程有趣以及玩了还想再玩。

1. 激发兴趣

激发幼儿的游戏兴趣,就是让幼儿在第一眼看到棋盘游戏、第一次接触棋盘游戏时能产生眼前一亮的感觉,有一种想玩的冲动。要想达到这个目的,还应该回到棋盘游戏的构成要素中去寻找答案。首先,幼儿对一款棋盘游戏最直观的印象来自外观,因此活泼可爱的外观设计有助于吸引幼儿的兴趣和好感。第二,棋盘游戏的名字也是影响其兴趣的一个重要因素。好听的名字应该具有童趣、语言活泼好记,同时又能体现游戏的典型特点。第三,棋盘游戏的主题情节应贴近幼儿的生活经验,符合幼儿兴趣特点。事实上,幼儿接触一款棋盘游戏,首先了解的往往并不是游戏玩法,而是游戏主题。第四,规则简单明了,让幼儿容易了解并迅速上手。因为幼儿集中注意的时间短,这也要求棋盘游戏的玩法要简单明了,易于幼儿快速理解和掌握。而且,好的棋盘游戏不仅要让玩家容易上手,而且在多次游戏之后还能有新的发现。

2. 玩的过程有趣

有趣是幼儿游戏过程中的主观体验,它很难量化,但是又包含非常丰富的内涵。幼儿游戏过程经历的各种情绪体验,共同决定了玩的过程是否有趣。至于如何在棋盘游戏中创造这些体验,可以从两方面着手:首先,设计者应了解哪些因素可以使幼儿感到玩得有趣;其次,设计者应敏感捕捉幼儿试玩过程中的各种体验以及触发幼儿产生此种体验的事件,强化有趣的事件,同时分析并减少容易使幼儿感到无聊或不悦的细节,从而使玩的过程更加有趣。

关于游戏体验中的有趣因素,游戏艺术设计师 Hunicke, LeBlanc 和 Zubek(2004)区分了八种重要的游戏体验,分别是感动、幻想、叙述、挑战、伙伴关系、发现、表达、服从[①]。具体到幼儿合作性棋盘游戏,我们认为下列三类要素的实现对于幼儿在游戏中感受到愉悦非常重要。

第一类(侧重社会交往)

- 沟通交流。人有社会属性,幼儿当然不例外,与人交往常给我们带来快乐。
- 伙伴关系。合作性游戏中最重要的关系就是与同伴的互动关系,同伴可以让甜蜜放大,让困难变小。
- 领导力。所谓领导力,指幼儿用自己的决策来影响他人,这会让孩子感受到自信和自尊的快乐。
- 角色扮演。幼儿特别喜欢扮演和幻想,他们可以快速自然地进入游戏世界,让他们在游戏中扮演自己从来没有做过的角色可以吸引他们的热情。
- 帮助他人或派送礼物。在游戏里帮助他人或送给他人礼物(可以是游戏资源)同样会给幼儿带来快乐,就像在现实生活中一样。

第二类(侧重游戏中的行为)

- 表达与创造。表达自己的想法,创造新事物是一件让人开心的事情。
- 战胜困难。棋盘游戏的本质就是要战胜困难,战胜困难往往意味着游戏胜利,这对幼儿来说非常重要。
- 养育。(这条是专门写给女孩的)女孩都喜欢养育,棋盘游戏中如果有机会让女孩喂养小动物(或者娃娃),她们会非常享受。
- 破坏。(这条则是专门写给男孩的)男孩通常喜欢破坏,他们似乎对推倒一座积木塔充满热情,棋盘游戏中也常常会有所涉及,如《小猪跑跑跑》中有些男孩子特别喜欢小猪被大灰狼吃掉(虽然这样他会输掉游戏)。
- 组织有序。将某些东西安排得整齐有序会让人感觉良好。
- 净化。同样的,让某样东西消灭干净也会让人感到快乐(比如《吃豆人》)。
- 选择。在棋盘游戏中如果有一些选项要抉择,对许多幼儿来说这会很开心。
- 刺激与冒险。喜爱刺激和冒险的幼儿不在少数,这会让他们兴奋不已。

[①] Hunicke R, LeBlanc M, Zubek R. MDA: A Formal Approach to Game Design and Game Research. CiteSeerX: 10.1.1.79.4561, 2004.

第三类（侧重玩家的内心感受）

- **好奇**。好奇是一种敬畏与错愕并存的无法抗拒的感觉，幼儿总是对各种事物好奇，当然也包括棋盘中的探索。
- **不确定性**。棋盘游戏中创造的概率性事件，即便只是运用了骰子，也会让幼儿觉得很刺激。
- **预感**。当知道某种好事（当然也包括坏事）将要来临时，幼儿内心一定是充满张力，就像狐狸听到了小王子的脚步声。
- **验证自己**。自己的猜测或者推断成真了，幼儿会觉得自己很了不起。
- **"幸灾乐祸"**。当对手遭遇霉运时，总是有孩子会幸灾乐祸（通常出现在竞争性棋盘游戏中）。
- **惊喜**。事情超出预期地好（通常与不确定性相结合），就会让人感到惊喜。
- **幽默**。幼儿很容易感受到幽默，棋盘上的小小的一个幽默设计都会让他们开怀大笑。
- **主动性**。发挥幼儿的主动性，比如玩家自己来设置某些棋规，棋具（棋盘、棋子、骰子等）的DIY等，都能提高棋盘游戏的可玩性。

当然，上述所列这份要素清单并不能涵盖有趣体验的所有方面，而且，这些要素也常常会交织在一起。不过，对照这份要素清单，不断思考棋盘游戏中的细节设计，说不定还会灵机一动，想到更多可以让幼儿快乐的好主意！

- **玩了还想再玩**。再好玩的棋盘游戏，玩的次数多了或幼儿的经验增长了，也有可能变得不再喜欢。因此，一款棋盘游戏能做到让幼儿玩了还想再玩，是可玩性原则中难度较高的一项标准。如果一款棋实现了过程有趣，那么能否让幼儿玩了还想再玩，主要取决于它的开放性和难度梯度的设计。

第一，棋盘游戏应该具有一定的开放性。这里所说的开放性，主要指游戏前儿童可以自主决定游戏中的某些设定。

第二，棋盘游戏应该设计数个难度梯度。这样它不仅可以适应不同发展水平的幼儿游戏，而且从能力水平提高的角度来看，它还可以为幼儿的持续发展提供支持。

本章第五节还将对这两种设计的具体实现案例进行介绍。

三、教育性原则

面向成人的棋盘游戏主要以娱乐为目的，是成人之间智慧与运气的综合较量，中小学教育常会借助棋盘游戏的娱乐性来实现学科知识的快乐教学，而面向幼儿的棋盘游戏与这两者皆有所不同，一方面，在娱乐性之外，幼儿合作性棋盘游戏具有寓教于乐的重要目的，渗透着社会对幼儿学习与发展的期待；另一方面，幼儿的学习与中小学生的学习方式有一定差异，更强调幼儿从棋盘游戏中获得的经验来支持其全面的、整体性的发展，而非局限于某一具体的领域。

所谓教育性原则，指合作性棋盘游戏设计过程中，需要考虑游戏对幼儿学习与发展的教育价值。具体来说,合作性棋盘游戏可以在以下诸多方面为幼儿提供学习与发展的经验。

1. 社会性发展方面。幼儿在合作性棋盘游戏中理解并遵守规则,学会轮流和等待;理解他人与自己的想法可能不同,学会合理表达自己想法的同时倾听他人的想法,愿意协商解决问题;与同伴共同面对挑战,在这个过程中帮助他人或者接受他人的帮助,体验合作的价值;在集体中体现自己的独特价值,增强自尊和自信。

2. 学习品质方面。幼儿在游戏中可以发展勇于挑战的好奇心和勇气;主动探究、提高解决问题的自主性;锻炼专注力,培养尝试解决问题的坚持性以及失败后重新开始的抗挫精神;愿意创新,有担当,有为玩得更好而改变游戏规则的勇气和创造力等。

3. 语言发展方面。合作性棋盘游戏对幼儿语言能力的发展主要体现在两个方面,一是所有合作性棋盘游戏都为幼儿在玩棋过程中的同伴交流与协商提供了丰富的机会,二是一些棋盘游戏专门以听句子和故事、使用词汇、创编故事等方式来进行,侧重发展幼儿的语言理解与表达。

4. 基本认知能力方面。诸多幼儿棋盘游戏为发展幼儿的基本认知能力提供了条件,例如在颜色匹配、形状识别中发展观察力和记忆力,在根据骰子特点来行动的过程中发展符号认知和表征理解等。

5. 思维发展方面。思维是认知的高级形式,幼儿在合作性棋盘游戏中渐渐摆脱思维的自我中心:分析棋局形势、做出相应决策;基于已有经验对任务进行推理和判断;提前做好行棋的计划……这些都很好地支持了幼儿思维的发展。

6. 动作发展方面。棋盘游戏的行棋过程需要幼儿手眼协调地完成掷骰、走子、抽卡片等动作,此外,一些以发展幼儿动作技能为主的棋盘游戏还可以锻炼幼儿精细动作甚至粗大动作。

7. 知识学习方面。棋盘游戏的不同主题能够丰富幼儿在不同领域的知识经验。例如在交通规则相关的棋盘游戏中,幼儿很快就熟悉了许多生活中有所接触但了解不多的交通规则。

以上从发展领域的角度对幼儿合作性棋盘游戏的教育功能进行了简单介绍,但正如上文提到的,幼儿棋盘游戏的教育价值是全面的、综合性的,每一款游戏教育功能的发挥并不局限于单个领域,应注重幼儿在游戏中学习的整体性。

幼儿棋盘游戏的教育性功能十分重要,但不能用教育性替代可玩性,再有教育意义的游戏如果不好玩,也不能真正被幼儿喜欢,其教育功能也很难实现。同样,只有符合幼儿年龄特点的棋盘游戏,才能真正实现其可玩性和教育性。下面将继续对年龄适宜性原则进行介绍。

四、年龄适宜性原则

不同年龄阶段的儿童在认知、语言、社会性及运动能力等方面存在着较大的差别,而且儿童年龄越小,年龄间的差异也越明显。因此,在为幼儿设计棋盘游戏时,应该遵循年龄适宜性原则。事实上,只有当棋盘游戏的玩法符合幼儿的年龄特点,才能真正实现其可玩性;也只有把适龄的棋盘游戏投放给幼儿,才能真正实现其教育性。设计者应当充分了解幼儿的年龄发展特点,并将其恰当地考虑到游戏的设计之中,只有这样才能确保棋盘游戏的品质。

表4-1简单介绍了2～6岁儿童在动作、社会性、语言、认知四方面的发展特点(维度与指标皆与幼儿在棋盘游戏中表现的行为有一定联系)。由于本书着重的合作性棋盘游戏最突出的特点是合作,合作性棋盘游戏设计也特别希望通过合作游戏发展幼儿的社会性能力,因此,在表4-2中,我们从社会性能力培养的角度,描述了对幼儿在社会群体中沟通、协作、问题解决、自我挑战、创造力和领导力六个方面能力发展的期望。希望这两个列表能帮助读者对年幼儿童发展有更全面、细致的了解,也更能理解为什么年龄适宜性是棋盘游戏设计的重要原则。

表4-1 2～6岁儿童动作、社会性、语言、认知的发展特点①

	2～3岁	3～4岁	4～5岁	5～6岁
动作	**精细动作**:能拿稳勺子不打翻;尝试自己穿脱衣服,能找到衣服的袖口,但多数情况尚不能自理;学习剪纸时,纸和剪刀尚不能有效配合,剪出的纸片形状不规整 **粗大动作**:胳膊和腿部在行走时较为协调,开始借助手臂力量保持平衡,能依靠双腿力量使身体跳起(双脚原地向上跳);交替双脚上楼梯,下楼梯时常手握扶手两脚并步下台阶;能站立将球抛出,不跌倒,抛球时双脚常静止不动	**精细动作**:腕关节控制能力提高,能自如用勺;学习用筷子,基本掌握筷子的夹法;能穿脱T恤或毛衣等套头的上衣、裤子、袜子和没有鞋带的鞋子,会拉拉链,区别衣服的正反面和前后有困难;会用剪刀沿直线剪纸,边线基本吻合 **粗大动作**:能在地面上沿着直线平稳地走,身体平稳地双脚连续向前跳;无须扶手双脚交替上下楼;能双手向上抛球,常借助胸口接球,拍球时常为砸球、假式拍球或接触式拍球	**精细动作**:对五个手指的协调控制加强,能用筷子吃饭,并夹起诸如葡萄干等细小物体;能自己穿脱开衫衣服、鞋袜、扣纽扣;能沿折线或曲线剪纸,借助轮廓线剪出简单图形,边线吻合 **粗大动作**:能单脚连续向前或助跑跨跳一定距离;双脚灵活交替上下楼梯;抛球前会转动身体蓄力,接球时能弯曲整个手臂抱球,能连续自抛自接球,拍球时缺少对球落地位置的控制,且节律性掌握不佳,容易越拍越低	**精细动作**:较熟练使用筷子,进一步提高精确性、稳定性、有效性;能自己整理衣服,系鞋带、小纽扣等无需帮助可自行解决;无需借助轮廓线,可直接剪出简单图形,边线吻合且平滑 **粗大动作**:在教师的指导下,能熟练掌握立定跳远,单脚连续跳、助跑跨跳等动作,并能够根据跳跃任务主动调节用力大小;能在斜坡、荡桥和有一定间隔的物体上较平稳地行走;能倒退走及平稳快跑;抛球时,会往前一步借力,接球时可用两只手掌接住球,能连续拍球;能用脚踢球并运球

---

① 本表描述的内容参考了中国《3～6岁儿童学习与发展指南》、美国Toni Linda著《在游戏中评价儿童》以及GOLD教育评价系统的有关指标,并考虑了幼儿在棋盘游戏中的主要表现。描述分四个年龄段,每个年龄段下的表格所描述的行为在相应的年龄段是较常出现的。

（续表）

	2～3岁	3～4岁	4～5岁	5～6岁
社会性	**社会认知**：开始注意观察身边的人对他人的行为反应；能理解某人在假装吃、喝等；知道他人有不同的情绪、喜好；知道一个人在不同的情境下会有不同的感受；开始使用涉及到自己和他人内部心理状态的词语（如：开心、悲伤、想要、喜欢）；如果淘气时，会预期行为的结果 **社会交往与情绪情感**：从只关注亲子交往转向关注同伴交往。表现出同情心，能安慰另一个儿童；如果伤害到另一个儿童的时候，会有内疚的表现；情绪波动较大；会在不考虑他人感受的情况下拿走另一名儿童的玩具 **规则理解与执行**：理解简单的规则，但遵守规则常常需要成人的提醒；在小组活动中难以轮流和等待 **游戏活动**：以独自游戏和平行游戏为主	**社会认知**：意识到他人的需要可能和自己不同；逐步理解他人的感受、态度、信念和自己的可能不一样，并能进行讨论；能够区分自己和他人的观点；能够和他人进行"如果，那么"的讨论（如：如果我这样做，那么妈妈会高兴，因为……） **社会交往与情绪情感**：情绪比较稳定，需要得不到满足时能听得进解释，不乱发脾气；能分享自己的情绪状况和内心感受；开始建立友谊，能够邀请同伴共同参与活动，并给同伴分配角色和任务；与同伴发生冲突时喜欢向成人求助 **规则理解与执行**：有对错意识，常依据结果进行道德判断，忽略动机；在提醒下能遵守游戏规则、生活常规 **游戏活动**：出现明显的合作性，喜欢和小朋友一起游戏；与规则性游戏相比更喜欢规则性不强的角色游戏和建构游戏	**社会认知**：猜测他人的动机；开始思考如何去改变他人的想法；理解信念和渴望会决定行为；意识到心理状态的主观性，例如，自己不喜欢的食物可能是别人的最爱 **社会交往与情绪情感**：自己的事情尽量自己做，不喜欢依赖其他人；多数时候都能适度表达情绪；希望自己成为大家关注的焦点；在成人的支持下，通过沟通、讨论或提出某个建议来解决冲突 **规则理解与执行**：熟悉了解更多的社会规则和行为规范；基本遵守规则，能主动等待、轮流和分享 **游戏活动**：能按照自己的想法进行游戏；在游戏中能和他人比较、协调想法，如在和同伴的角色游戏中，理解不同角色，协商较复杂的故事情节	**社会认知**：能够试图站在他人立场上理解对方的想法与观念，能理解一个人的行为受其想法的影响 **社会交往与情绪情感**：能主动发起一个活动或者在活动中出主意想办法；有固定的好朋友；在与同伴发生冲突时能协商解决，还能帮助其他幼儿调解冲突；情绪稳定，适度地表达情绪，知道引起自己某种消极情绪的原因，并努力化解；会关注到同伴的情绪和需求，主动提供力所能及的帮助 **规则理解与执行**：道德判断开始考虑动机，同时仍然相信权威；能主动抑制自己的冲动，自觉遵守规则；会指出他人不遵守规则的行为；能理解规则的意义，并能与同伴协商制定游戏和活动规则 **游戏活动**：喜欢玩规则性游戏，如棋盘游戏；好胜心极强，失败后会想在下一次游戏中赢回来；对自己不会的事情有很强的学习动机
语言	**听与说**：能有意识地倾听；不清楚的地方会提问；能讲简单句；在熟悉的人面前愿意说话；喜欢听韵律感强的诗歌、童谣或短小的童话故事 **前阅读**：喜欢阅读图画书；能将图画书中提及的行为表现出来；能坐着看几分钟图画书；可能会意外地撕破书籍；	**听与说**：喜欢问"为什么""怎么样"；以简单句为主，同时开始说一些复合句；能讲简单的故事 **前阅读**：能主动寻找或挑选自己喜欢的图画书；可能背诵出熟悉图画书中的简单故事；能理解图画书上的文字和图片是对应的，是用来表达画面意义的	**听与说**：会较连贯地表达自己的观点，会描述熟悉的人、事、物；能根据讲话对象及需要来调整讲话的内容和方式 **前阅读**：能从左到右地浏览；能复述故事的几个重要情节；能大致说明图画和故事内容的关系；阅读之后能回答有关故事的描述性问	**听与说**：愿意与别人讨论并当众表达自己的意见，思路比较清晰；能主动提出或回答故事的关键性细节；能用较详细的一段话表达自己的想法 **前阅读**：了解一本图画书的各个部分及其功能；使用图画线索来支持阅读和理解；能说出一些图画书的

（续表）

	2～3岁	3～4岁	4～5岁	5～6岁
语言	能将图书中的故事和自己的经验产生联系。 **前书写**：用铅笔或者蜡笔探索制造标记；涂鸦时会画Z字形、线条和封闭的环形	**前书写**：能制作有一定组织的标记（图画等符号）；能区分哪些是图片哪些是文字；能用简单的图画进行信息的记录；会谈论并标记自己的画作	题（例如，谁，什么，何时，在哪等） **前书写**：逐步用固定的符号代替原来的具体的人和物的图符；借助符号书写物体或位置的标签	题目和作者；能推测一些较难理解的词汇的意思；阅读之后能回答有关故事的解释性问题（例如，"为什么""如果""怎么办"等） **前书写**：能用数字、图画、图表或其他符号记录信息，表现事物或故事；可以较完整写出自己的名字
认知	**注意**：能够独自注意图画书几分钟；一次能注意到一个以上的刺激（多张图片或者多个玩具）；有意注意时间短，容易受干扰 **记忆**：会叙述最近经历的事件的先后顺序；记住手指歌；记住视觉路标；使用手指计数来帮助记忆；在藏找游戏中，能够记住物体所藏位置 **表征**：喜欢假想游戏，喜欢模仿父母的行为和语言；知道图画或标识可以代表某一物体，能够理解最常用的描述符号 **问题解决**：喜欢将物品分拆、撕碎等来进行探究；理解解决问题要"动脑筋"；能借助自言自语来解决简单的问题；使用视觉搜索来寻找问题解决的办法；当一个方法不成功时能尝试其他办法解决问题 **科学和数学**：能够指着自己的身体部位并且叫出名字；能够区分有生命物体和无生命物体；能够理解性别；能	**注意**：对有趣的活动有持续和可控的注意力，注意力可以维持10～15分钟 **记忆**：能够回忆出刚刚读过的故事中的1～2个情节；根据记忆中不同时间和地点发生的故事，创编简单的角色游戏情节；能够把已有经验运用于角色游戏 **表征**：已经认识了一张画或一个模型与其对应物的关系，但常常较为刻板 **问题解决**：经常询问并探究"为什么""怎么样"；在已有经验的基础上，逐渐能够综合考虑两个或多个因素来解决问题，如能综合考虑大小、形状、颜色等因素来进行分类 **科学和数学**：对感兴趣的事物能仔细观察，发现其明显特征；理解身体部位的功能；认识六七种形状，理解上下、前后、里外等方位词；能感知和区分物体的大小、多少、高矮等量的方面的特点，并用相应的词表示；	**注意**：能同时注意到物体或图片一个以上的特征（如：形状和颜色，颜色和大小）；对有一定难度的任务也能注意较长一段时间；阅读时，能注意较长的故事，特别是配图的故事 **记忆**：不用提示便能回忆出一个故事中的多个情节；能凭借记忆确定图片、谜语、玩具中缺少的部分；当唱起一首与自己熟悉歌曲相似的歌曲时，能识别其相似的地方 **表征**：喜欢探究各种符号的意思，喜欢创造和使用符号来标记、表现事物 **问题解决**：知道事物现象是有规律的，开始由表及里地探究原因，解决问题 **科学和数学**：能通过观察和比较发现事物之间的相同与不同；对因果关系好奇，尝试了解各种现象出现的原因和方式；使用"更长""更短"等术语；讨论过去、现在、和未来的时间；能解释人和物之间的相似性和差异	**注意**：解决复杂的问题时能够维持注意；阅读没有配图的故事时也能维持注意力 **记忆**：对过去的事件能进行详细地描述；能够背诵诗歌、短文和歌曲；基于记忆中的故事、电影、过去的事件等开展表演游戏；能使用一些策略来帮助记忆，比如大声地重复单词；能较为准确地记住棋类游戏、运动游戏的规则以及较复杂的说明 **表征**：理解符号的意思可以有多种，同一事物可以用多种不同的符号来表达 **问题解决**：能够制订计划来解决问题，会控制目标的进展；如有需要的话可改变方法，并对结果进行评估；开始借助文字符号或数学推理来解决问题 **科学和数学**：能通过观察、比较和分析，发现并描述不同物体的特征或某个事物前后的变化；能细致了解及比较量的特征（例如：瘦、胖、轻、重、窄、

（续表）

	2～3岁	3～4岁	4～5岁	5～6岁
认知	够从1数到10；理解物体数量的"所有""无"的概念；注意到生活中简单的模式排列特点；认识三四种形状，能根据物体的颜色、大小、形状来比较、分类、匹配、排序	可以手口一致点数并完成5以内的按数取物；能通过一一对应的方法比较两组物体的多少	性；可以从任意给定的数字往下接着数；通过实物操作的方式理解数与数之间的关系，如2和3合在一起是5；理解平面图形之间的简单关系，能对自己的图形进行拼、拆等转换	宽等）；理解加、减的意义；开始向成人询问数学问题；能够分辨自己的左右；灵活使用"中间""旁边"等空间方位概念；能用常见的几何图形有创意地拼搭或画出物体的造型

表4-2　3～6岁儿童在社会性能力培养方面的年龄特点[①]

内容及指标		3岁 ←——————————————————→ 6岁			
沟通：指幼儿之间通过语言、肢体动作进行交流，表达意愿与想法的过程	沟通意愿	1. 愿意跟熟悉的成人表达自己的基本需要和想法 2. 愿意回应并执行教师的指令	1. 愿意回答成人或同伴提出的问题 2. 喜欢向成人询问自己感兴趣的事物，能用简单的语言求助	1. 与他人（教师、同伴）讨论问题时，愿意表达自己的观点 2. 喜欢和同伴互相沟通及交流，愿意并尝试在争论中达成共识	1. 愿意主动与同伴分享自己的经验和想法 2. 能主动引发话题与他人进行交谈
	沟通技巧	1. 能用动作、表情或声音等辅助语言跟同伴或成人表达自己的意愿 2. 能模仿身边人的表达方式，愿意与其他小朋友共同游戏	1. 能够安静地聆听别人讲话，以简单的词或句子向其他小朋友表述自己的想法 2. 能用语言表达自己的情感，能接受或邀请其他小朋友一起游戏	1. 在倾听时，不随便插话，能从谈话中了解到基本信息，并作出回应 2. 能耐心地与身边同伴进行沟通	1. 能根据环境和对象选择适当的方式表达 2. 理解别人的要求，并能尝试协调自己的想法和别人的要求
协作：两个或多名幼儿为达成共同目标主动结合，通过协调和配合最	协作意愿	1. 愿意和小朋友一起游戏，不经常出现打闹现象 2. 愿意模仿感兴趣的人，但很少有帮助意愿与行为	1. 愿意与熟识的小朋友自主地进行简单的合作游戏 2. 愿意帮助同伴或他人，为配合他人调节自身行为	1. 愿意配合指令进行团队协作，接纳所有同伴 2. 愿意主动帮助他人	1. 在大家面前较积极地体现出合作倾向，考虑同伴感受，乐于参与或组织团队活动 2. 团队协作中愿意欣赏别人

[①] 表4-2描述的内容参考了中国《3～6岁儿童学习与发展指南》、美国GOLD教育评价系统和作品取样系统（Work Sampling System）的有关指标，描述分三个年龄段，每个年龄段对应两列表格所描述的行为，是该年龄段两端较常出现的行为。

（续表）

内容及指标		3岁 ◄──────────────────────────────────► 6岁			
终达成目标，并实现个人利益的社会交往活动	协作技巧	1. 在教师指导下能能够按顺序等待玩的机会 2. 按照自己的想法与意愿游戏	1. 能理解部分规则并尝试遵守基本规则 2. 能在活动中表达自己的想法	1. 理解规则的意义并能基本遵守规则 2. 在团队活动中有自己独特的想法，并希望自己的想法能够被大家认同	1. 能与同伴协商制定规则，并主动维护规则 2. 尊重他人、理解他人的想法或行为，能采纳别人好的建议
问题解决：由一定的情景引起的，朝着一定的目标，应用各种认知活动、技能等，经过一系列的思维操作，使问题得以解决的过程	问题解决意愿	1. 愿意选择自己感兴趣的活动 2. 遇到解决不了的问题时愿意求助他人	1. 愿意根据成人或同伴提出的要求进行活动 2. 在活动中会选择最好或最合适的方式达成目标	1. 有积极思考的意愿，愿意接受他人不一样的解决方法 2. 乐于尝试一些有难度的任务并会努力完成，能懂得通过自己简单的操作连贯自己的想法	1. 遇到困难不轻易放弃，有一定的独立解决问题的能力 2. 愿意主动承担任务，听取他人意见，懂得换位思考
	问题解决技巧	1. 能够在自己的努力下完成一些简单任务 2. 用恰当的方式表达自己遇到的困难和需求	1. 能够模仿别人解决问题 2. 能比较客观地反映问题，或制定简单的计划、步骤来完成一项任务	1. 知道解决常见突发事件的正确方法 2. 在尝试解决问题时会运用多种方法使其完成	1. 能根据不同情景选择解决问题的有效方法或工具 2. 思考问题有一定的科学性和全面性，对于解决难度较大的问题时会自己制订计划
自我挑战：指愿意尝试有难度的任务，失败了也不妥协。在幼儿阶段主要包括幼儿的自我认识和自尊的形成	自我认识	1. 知道自己的姓名、性别和喜好 2. 能在成人引导下，表达自己的情感需要	1. 知道身边相关的人的基本情况，及其与自己的关系 2. 能主动表达自己的情感需要，并能有意识地对身边人的情感做出相应的反应	1. 能意识到自己所处环境的基本氛围，明确自己的心理活动，并知道原因 2. 会衡量自己的能力并进行自我调控	1. 能进行自我评价，在乎别人对自己的评价 2. 会根据团队中的各种信息进行自我定位，能客观评价自己对环境和他人的影响
	挑战意愿与技巧	1. 愿意尝试并挑战新鲜事物 2. 挑战过程中，严格遵守规定	1. 遇到困难时不放弃挑战 2. 在遵守规则的前提下，具有一定的竞争意识	1. 在获得初步成功后，愿意挑战难度更高的活动 2. 能根据自身能力和具体情境选择挑战的内容，或调整自己的行为	1. 愿意尝试挑战自认超出自身能力的活动 2. 愿意制定简单的计划，进行更好地挑战

（续表）

内容及指标		3岁　←———————————————————————→　6岁			
创造力：指把已掌握的知识经验重新加以组合，形成新形式和新内容的过程，幼儿创造力表现的形式和内容相对较为简单	创造意愿	1. 愿意观察周围的环境 2. 愿意参与简单的操作性活动	1. 对周遭环境中的各种物品和器具充满好奇心，并尝试探索 2. 喜欢模仿具有典型特征的人或事物，喜欢探寻"为什么"	1. 乐于探索新鲜事物，喜欢将不同范畴的事物进行关联 2. 愿意回答问题，敢于表达自己的想法或推理，并能给出创造性的答案	1. 喜欢通过动手操作的方式表达自己的想法 2. 愿意扮演并自如转换自己想象中的人物
	创造能力	1. 能尝试探索物体的不同玩法 2. 尝试用不同感官感受周围事物	1. 对熟悉的工具或玩具常常能够"一物多用" 2. 能表征或模仿自己喜欢的事物的典型特征	1. 会按自己的想法分析事物，思维活跃 2. 喜欢研究新事物，并发现其与其他事物的不同之处	1. 创造的成果具有个人风格 2. 善于动手创作，富有创造力
领导力：指在集体中，由一个或几个人主动有策略地率领、组织其他人共同完成某项任务时的个性心理特征和策略运用	情绪管理	1. 能识别基本情绪及其特征 2. 能关注他人的情绪表现	1. 能准确地说出自己的情绪并知道造成这一情绪的原因 2. 能判断并理解他人的情绪	1. 能在自己出现不良情绪或反应过度时，通过特殊物体或人寻求慰藉 2. 在他人出现强烈情绪反应时，愿意安抚他人	1. 能根据不同的情境或规则，控制自己情绪和行为 2. 能根据他人回应调整自己的情绪反映
	领导行为	1. 初步了解自己在团队活动中的角色及任务 2. 能记住同伴在团队活动中的角色及任务	1. 即使遇到困难，也能坚持完成自己的任务 2. 当同伴或组员无法完成任务时，愿意提供帮助	1. 能根据任务尝试制订并执行简单的计划 2. 能配合他人，根据指令完成任务	1. 能根据计划，在团队活动中发出简单具体的指令 2. 能和其他同伴协商，共同制订并执行简单的计划

　　如何将表4-1和表4-2中幼儿的发展特点与幼儿的棋盘游戏行为以及幼儿合作性棋盘游戏的设计联系起来呢？举例来说，从社会性的发展来看，4岁以前的幼儿很难主动遵守规则、同伴合作范围和能力较为有限，同时4岁前的幼儿对规则游戏的兴趣远远不及对自由探索和角色扮演类游戏来得充分，因此，绝大多数棋盘游戏，包括合作性棋盘游戏，都不太适合4岁以下幼儿参与。这也是为什么绝大多数幼儿棋盘游戏的适合年龄都定在4岁以上，以及多数幼儿园玩教具配备指南中只规定为中、大班幼儿配备棋类的原因。当然，并不是4岁以下的幼儿就一定不能玩棋，在这一点上要尊重个体发展的差异性，一些发展水平较高或者更加偏爱规则游戏的幼儿也完全可以尝试把玩。尤其是在有家长陪伴的情况下，合作性棋盘游戏比竞争性棋盘游戏更适合4岁以下幼儿进行亲子游戏。

　　小年龄幼儿的合作性棋盘游戏常常在规则上尽量简化，多注重幼儿动作发展方面的

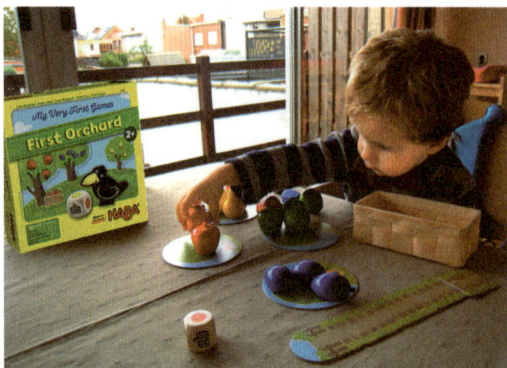

图4-2 棋盘游戏"我的第一个游戏之第一个果园"
的游戏情景

培养，为孩子们多提供精细动作和手眼协调性等发展的机会，其功能也更多以感官学习为主。如HABA的My very first games-First Orchard（我的第一个游戏之第一个果园），它是合作性棋盘游戏Orchard（果园，详细介绍见第五章）的低龄版本（见左图4-2），其棋具设计充分考虑了小年龄幼儿手的抓握尺寸，并将其认知发展水平（年幼儿童已经具备的认知简单颜色和图形的能力）考虑其中。另外亲子共同游戏时，父母还可以借助该游戏提供幼儿语言发展的机会。

对于4岁以上的幼儿来说，各方面的发展也是渐进的，并非一蹴而就。随着年龄的增长，幼儿的思维从具体形象性向更具抽象性转变，并逐渐完成去中心化，对棋盘游戏规则的遵守由他律向自律过渡，玩棋的策略性、计划性以及抑制控制能力逐渐增强。另外，其认知、语言和社会能力也都相应地有了进一步的发展，这无论对其遵守游戏规则还是更好地完成游戏任务都奠定了基础。了解了这种渐进性，我们就更能理解中班幼儿为什么喜欢规则偏简单的棋盘游戏，游戏中策略的应用较少且不熟练，玩棋过程中常出现破坏规则的现象，且通常只能关注自己而较少同时关注同伴了；也更能理解为什么大班幼儿更喜欢挑战难度更高、更需要策略性的游戏，更在乎输赢，也可以同时关注自己和其他人的行为，更容易有深入合作的行为等。

幼儿合作性棋盘游戏在设计时通常被赋予特定的教育内涵，棋盘游戏要想发挥其教育作用，就必须契合目标年龄段儿童的具体发展特点，否则容易出现因挑战过于简单而丧失发展价值，或者过于复杂而导致幼儿很难获胜的状况。以"小猪跑跑跑"为例，这是一款适合4岁以上幼儿玩的合作性棋盘游戏，使用了两个相同的骰子（三面为黑点，三面为白点）。每一轮游戏都要同时掷两个骰子，这样每次掷骰子的结果有三种可能：一红一黑，两黑，两红。如果掷出了两个红点，孩子可以选择让任意一只小猪走两格，也可以让任意两只小猪各走一格。这一设计的背后蕴含着数的分解和思维的计划性、策略性，因为2的分解难度远远低于其他数字分解的难度（只有两种情况，不拆分和拆成1+1），加上棋盘中棋格数量较少，因此4岁幼儿玩起来虽有难度但也可以掌握。假如骰子表面点数变多，恐怕4岁幼儿就很难掌握了。这个例子说明了设计中处处要考虑儿童发展的适宜性。

第三节　幼儿棋盘游戏创意设计的两条捷径

棋盘游戏创意与设计的过程中，设计者个人特质和能力的重要性不言而喻，但仅凭设计者一人的创造显然还不够，好的创意往往还需要借助团队的智慧。一种常用的激发团队创造力的方法便是头脑风暴,在越来越强调团队合作的现代社会中,头脑风暴广泛应用于各类创意产业,并且也是现今大多数棋盘游戏开发过程中采用的方法。同时,在儿童的主体性和独立性愈发被重视和认可的今天,儿童参与到棋盘游戏设计,甚至成为主要设计者的例子屡见不鲜,毕竟儿童棋盘游戏设计的最终目的是为儿童服务。本节将"头脑风暴"与"儿童参与"视作幼儿棋盘游戏创意设计的两条捷径,是因为传统上我们更强调设计者个体的力量,强调个人的创造性价值。而事实上无论是团队的力量还是儿童独特的视角都能为设计者提供更生动、更丰富的创意,更好地解决设计过程中的问题,让设计者更便捷地实现棋盘游戏的设计。

一、幼儿棋盘游戏创意设计中的头脑风暴

在幼儿棋盘游戏的创意设计中,头脑风暴是有效且快速获得游戏创意灵感、实现精巧设计的途径和方法。一群人在轻松愉快、不受任何限制的情境下,围绕一个特定的感兴趣领域提出新观点、新想法,这种情境就叫作头脑风暴(Brain-Storming)。头脑风暴没有拘束的规则,使得人们能更自由地思考和交流,从而产生许多新观点和问题解决方法。在集体讨论过程中,每提出一个新的观念,都能引发他人的联想,相继产生一连串的新观念,即所谓连锁反应,形成新观念堆,为创意及创造性地解决设计中的问题提供更多的可能性。而且,集体讨论问题能激发人的热情,人人自由发言、相互感染,能形成思维的热潮,突破固有观念的束缚,最大限度地发挥创造性。头脑风暴最初由美国创造学家A. F. Osborn提出[1]。Osborn原本是一名广告经理,他苦恼于自己的员工总是不能独自想出好的广告创意,基于这种状况,他提出了一个解决办法——举办一些小团体的创意讨论会。令人惊喜的是,员工在集体讨论中提出的创意在质量和数量上均明显提升。

头脑风暴的目的在于围绕关键问题,尽可能让参与者提出自己的想法,头脑风暴过程中不对任何想法进行评判。在使用头脑风暴法之前,一个关键是要明确此次讨论的主题,即"我们要解决的关键问题是什么",明确关键问题有助于厘清棋盘游戏设计的目标和边界。另一个关键是确保讨论是开放的、自由的,不带有某种预先的价值判断。一个理想的头脑风暴团体,参与者人数在6~12人之间,团体应包括一位引导者,承担引导讨论进程和维持秩序的任务,所有参与者都应理解并遵守头脑风暴的四条规则:

- 产生创意的数量越多越好。新的创意点子越多,越有可能从中获得有价值的创意。
- 不对任何创意进行评判。头脑风暴中,所有发言都不应被批评,参与者应专注于丰富创意的数量。过早对创意进行评判和分析(无论是正面还是负面的)不利于创造性的发挥。最佳方法是将所有观点都记录下来,之后再对其进行评判。
- 欢迎"离奇"的创意。往往那些听上去不可思议的创意会起到"一石激起千层浪"的作用,引起更多的思考与创造。

---

[1] A·F·奥斯本. 创造性想象 [M]. 盖连香, 王明利译. 广州:广东人民出版社,1987.

- 利用他人创意激发自己的灵感。在他人观点基础上进一步拓展，实现创意的碰撞与结合，可以带来两个人都不曾想到的新灵感。

具体到棋盘游戏创意设计的头脑风暴，我们认为，在活动进行之前确立参与头脑风暴的成员十分重要。团队成员组成建议遵循"专业＋多态"的原则，所谓"专业"是指团队成员都应了解幼儿、关爱幼儿，喜欢游戏，并有一定的棋盘游戏设计或应用经验，而"多态"是指团队成员的专长应尽可能多样，包括但不局限于：擅长幼儿棋盘游戏内容/功能设计的人，擅长棋盘游戏外观/结构设计的人，擅长行为观察或行为建模的人，等等。非常重要的一点是：团队成员都热爱棋盘游戏创意设计，愿意与他人交流、碰撞，有分享的精神，同时具备批判性思维。这样的团队才可被称为擅长头脑风暴的棋盘游戏创意设计团队。

那么，当团队组建好了，如何操作头脑风暴呢？以下基于实践经验从较为宏观的角度总结了几个在棋盘游戏开发过程中组织头脑风暴的要点。

1. 从一起游戏开始

对于新组建的头脑风暴小组，让组员尽快熟悉起来并快乐互动的方式莫过于一起玩几款经典的棋盘游戏，这不仅有助于增进团队的亲切感和凝聚力，更有助于大家在游戏中自然地对幼儿的游戏行为产生思考，对幼儿喜欢什么样的游戏有更多体察，对棋盘游戏如何去抓住儿童的心有更多的感悟。

2. 观点的碰撞是必要的，幼儿是最重要的裁判

在棋盘游戏的创意过程中，由于头脑风暴小组每个参与者的个性、偏好、经验不同，即便有了一个大致的主题，大家有不同的见解也是再常见不过的事情。大家的意见有分歧时，每个人都应该勇敢地表达自己的见解，谈论自己的经验，阐述自己的理由，甚至相互辩论，当一方能成功说服另一方时，双方都应该感到开心——一个设计的亮点凸显了，这是大家共同的功劳、共同的收获。当各方意见无法达成一致时，也能为接下来的幼儿观察、访谈提供了契机——我们不妨去看一看、问一问幼儿更偏好哪种设计想法，他们的意见是最重要的。

3. 带出不同视角的游戏行为观察

许多幼儿棋盘游戏的创意都来自对幼儿的观察与理解。通过头脑风暴，有的参与者会提出一个棋盘游戏的创意构思，并给大家介绍孩子们为什么会喜欢这个创意。此时，其他成员不仅要用心聆听，更要凭借自己独到的眼光、丰富的想象，对"如果这个角度是……""什么不……""还可以……""如果孩子们……"等问题进行讨论。例如，同样是在看幼儿玩数学棋盘游戏的行为，有的人会聚焦棋盘游戏难度设置的合理性，有的人则会关注幼儿在游戏中的情绪体验及游戏的可玩性，还有的人会关注成人的支持行为等，进而对游戏指导书及辅助材料提出建议。不同视角、不同的关注点，不仅能让棋盘游戏设计更加全面，更重要的是，在此过程中可能会冒出一个原本谁也未曾想到的好主意。

4. 持续的头脑风暴

有时，好创意并不能在一场头脑风暴中一下子产生，因此头脑风暴后续的思考和验证也同样重要。例如：在一次头脑风暴中，一位团队成员提出了"多层棋盘"的想法，大家觉得不错，各抒己见之后，大家对于具体将其应用于何种游戏还并不明确。其后，另一位成员结合自己有关幼儿园活动主题的经验，觉得如果能将多层棋盘与环保主题结合起来，教育性和可玩性能比较充分地体现出来。接下来的一次头脑风暴，他便提出了这个新的想法，并在头脑风暴中进行了更加充分的讨论，使得这个创意变得更加可行了。可见，一个好创意不仅来自设计者的"灵光乍现"，更可能来自集体智慧的自由展现。

5. 做最好的搭档

多次头脑风暴下来，总有2～3个团队成员会发现彼此"志趣相投"。或许他们更喜欢棋盘游戏的机制设计，或许他们对棋盘的艺术风格有相近的审美见解，或许他们都是行动派喜欢观察、记录幼儿的行为，等等。此时，就到了分组的最佳时机。大家可以根据自己的偏好和擅长，组成小组在棋盘游戏设计的某一方面有更多的交流、讨论与行动，这不仅让头脑风暴的碰撞结果在日常得以消化和延续，还可以增进头脑风暴的效率，提高整个团队的凝聚力。

除上述几点外，Schell（2001）在其著作中提到头脑风暴中的若干小技巧，亦可借鉴：

- 记录你的所有想法。将针对关键问题的所有解决方案都记录下来，因为人的大脑很难同时记忆大量不关联的想法，这时候记录便是最好的办法。
- 选择最适合自己的方式记录。有人喜欢打字，有人喜欢书写。打字可能会更加迅速，而书写则具有更多的灵活性、扩展性。
- 绘制草图。不是所有的想法都能轻易用文字表达清楚，将大脑中的构思绘制在纸上可以激活潜意识中的灵感，引发更多的创意。
- 玩玩具。设计者可以玩与目标问题相关的玩具，也可以玩与之毫无关联性的玩具。玩的过程可以发散思维，激发潜意识想法。
- 改变视角。头脑风暴不一定必须坐在办公室的椅子上进行，它可以在任何地点、以任何形式进行，比如在健身房、商场、玩具店里等。
- 让自己融入其中。举例来讲，如果要在一个寻常的游戏机制上做出新花样，那就让自己尽可能多地体验带有这种机制的游戏，也可玩一些没有使用此种机制的游戏，让自己多角度地体验和了解。
- 开玩笑。头脑风暴过程中，开玩笑使参与者精神放松，还能使人以一种全新的视角看待之前遗漏的事物。
- 不惜一切代价。头脑风暴不必拘泥于细节，不要让使用的材料限制了团队成员的创意。
- 在墙上写字。把所有的构思都写在墙上意味着整个房间的人都可以立刻看到它，这样可以很容易把握整体局势。另外还可以借助大号的便利贴来记录想法，并将其粘贴在墙上，不仅方便组织与布局，而且取下后还可长时间保存。
- 空间记忆。在墙上进行记录可将内容与空间建立联系，它方便大家记住所有的创意，并且厘清各个创意之间的关系。
- 记录每一件事情。记录你所能想到的哪怕与关键问题只有细微联系的每一件事情，不管它看起来多离奇。
- 用数字标记列表。用数字标记不同的内容不仅便于讨论，而且可以使散乱的内容更有逻辑性。

- 将游戏元素混合搭配。不是所有的游戏创意在一开始便是完整成型的，因此，按照游戏的组成要素来分门别类地列举出各种创意，然后将各元素进行混合搭配不失为形成完整游戏创意的好方法。
- 大声表达。将正在思考的东西大声说出来比让它只是在大脑中盘庚要更加真实。
- 寻找合适的伙伴。合适的头脑风暴伙伴会让讨论变得高效，而糟糕的伙伴则会使讨论效果受限，总想成为团队中的明星、喜欢否定他人的人、试图破坏每一个想法的人和独裁者都并不适合成为头脑风暴的伙伴。

二、儿童参与幼儿棋盘游戏的创意设计

即便是成人通过头脑风暴进行棋盘游戏创意设计时，也不难发现设计过程与儿童的参与密不可分。儿童参与的理念近年来在儿童产品设计中得到了越来越多的认可，尤其是在面向儿童的科技产品的开发过程中获得重视，成为发现创意、优化设计的重要途径。美国马里兰大学人际交互实验室的 Allison Druin（2002）通过对儿童与技术设计的关系分析，将儿童在相关科技产品设计与开发过程中的角色分为四个层级（如下图4-3所示），由内向外分别是作为使用者的儿童、作为测试者的儿童、作为信息提供者的儿童以及作为设计伙伴的儿童，其中儿童作为使用者并没有直接参与到设计中来，而在其他三个角色当中，儿童均不同程度地卷入了设计过程，卷入最深的即儿童作为设计伙伴参与到设计过程中来[①]。

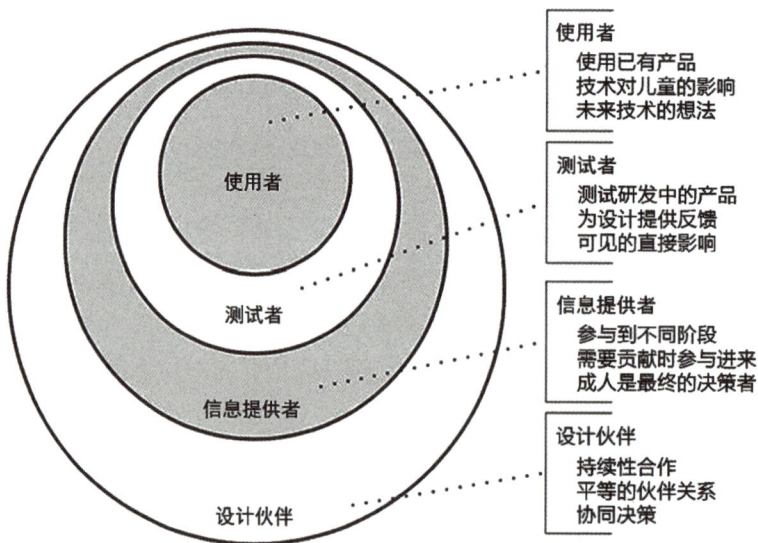

使用者
使用已有产品
技术对儿童的影响
未来技术的想法

测试者
测试研发中的产品
为设计提供反馈
可见的直接影响

信息提供者
参与到不同阶段
需要贡献时参与进来
成人是最终的决策者

设计伙伴
持续性合作
平等的伙伴关系
协同决策

图4-3　儿童参与设计的角色和作用

---

① Druin. A. The role of children in the design of new technology. Behaviour and IT, 2002, 21（1）: 1-25.

参考Druin的这一观点,我们认为在幼儿棋盘游戏设计中,也可以依据儿童[①]的卷入程度将儿童参与游戏创意设计分为三个方面:第一,儿童作为试玩者参与棋盘游戏的创意设计。这一情形中,设计者通常已经独自完成或通过头脑风暴形成了初步的棋盘游戏设计,设计原型完成之后请儿童试玩可以检验该原型是否具有进一步完善的价值,或者对原型的改良及细节优化提供启示。第二,儿童作为信息提供者参与棋盘游戏的创意设计。这一情形,设计者会带着问题与儿童交流,采用轻松聊天的访谈形式,让孩子们表达自己最真实的感受与体验,了解儿童的喜好和看法。与儿童的交流可涉及棋盘游戏设计的方方面面,例如:这个游戏哪里还不好玩? 游戏规则好理解吗? 棋盘上的标记好不好看? 你觉得转转盘好还是掷骰子好呢? 为什么? 等等。第三,儿童作为创意的主体与成人设计者一同进行游戏创意设计。前两种情形,儿童都只是在创意设计的某些阶段参与进来,在棋盘游戏创意设计中扮演的角色是辅助性的,依然没有完全成为创意设计的主体;第三种情形,儿童就是设计者中的一员,与成人设计者一同经历棋盘游戏创意设计的整个历程。当然,这种情形对儿童与成人设计者都提出了较高的挑战,毕竟儿童,尤其是幼儿,其认知水平和语言表达能力决定了他们有不同于成年人的行为和语言特点,这就需要成人设计者特别了解儿童的特点,擅长解读儿童的行为和语言。令人欣喜的是,如今世界各地不断涌现出儿童作为第一设计师的游戏棋盘游戏(见下图4-4)。了解他们设计背后的故事后,不难发现,这些孩子平日里就热爱各种各样的棋盘游戏,并且在数学计算、空间认知、生物自然、绘画方面也有所长,更重要的是,他们有着一双会发现的眼睛,用儿童纯真的视角去探索、诠释这个世界。

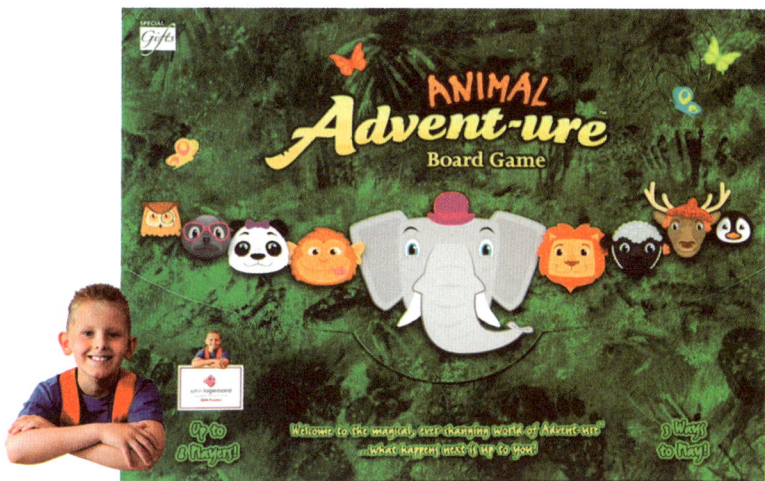

图4-4 英国小男孩 Scott Ballantyne 是一名棋盘游戏爱好者,Ballantyne7 岁时发明的棋盘游戏 "Animal Advent-ure"(动物探险)2010 年成功面市,获得好评

---

① 即便是面向幼儿的棋盘游戏设计,参与棋盘创意设计的儿童也不必局限于幼儿,而是可以拓展至成人以外的所有儿童,包括各年龄段的热爱棋盘游戏和创意设计的儿童。当然,幼儿是最终的使用者,可以成为棋盘游戏创意设计的参与者。儿童参与的真正价值是希望在棋盘游戏创意设计中,能够更多地融入儿童的视角、听到儿童的心声,并更为尊重儿童的主体地位。

近几十年来,受人本主义和建构主义思潮的影响,儿童的主体地位备受重视和认可。在幼儿棋盘游戏设计中,人们试图从儿童的视角来寻找优质创意,设计好玩的棋盘游戏。儿童参与能够反映儿童的心声,提供不同于成人的视角,从而能让设计出的棋盘游戏真正符合幼儿的年龄发展特点及兴趣特征,贴近幼儿的生活经验和精神世界,使游戏更具可玩性。同时,对于参与游戏创意设计的儿童来说,这一过程也可以展现他们的才华,增强其自尊和自信①。

事实上,头脑风暴与儿童参与不只是棋盘游戏创意设计的两条捷径,更是两条不断交汇之路。棋盘游戏的设计者只有敞开心扉,悦纳不同的想法,且保有尊重儿童、理解儿童、相信儿童、服务儿童的信念,不断提升专业素养、交流沟通能力和发扬反思的精神,才能成为设计出优秀儿童产品的设计师。

第四节　幼儿合作性棋盘游戏设计中的关键要素

本章第一节已经简单介绍了棋盘游戏的两个关键要素:主题和机制。这两个要素密不可分,那么具体到幼儿合作性棋盘游戏的设计,在主题和机制的选择过程中有哪些特别的考虑? 这一节我们着重讨论该问题。

一、主题

- 什么主题对幼儿而言是有趣的、有意义的?
- 主题从何而来?
- 主题的选择需要考虑哪些因素?

我们对以往一百多种幼儿合作性棋盘游戏的内容分析表明,这些棋盘游戏的主题大致可以分为三类:自然主题、社会主题、奇幻主题。自然主题指游戏围绕自然界中的事物(如动植物、天气等)来进行,此类游戏中最常见的就数动物主题,例如The Ladybug's Costume Party(瓢虫的化妆晚会)、Hoot Owl Hoot!(小小猫头鹰要回家!)、Count Your Chickens(数鸡趣)、小猪跑跑跑、龟兔跳跳等(详细介绍见第五章)。孩子们最喜欢的小猫、小狗、小鸡、乌龟、企鹅、瓢虫等动物在合作性棋盘游戏中十分常见。选择一种可爱的动物做主角可以说是吸引孩子兴趣的便捷方式。社会主题指游戏围绕社会生活中的事物来进行,例如日常生活、城市、交通、农村、历史等。这类游戏棋通常会向孩子传递社会生活中的某些常识,拓展孩子的生活经验,代表性的游戏有Community(社区)、Richard

---

① 杨珊珊,郭力平.论幼儿教育软件设计中儿童的参与[J].中国电化教育,2009(6):61-65.

Scarry's Busytown（忙碌小镇）[1] 等。奇幻主题则不同于前两种主题，游戏主要围绕的是并未真实存在于世界上的事物，如卡通、传奇、魔法、科幻等，Schnappt Hubi!（抓住胡比！）、Feed the Woozle（喂饱怪物）、西游记（详细介绍见第五章）均属于这一主题。这类棋盘游戏经常与某些文学、影视作品相关，可以满足孩子的奇思妙想。奇幻主题的游戏棋中，男孩通常更喜欢有战争、寻宝、探险元素的游戏，而女孩更喜欢有王子、公主、神仙、魔法等元素的游戏。

那么，对于幼儿合作性棋盘游戏的设计者而言，好的主题从何而来呢？主题来源大致可以分成两类：原创主题与借鉴主题。所谓原创主题，指由设计者自己创作故事情节和游戏情境。这种情况下，设计者需对幼儿的生活经验有细致的观察和思考，对幼儿的兴趣和需求也有深入的了解和把握，才能设计出真正让幼儿喜欢的游戏主题。例如"牛奶的故事"合作性游戏棋，就是设计者在观察幼儿一日生活的过程中产生的灵感：小朋友们每天都喜欢喝牛奶，可餐桌上的牛奶从何而来呢？小朋友们想不想知道呢？通过对小朋友们的访谈，设计者发现小朋友对于牛奶从何而来大多数无从知晓，却特别感兴趣，于是"牛奶的故事"棋盘游戏主题便由此而生。在这一过程中，我们可以发现，原创主题的设计往往是来自设计者对幼儿生活的了解、体察，这需要设计者与孩子们保持亲密的关系、亲切的沟通，验证自己所想也的确是孩子们所需，这样才算真正从幼儿教育的视角出发的、符合幼儿真正需要的好设计。

另一种是借鉴主题，顾名思义，设计者可以借鉴文学作品、经典故事、经典人物形象来进行再创作。借鉴主题的棋盘游戏虽不如原创主题比例高，但在数量上也非常可观，像之前提到的棋盘游戏"西游记"，就是借鉴了中国古典文学作品《西游记》中的故事情节和人物形象，"龟兔跳跳"则取材于经典寓言故事《龟兔赛跑》。国外的儿童合作性棋盘游戏中，此类主题也很常见，如Disney Eye Found it（发现迪士尼）使用的是迪士尼动画中的角色和场景，Stone Soup（石头汤）则取材于美国民间故事《石头汤》。借用孩子已经非常熟悉和喜欢的故事情节或人物形象，可以迅速引发儿童对棋盘游戏的兴趣和好感，如果游戏机制与故事情节又很吻合，则更是锦上添花了。如德国HABA的棋盘游戏Sleepy Princess（碗豆公主），取材于儿童耳熟能详的童话故事《碗豆公主》。Sleepy Princess棋盘游戏的主题与豌豆公主的故事相配合，增添了熟悉感和趣味性（见下图4-5）。

在借鉴主题中，有一类棋盘游戏值得一提，那就是基于绘本故事的幼儿合作性棋盘游戏。这类棋近年来日渐增多，像棋盘游戏"母鸡去散步"是从绘本《母鸡萝丝去散步》中发现了灵感，而Pressman Toy公司则根据绘本《Goodnight Goodnight Construction Site》（晚安，工程车晚安）设计了一款同名的棋盘游戏。绘本是孩子们十分喜爱的阅读材料，幼儿在游戏棋中看到熟悉的形象和插图，会更容易喜欢上这款游戏。加上幼儿阶段正是处在喜欢幻想和角色扮演的年龄，童话故事的游戏情境让孩子们更想扮演棋子的角色，对游戏中的角色更加亲近，游戏参与度也更高。

---

[1]　该游戏与第五章介绍的World of Disney Eye Found It（发现迪士尼）游戏机制相似，游戏主题为小动物们共同出发去小岛野餐，一路上要完成"发现"任务，同时在大家泛舟共同抵达小岛前要避免小猪将野餐食物全部偷吃掉。

图4-5 "碗豆公主"的故事中老皇后在床上放了一粒豌豆,然后又铺上20张床垫和20条毯子。同名的合作性棋盘游戏就是让孩子在有一颗豆子在下面的情况下,为公主垒出一个高高的床铺

总的来说,一个好的游戏主题应该考虑以下三个因素:第一,适合儿童年龄特点和生活经验;第二,内容健康向上,满足幼儿对真善美的追求;第三,为幼儿所喜欢。其实,只要深入了解幼儿的天性,深入体验幼儿的生活,深入体察幼儿的需求,选择一个合适的游戏主题是水到渠成的事情。

二、机制

- 幼儿合作性棋盘游戏常见机制有哪些?
- 这些机制对幼儿来说有何特殊意义?

游戏机制是对游戏运作方式的概括和提炼。世界上从古至今棋盘游戏的数量十分惊人,但这些游戏中最常使用的游戏机制却不过五十余种。对于设计者而言,不同的棋盘游戏本质上是各种机制与不同主题的有机整合。因此,熟悉常见游戏机制十分必要。对于棋盘游戏的发烧友来说,了解某一游戏机制就意味着之后在众多棋盘游戏中再遇到这种机制,也可以轻松适应。桌游发烧友论坛(BoardgameGeek)对五十多种游戏机制进行了汇总,我们从中挑选了九种幼儿合作性棋盘游戏中常常采用的机制进行介绍。

1. 合作游戏(cooperative play)

顾名思义,这是所有合作性棋盘游戏都会使用的机制。合作游戏的机制要求游戏者作为团队一起游戏,其目的不是要战胜彼此,而是要打败游戏中存在的困难,游戏结果的输赢由团队中所有的人共同承担[1]。合作性棋盘游戏中玩家没有现实的对手,它通常是要

---

[1] 关于合作性棋盘游戏中能否考虑潜在的叛变者(traitor)的问题,还存有争议。有人认为合作性游戏就是所有参与游戏的人都属于一个团队,他们要战胜的是游戏中存在的困难。也有人认为合作性棋盘游戏也可以存在一个或多个潜在的叛变者,作为其他人的对手。对于面向小年龄儿童的棋盘游戏来说,存在叛变者traitor的半合作性质的棋盘游戏其实很少,大部分合作性棋盘游戏都是完全合作类的。

求游戏者在某个事件发生之前完成某一预先设定的目标。如"小猪跑跑跑"要求参与游戏的小朋友帮助三只小猪在被大灰狼追上之前回到自己的房子里;"西游记"中的三个徒弟要在妖怪回到山洞之前赶去营救唐僧;"Hop! Hop! Hop!"（跳! 跳! 跳! ）中孩子扮演的牧羊人要在小桥被冲垮之前把所有小羊都赶回羊圈;"The Ladybug's Costume Party"（瓢虫的化妆晚会）中,小朋友们要在蚂蚁爬满餐盘之前给所有小瓢虫换上新衣,等等。由此可见,合作性棋盘游戏都有一个预先设定的"隐藏的对手":在"小猪跑跑跑"中这个对手就是紧追不舍的大灰狼,在"Hop! Hop! Hop!"则是桥墩不断被冲走这一事件。而这个"对手"的行动通常是由随机装置（如骰子、转盘）决定,由所有玩家代为执行的。

2. 投掷/转转盘并移动棋子（roll/spin and move）

这一机制是指游戏者要根据掷骰子（或转转盘）的结果在棋盘上移动棋子。

此机制是幼儿合作性棋盘游戏最常见的机制之一,绝大多数棋盘游戏都会用到骰子或者转盘。有些棋盘游戏中的骰子表面是点数,通常代表行棋的步数;有的则是某种标识,通常代表行棋的方式。大多数棋盘游戏配有一个骰子,也有的需要两个甚至更多骰子同时使用（见图4-6的举例说明）。

图4-6　合作性棋盘游戏"母鸡去散步"采用了2个六面骰子,其中一个骰子上标有点数或者狐狸的脚印,点数表示母鸡行走的步数,狐狸脚印代表狐狸前进一步;另一个骰子五面分别标有游戏的场景图片:钉耙、池塘、稻草堆、磨坊和蜂房,还有一面表示轮空,掷到哪个场景,就要在这个场景内摆上一颗底色相同的爱心

骰子最常见的都是6面骰子,其他面数的骰子（如4面骰子、8面骰子、10面骰子、12面骰子甚至20面骰子等）在棋盘游戏中也有,但不常见。如果6面骰子的概率分配不能满足棋盘游戏的需求,也可以选择转盘作为随机性分配的工具。转盘的好处在于概率的设置可以更加随意,不用拘泥于"六分之一"或"六分之几"的可能性（见图4-7）。总的来说,骰子和转盘的应用可以添加游戏中运气的成分,使游戏常常会有意想不到的事情发生。对于认知能力还有待不断提高的幼儿来说,棋盘游戏中的运气成分非常重要,这也是让幼儿乐在其中的重要手段。

图4-7　合作性棋盘游戏 "西游记" 的转盘有五格；Feed the Woozle（喂饱大怪兽）的转盘有六格；STACK UP!（叠高高）的转盘则有八格，这些转盘可以创造出不同概率的多种机会

3. 记忆（memory）

记忆的游戏机制指的是游戏者需要依靠对游戏场景、棋盘、棋子的时空信息或者事件发生的先后顺序的记忆来获胜。

许多侧重发展儿童观察力与记忆力的棋盘游戏常常采用这一机制。采用记忆机制的棋盘游戏大致又可归为两种类型，一类是单纯记忆类棋盘游戏，这类棋行棋的规则就是要求幼儿记住棋盘上特定的信息，记忆是游戏顺利进行的条件，玩家必须通过记忆来顺利完成任务。这一类型最常见的游戏形式是 "记忆+配对"，如第五章介绍的 "猜一猜" "stone soup"（石头汤）等都采用了这一机制。在另一类侧重策略运用的棋盘游戏中，幼儿如果能记住游戏中的关键信息（如对手的出牌、自己用掉的物品、游戏中的有关资源等），则更有可能获得胜利。如第五章介绍的 "World of Disney Eye Found It"（发现迪士尼）棋盘游戏中，儿童如果在前期对棋盘中的信息进行了细致的观察和记忆，在后期寻找物品时则会更迅速。当然，正如前文所说，幼儿的棋盘游戏在思维运用的策略性方面不能有过高的要求，因此幼儿合作性棋盘游戏的记忆机制以第一类（单纯记忆类）居多。

4. 图案识别（pattern recognition）

图案识别这一机制通常以颜色和形状等图案要素为抓手，要求游戏者在棋盘游戏中对这些要素或要素的组合进行识别。

对于幼儿来说，图形、颜色、物体外观的识别可以提升其观察能力，锻炼快速判断和抉择的能力，因此采用图案识别机制的合作性棋盘游戏也不少，其中Peaceable Kingdom公司出品的 "Snug as a bug in a rug"（虫虫毛毯）比较有代表性。在这款棋盘游戏中，幼儿要在众多虫子中找出与转盘指针对应元素（至少2项）相匹配的虫子（如图4-8）。还有一些棋盘游戏，游戏者对于图案的辨别是作为进行下一步行动的前提存在的，比如Hoot Owl Hoot!（小小猫头鹰要回家！）中，孩子们需要将所抽到的卡片中的颜色或图案与棋盘中的相应位置相匹配，才能正确地行棋。

5. 路线／网络搭建（route/network building）

这种游戏机制要求游戏者通过建设路线，达到某种特殊条件（如达到某个区域、构筑最长路线等）。

图4-8 "Snug as a bug in a rug"（虫虫毛毯）游戏的图案识别机制：转盘指针指向的虫虫特征包括：大眼睛、身上有圆圈、身体为黄色……

采用这一机制的幼儿合作性棋盘游戏数量不多，但却非常引人关注，它们的共同特点是有很强的开放性。比如在第五章介绍的 "Community"（社区）棋盘游戏，每一次游戏开始之前，游戏者要先商量好把家、学校、公园、医院、购物中心等地点块放在棋盘的哪些位置，游戏任务是通过搭建道路块来将这些地点连通起来，这样就使得孩子们每次玩这个游戏都会产生不同的场景。在另一款Peaceable Kingdom公司的合作性棋盘游戏 "Race to the Treasure"（宝藏追追追，见图4-9）中配有两颗骰子，

图4-9 "Race to the Treasure"（宝藏追追追）中，每次游戏前，游戏者通过掷骰来确定钥匙的位置。每一局游戏，钥匙的位置不会完全一样，这就确保了幼儿对游戏的新鲜感

一颗上面标识数字，一颗上面标识字母，游戏时两颗骰子一起掷，正好对应棋盘中的一个确定的格子（棋盘上从上到下的六行分别用1～6六个数字表示，从左向右的六列分别用A～F六个字母表示）。游戏的任务是玩家选择适当的道路卡片，修建道路并连接目标。这一游戏机制既可以培养幼儿的空间认知，锻炼其思维的计划性，还可以发挥孩子的空间想象力和创造力。

路线/网格搭建的机制通常和图形块放置（tile placement）结合使用。所谓图形块放置，指的是按照某种规则（如同样的颜色相邻）将图形块[①]放置在棋盘上或直接摆放在桌面上。应用这一机制的棋盘游戏数量庞大，第一章介绍的游戏"卡卡颂""矮人矿坑"以及上面提到的两款合作性棋盘游戏都是图形块放置机制的代表作品。

6. 讲故事（storytelling）

讲故事的游戏机制指的是游戏者根据游戏中提供的元素自编自讲一句话或一个故事。

---

① 上面提到的两种棋盘游戏中的道路块就是一种图形块。

讲故事的机制在成人玩的棋盘游戏中并不常见,但是在幼儿棋盘游戏中,讲故事棋盘游戏却占了一定比例,这些棋盘游戏多以发展幼儿的语言能力和想象力为目的。以第五章介绍的 Adventure with Clifford(与克利福德一同去冒险)为例,每一轮游戏时游戏者都要翻开一张带图的卡片,然后根据卡片中的内容,结合大红狗克利福德在棋盘上的位置,再加上自己的想象来说一句话。这类棋通常没有一个固定的标准,一个玩家说出的句子(或故事)是否通过,主要看能否得到同伴的认可。因此这类游戏玩起来通常比较轻松愉快,也可以鼓励平时语言能力较弱的幼儿在他人的带动下,在游戏中大胆开口,逐渐学习言语交流与分享。在轻松的气氛中互相学习、互相帮助、克服困难,这正是合作性棋盘游戏的价值。

7. 组合式棋盘(modular board)

组合式棋盘机制指的是棋盘由几块可灵活拼接的图版组成,每次游戏之前,游戏者可以自由组合棋盘,以使得每次游戏都有不一样场景。组合式棋盘比较方便为游戏创设不同的难度,甚至形成难度的层级性(不同难度梯度)。一款游戏有多种玩法、多种难度无疑增强了游戏的可玩性,使幼儿可以较长时间喜欢该款游戏,获得可持续的发展。第五章介绍的 Playa Playa(海滩)就是一个组合式棋盘应用的典型代表。

8. 表演(acting)

表演机制指的是游戏者在游戏中需要用肢体语言完成某项任务。第五章介绍的 The Yoga Garden(瑜伽花园)就是一款应用了表演机制的合作性棋盘游戏。在该款游戏中,有时需要玩家按照卡片要求独自做出指定瑜伽动作,有时又需要玩家与同伴一起合作完成一种瑜伽动作,这一玩法对幼儿动作技能的学习比较有效。

9. 手牌管理(hand management)

这是一款几乎所有卡牌游戏都会使用的机制,指的是游戏者将手牌视作游戏中的宝贵资源来进行合理的使用。在合作性棋盘游戏"西游记"中,每个玩家都拥有数量有限的三张技能牌,因此幼儿必须选择在最合适的时机使用技能牌,帮助队友渡过难关——这可以算作一种比较简单但典型的手牌管理。

以上九种机制在幼儿合作性棋盘游戏中应用频率较高,除此之外还有一些机制,虽然在幼儿合作性棋盘游戏中并不常见,但是它的偶然闪现却总是给人眼前一亮的感觉,我们在此也对它们进行一些介绍。这些机制,有的是竞争性棋盘游戏经常用到的,在合作性棋盘游戏中较少;有的是在大年龄玩家的棋盘游戏中常见,但年幼儿童的棋盘游戏中很少用。总之,如果在棋盘游戏设计中希望更有创意,就应该尝试更多样的机制,给孩子们不一样的体验。

1. 模式搭建(pattern building)

模式搭建指的是将棋子摆成特定的形式,或者将某种元素摆成特定的模式。这种机制最常见的例子便是井字棋、五子棋了。 第一章介绍的企鹅排队棋也同样采用了这一机制。

2. 区域控制(area control)

区域控制指的是在棋盘上有许多区域,玩家要依据规则指定的方式,尽量占有更多的区域。因为它更适合两方或多方对抗，因此在合作性棋盘游戏中并不多见。"魔盒"（见图4-10）是这一机制的代表，"魔盒"棋盘上有若干个区域，每个区域上放置着一颗宝石，游戏者每一次可以在任意红点处放置一颗棋子，成功将一个区域围拢的人就算占领了这一区域，获得该区域的这颗宝石，最后获得宝石多者为胜。

图4-10　"魔盒"是一款适合幼儿的竞争性棋盘游戏。

3. 交易（trading）

交易指的是在游戏中游戏者之间相互交换某项物品，以适应自己的需求。如第一章介绍的棋盘游戏The Settlers of Catan（卡坦岛）中玩家之间交换资源等。这种机制可以促进游戏者之间的互动，对于幼儿来说，这类游戏还能增强其逻辑能力以及与人沟通的技巧，当然如何使"交易"的难度适合幼儿也是需要设计者认真考虑的。

了解棋盘游戏采用的机制对于设计和开发出一款优秀的幼儿合作性棋盘游戏很有帮助。当然，通常一款棋不会只采用一种机制，而是好几种机制的组合。需要强调的是，在一个优秀的棋盘游戏中，主题和机制一定是相互支撑的，这种相辅相成渗透在棋盘游戏的方方面面。在设计一款合作性棋盘游戏时，如果在主题的设计方面陷入了困境，则可以切换思路，从机制的角度去寻找突破。反之亦然。在需要时，设计者也可以改变两者中的任意一个来适应另外一个。总之，合作性棋盘游戏设计的目的不是单一地设计一个吸引人的主题或者创造一种完美的机制，其根本目的是设计一款基于合作的、好玩的、儿童喜爱的寓教于乐的游戏。

第五节　幼儿合作性棋盘游戏设计应关注的几个问题

幼儿棋盘游戏设计不单单是要设计一款产品，更重要的，是在游戏中为幼儿创造一种体验，一种积极的、热情的、有趣的体验。在第四节中，我们从构成要素的角度对合作性棋盘游戏进行了介绍，但游戏不是各部分的集合体，游戏本身就是一个完整的系统。这就好比烹饪，单单了解菜的食材组合是不够的，真正优秀的厨师知道不仅如何选择合适的食材与调味料，也非常清楚如何巧妙搭配这些食材，结合恰当的火候与烹饪方式，再辅之以耐心的等待，使其最终变为一道美味佳肴。棋盘游戏的设计师应该具有全局观和系统观，也就是说，设计师应该以创造一种有趣的游戏体验为目标（就像厨师希望食客拥有满意的味觉体验一样），对游戏中各元素进行有机的整合和平衡。具体到幼儿合作性棋盘游戏的设计，设计师至少应该仔细思考下列5个问题。

一、角色和任务的分配

第二章有关合作性棋盘游戏的分类探讨中,已经提到根据玩家之间的关系,可以将合作性棋盘游戏分为"简单合作""深度协作"和"半合作"三类。其中区分简单合作与深度协作的一个关键标准就是有无角色的分配和任务的分工。

参考心理学家Parten(1932)依据社会性参与特点对儿童游戏的分类[1],简单合作类棋盘游戏接近Parten所说的联合游戏,游戏者有共同的目标,但主要还是在关注自己的兴趣,彼此之间的合作水平不高;深度协作类棋盘游戏接近Parten所说的合作游戏,大家有共同的目标,有一定的组织结构和分工,彼此之间有机地、深度地协作。儿童的游戏形式随着年龄增长不断变化,基本上要到5至6岁才可能进行真正的合作游戏,因此绝大多数幼儿的合作性棋盘游戏都不会有角色和任务的分配。而成人的合作性棋盘游戏(包括半合作棋)都存在角色和任务的分配,因为只有玩家之间有分工、有协作才更能刺激思维更加活跃,也更能体现思考者在合作中的乐趣。

对于设计者来说,要不要在棋盘游戏的设计中考虑"分工",这一点主要取决于儿童的年龄。如果仅仅考虑为6岁以下的儿童设计棋盘游戏,那么尽可能选择简单合作类。这类游戏最大的特点就是没有任务的分配,因此,多一个玩家或者少一个玩家并没有实质性的影响。孩子们虽然轮流控制棋子或骰子,但他们实际控制的是同一个(或相同的几个)棋子,这样的棋盘游戏适合合作性水平尚不高的幼儿。正因为棋子是大家共同持有的,所以游戏中没有一个人会被淘汰或者明显落后于其他人,这对于游戏水平较低且心理较脆弱的幼儿来说,是开始接触棋盘游戏的理想选择。

如果目标玩家的年龄定位在6岁或以上,那么就可以考虑深度协作类游戏了。当然,并不是说深度协作类棋盘游戏的合作性水平就一定高于简单合作类。不同的游戏机制,对玩家之间合作的能力要求也会有所差异。而且具体要不要对角色和任务进行分配,也要看游戏的主题和机制是否合适。

需要注意的是,一旦决定设计一款深度协作类幼儿合作性棋盘游戏,那么需要考虑的问题可能会更复杂。比如,游戏公平性问题,也就是说,虽然深度协作类棋盘游戏中不同玩家有不同的分工,但设计者通常需确保所有游戏者拥有同等(或大致相当)的资源和能力。以"西游记"为例,该游戏的主题比较适合给幼儿分配不同角色和任务,因此在设计棋盘游戏时就可以考虑将其设计为深度协作类棋盘游戏。虽然在文学作品中,孙悟空的本领比猪八戒和沙和尚都要大一些,但是在这款棋中,为了保证公平性,设计师为三个角色设定了同等的能力。这样就尽可能避免了孩子们在选择游戏角色时发生争抢(虽然现实中还是有更多幼儿愿意扮演孙悟空),而且通过游戏可以让孩子们明白一个道理——每个人都有其他角色不具备的特长和优势,同时,每个人也都有自己的

---

[1] 美国心理学家Parten(1932)根据2～6岁儿童在游戏中的社会参与水平,将儿童在游戏中的行为划分为六种类型:单独游戏,平行游戏,联合游戏,合作游戏以及无所事事的行为和袖手旁观的行为。

弱势和不足。困难多种多样,只有齐心协力互相帮助,只有合理计划和使用资源,才有可能战胜困难。

二、挑战与技能的平衡

心理学中有一个著名的理论——心流理论(Flow Theory),或称沉浸理论[①]。所谓心流,是指人们从事一项任务难度与技能相当的活动时,对活动全情投入,注意力高度集中,达到一种忘我之境,并有高度的兴奋及充实感的心理体验。游戏者在游戏中也能进入心流状态,Csikszentmihalyi认为要想让玩家进入心流状态,游戏应具备三个条件:

- 清晰的目标:目标清晰时,游戏者才更容易专注于完成任务。
- 及时的反馈:如果在知道行动产生的结果前不得不等待,则会让游戏者分心。及时的反馈有助于游戏者保持专注。
- 挑战与技能的平衡:人们喜爱挑战,但那必须是可能实现的挑战。如果挑战难度太高,从开始就得知无法实现,那么挑战者就会感到焦虑和沮丧。而如果挑战太简单,挑战者亦会感到无聊并会分心。

具体到幼儿的棋盘游戏设计,上述第三条标准尤为具有参考价值。为清楚地阐述这一观点,可先参考图4-11。

图4-11浅色的部分是Csikszentmihalyi所谓的"心流通道"。心流状态有两个边界——焦虑和无聊。如果让一个人从事挑战性很高的活动,而其自身技能又不够,那么他会陷入焦虑,继而丧失对活动的专注;如果一个人拥有足够的技能,但让其从事的活动只具有较低的挑战性,那么他便会感到无聊,继而也会对活动不感兴趣;如果一个人所从事活动的挑战性和其当前的技能水平相当,那么个体就可能进入心流状态。棋盘游戏设计的目的在于创造一种有趣的体验,让玩

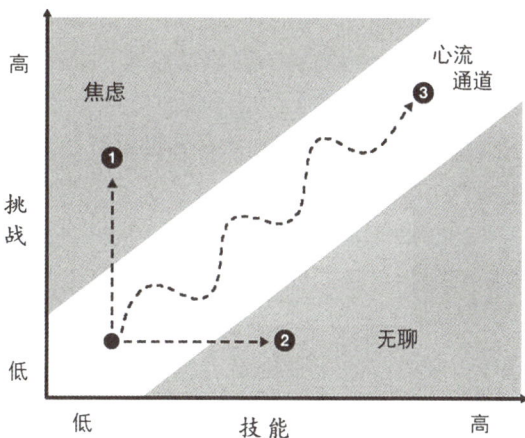

图4-11　Mihaly Csikszentmihalyi的心流理论示意图

家在游戏中获得乐趣。心流虽然不能等同于乐趣,但是心流(挑战与技能处于平衡态)的确是游戏感到愉悦的来源。

当然,心流状态不会是静止不变的,当孩子们的技能提升了,他们会不会对原本喜欢的棋盘游戏感到厌倦呢?答案是肯定的,那么棋盘游戏设计该如何应对呢?下面的两个

[①] 匈牙利裔美籍心理学家Mihaly Csikszentmihalyi在1960年代研究人的创造力时发现,像艺术家、棋手、攀岩者及作曲家等,他们在从事自己的工作时容易全神贯注地投入,常常会有心流体验,从而提出了心流理论。

办法或许有所启示。

1. 为游戏设计不同难度等级（梯度）

随着幼儿技能水平的提高，游戏的挑战难度也相应增加。

有的游戏可以通过幼儿的自由选择构建出专属于自己的难度，如第五章提到的"playa playa"（海滩）棋盘游戏，幼儿可以自由地选择海滩的棋板数、垃圾的棋板数，以及垃圾箱的数量，三者选择的结合决定了幼儿本轮游戏的难度。随着孩子们游戏水平的提高，他们可以很方便地组合出挑战性越来越高的游戏，这种高开放性的设计值得借鉴。

另外一种更常见的实现方式是，棋盘游戏本身就设置了不同的难度等级（常见的有2～3种），幼儿可以选择其中的一种进行游戏。例如同样在第五章中提到的"造房子"棋盘游戏，该游戏自带新手模式和困难模式两种。相比新手模式，困难模式增加了"先造房子底座，再造房顶"的规则，使得造房子难度加大，游戏的挑战性也随之加大。这样的棋盘游戏还有许多，第五章介绍的"喂饱大怪兽""叠高高""骑士城堡""收获季节"等皆有此特点。

2. 为玩家改变棋盘游戏规则提供便利

改变规则可以给一款棋盘游戏注入新的活力。事实上，孩子们非常愿意且完全有能力改变或创造新的规则。例如，第五章介绍的"Corsaro"（海盗大冒险）棋盘游戏，孩子们可以自己商量决定游戏中海盗船的数目，或者增加一些新的规则，例如"船只要是停在蓝色航道上印有黑船的位置时，也同样遭海盗扣押""玩家可以自由移动任何一艘船只，而不用考虑其颜色"等。

第五章介绍的另一款棋盘游戏"Harvest Time"（收获季节），该游戏采用的是前面提到的增加难度梯度的办法，在游戏中设置了"秋冬"和"春秋＋秋冬"两种难度模式。但第二种模式只是在游戏时间上提出了更高要求，而没有在游戏技能上提出更高的挑战。试想，如果我们在第二种模式中为幼儿提供几个空白的骰子，孩子们可以动手创造出他们想要的游戏规则——"画一只老鼠和一只猫好不好？""老鼠偷吃菜，猫去抓老鼠？"会不会更好玩？更具开放的设计更能激发孩子们无限的想象力。

总的来说，设计一款优秀的棋盘游戏应该充分考虑挑战性与幼儿技能之间的平衡，为孩子们创造不是太过困难但也不太简单的挑战。同时，设计棋盘游戏还要顾及幼儿技能可能会不断提升这一现实，最好的办法是让游戏规则更开放，相信孩子们的能力，也相信他们的创造力能为棋盘游戏带来新的活力！

三、运气与策略运用

尽管有的棋盘游戏在玩法上主要靠运气，如第一章介绍的"蛇棋""糖果世界"等靠掷骰子或抽卡片来进行的游戏；也有的棋盘游戏仅靠玩家的策略运用，如围棋、象棋等抽象策略性棋盘游戏；但是大多数棋盘游戏都同时包含了运气和策略运用两个因素。当然，适合幼儿的棋盘游戏设计考虑运气成分会更多一些，毕竟幼儿的思维能力还较为有限,心理承受能力也较弱,过高的技能要求会让能力较弱的一方(即便是合作性棋盘游戏的合作团队)存有挫败感,甚至不想继续游戏。但这并不是说幼儿棋盘游戏只需要运气这一个因素。为幼儿设计的合作性棋盘游戏如何平衡运气和策略两个因素,是让游戏变得好玩的重要考量。

一个普遍使用的办法就是让玩家交替使用运气和策略——比如掷骰子,掷出几个点完全要凭借运气,但与此同时,幼儿有机会决定怎么走子(如选择走哪个棋子,向哪个方向走等),这又变成了策略运用的成分。"小猪跑跑跑"就是这样的例子,骰子上的红点只能决定小猪走一步还是两步,至于具体让哪只小猪走,全靠孩子们自己的选择和决定。

幼儿棋盘游戏设计还应注意在游戏过程中为幼儿创造一些"意外"——给幼儿带来意想不到的惊喜或紧张。就像"西游记"中落在"刮风"标识上的玩家可以继续前进几个格子,落在"问号"上的玩家还有一次转转盘的机会。这种在常规行动之外的意外惊喜是凭借运气才能获得的,而拥有它的幼儿通常会开心极了。当然,设计者可以为幼儿创造意外的惊喜,也可以制造意外的紧张,如"小猪跑跑跑"中,大灰狼在三个拐角处都可以抄小路,一旦大灰狼抄小路追上来,孩子们总会变得紧张不已,游戏顿然充满悬念。

随着年龄增大,能力逐渐增强,幼儿也希望棋盘游戏能体现一种所谓"胜者为王败者为寇"的公平,他们愿意相信更好的行动会带来更好的结果。因此,随着幼儿年龄的增长,棋盘游戏中应更多地融入策略运用的成分。但是即便如此,为幼儿设计的棋盘游戏,还是要充分考虑运气成分,这是由年龄适宜性原则决定的。而且,让游戏结果充满随机性,也能避免出现游戏水平高的孩子一直赢,而能力弱的孩子一直输的局面。

四、胜率的测算

由于合作性棋盘游戏没有玩家内部之间的对抗,输赢存在于玩家与游戏设定的"对手"之间,因此,游戏中玩家获胜的概率成为影响游戏体验十分重要的因素[①]。玩家和游戏设定的"对手"对抗时,如果幼儿总是能赢,那么他们极有可能对游戏感到无聊,会很快就放弃游戏;如果总是输,则幼儿在游戏中无法获得成就感,也会因此放弃游戏。

正如前面的分析所指出的,绝大多数棋盘游戏都同时包含运气成分和技能成分,这也意味着游戏中玩家获胜的概率不仅与游戏中的运气因素有关,也与玩家的游戏技能水平有关,因此游戏设计及胜率测算时应同时考虑这两方面的影响。

到底如何计算合作性棋盘游戏的获胜概率?下面以本章第六节介绍的设计案例"校车来啦"为例来进行分析。该款棋盘游戏运用骰子来决定是小动物前进还是校车前进,以及小动物每一步行走的步数。这属于游戏中的运气成分。同时,试玩的情况也表明,

---

① 合作性棋盘游戏的胜率测算比竞争性棋盘游戏更为重要,因为大多数竞争性棋盘游戏双方棋子是完全对等的(五五开),测算胜率主要是看先手的优势有多大,是否过大。合作性棋盘游戏中,玩家的游戏与游戏设定的"对手"的行动往往是相互独立的,而这个"对手"的节奏在很大程度上决定了游戏的难易度。

这款棋盘游戏中，幼儿思维是否具有策略性和计划性（如能否从全局角度考虑合理安排小动物的前进顺序等）对于幼儿游戏输赢有重要影响，这属于游戏中的技能成分。运气成分如何影响胜率主要由游戏的玩法和规则决定，而技能成分的作用则主要受幼儿现场表现的影响。因此在计算胜率时，设计者主要考虑了两种极端情况：一种是幼儿完全缺乏策略运用，幼儿凭借"自我中心"的思维完成每一步行棋（即所谓各玩各的，只移动自己的小动物），不去考虑集体的利益——这种情况可以称为"非理性情况"；另一种是幼儿能充分运用策略，每一轮行棋都从最有利于集体的角度考虑，这种情况可以称为"极端理性情况"。通过数学模型对这两种极端情况进行模拟和计算，可以得出一个胜率的区间[①]，幼儿真实游戏的获胜概率应该在两种极端情况的概率值之间。

那么这两种极端情形的概率值在什么范围比较合适呢？以下几方面的考虑是确定一个合理的胜率需要考虑的：

其一，幼儿的注意力和意志力都还比较弱，抽象思维能力尚不成熟，对棋盘游戏的兴趣受直观感受的影响比较大，一个棋盘游戏若想争取幼儿更多的兴趣，"非理性情况"下的平均获胜概率也应该超过40%[②]。其二，好的棋盘游戏要对幼儿游戏技能的提升具有敏感性，即"极端理性情况"和"非理性情况"之间的胜率应当有明显的差值，差值越大说明这种敏感性越高。但是，游戏结果的不确定性是游戏好玩的重要体现，且正如前面介绍的Csikszentmihalyi的心流理论所言，游戏的挑战难度太低，就会觉得无聊，因此"极端理性情况"的胜率也最好不要超过85%[③]。综合而言，我们认为对于幼儿合作性棋盘游戏而言，胜率在60%～70%左右，而且"非理性情况"和"极端理性情况"胜率的差值不小于30%是比较合适的。

五、关于合作性棋盘游戏中的集体作弊

游戏中的作弊指的是玩家为了获胜而有意违反游戏规则的行为。在合作性棋盘游戏中，由于所有玩家同属一个团队、有共同的游戏目标，所以有可能出现作弊没人监督、默许他人作弊、甚至几位玩家一起参与作弊的情形，也就是集体作弊。通过观察发现，幼儿合作性棋盘游戏中最常出现的集体作弊行为可以概括为两种：一种是幼儿发现同伴作弊时，会主动指出来或制止，但此时同伴没有停止作弊，从而使幼儿感到作弊行为似乎对自己也是有利的，便也加入其中；另一种是幼儿在观察到同伴作弊后，直接加入其中，甚至主动为同伴作弊行为提供建议和支持。

[①] 具体的计算方法见本章第六节。

[②] 这个值以及下面提及的"极端理性情况"的胜率均是经验值。实际上这个值的大小本身并不非常重要，因为几乎很少有幼儿完全是在非理性情况下玩棋的；"极端理性情况"同理。而且更重要的参考数据是"非理性情况"和"极端理性情况"胜率的差值和两者的中值。

[③] 在幼儿棋盘游戏中，一般都设置了运气成分。正因为运气的缘故，即便是在极端理性的情况下，胜率也不可能是100%。

合作性棋盘游戏之所以会出现集体作弊,原因有二:一是合作性棋盘游戏的特点使然。在竞争性棋盘游戏中,竞争带来制衡,作弊行为使得游戏的公平性被打破,会导致其他幼儿的利益受损,因此一旦有人违犯规则,其他玩家更倾向于及时制止。但在合作性棋盘游戏中,所有玩家有共同的目标,作弊带来的"好处"是可以被共享的,幼儿在游戏中没有实实在在的对手,游戏"对手"的走子也是由玩家代为执行的,这些特点导致幼儿在游戏中的行为缺乏监督与制约;二是年幼儿童的发展特点使然。幼儿阶段的发展有以下一些特点:(1)年幼儿童尤其是中班幼儿的认知水平尚较为粗浅,对规则尽管已有初步的认识,但对于为什么要遵守规则、输赢要以是否遵守规则为前提等认识并不充分,体验也不够丰富。尤其是在成人未曾格外强调的情况下,可能对规则的遵守不够重视;(2)如果说中班阶段的幼儿对规则的认识较为模糊是导致其破坏规则的重要原因,到了大班幼儿的规则意识已有较明显的发展,但此时幼儿的好胜心大大增强了,而自控能力却相对不足,在缺乏监督和制约的情况下,求胜心切往往致其破坏规则;(3)道德自律阶段的成人在玩合作性棋盘游戏时,主要是为了挑战自己,享受过程,一旦作弊即使赢了也会觉得没趣,但是年幼儿童的道德发展水平尚处于他律阶段,对事情是非对错的评价主要来自外界,如果作弊不会受到惩罚,那么幼儿可能会认为作弊无关紧要,加之幼儿对行为的好坏判断往往聚焦于输赢的结果,重结果而忽视动机和过程,因而出现作弊;(4)模仿学习是出现集体作弊的重要原因,一旦同伴做出违规行为而没有受到惩罚或者得到不良评价,那么幼儿也很有可能会做出相似的违规行为(跟风)。因而,或许最初作弊的发生是由于儿童自制力弱,是无意为之的结果,但这种无意中的违反规则往往可能引发其他小朋友的效仿,导致集体作弊。

以上分析可以看出,幼儿在合作性棋盘游戏中出现集体作弊是很有可能发生的,单单靠合作性棋盘游戏机制的改善难以预防和避免可能出现的集体作弊行为。但是在教育实践中,完全可以通过一些措施来减少它的出现,具体来说,可以从以下几个方面入手:首先,合作性棋盘游戏可以与竞争性棋盘游戏一起投放。由于竞争性棋盘游戏中各方之间有制衡,可以相互监督,幼儿出现作弊行为很容易被对手指出和纠正,因而竞争性棋盘游戏更容易培养幼儿对规则的理解和尊重。由此可见,竞争性棋盘游戏和合作性棋盘游戏各有其优长,在实践中可鼓励同时投放和应用,相互补充,不应偏颇;第二,在游戏过程中教师和家长应强调遵守规则的意义与价值,传递只有在遵守规则的基础上获得的胜利才真正有价值的理念,前面已经提到,幼儿处在道德他律的阶段,对教师和家长的权威性十分信任,教师和家长的强调能为幼儿遵守规则埋下强有力的种子;第三,引导幼儿在关注游戏结果的胜负之外,也可以从挑战自己和战胜困难的过程中看到自己闪光点,获得成就感;第四,如果观察到幼儿出现作弊行为,应该及时制止或者在游戏结束后与孩子们就这一事件进行谈话,同时鼓励那些有勇气指出同伴作弊行为的幼儿,为孩子们树立好榜样;第五,虽然合作性棋盘游戏中所有玩家都同属一个集体,但是也可以另外邀请其他小朋友作为监督员或者扮演对手的角色,承担纠正玩家作弊行为的职责。

另外,值得强调的是,不能完全消极地来看待幼儿在棋盘游戏中出现的作弊甚至集体作弊行为。历史告诉我们,人类发展进化过程中的诸多不良行为恰好也是人类进一步成长、反思的动因，作弊的体验又何尝不能成为孩子们更为尊重规则、遵守规则的动因呢？当然，恰当的引导是关键。

通过以上论述，可以发现，每一款棋都蕴含着方方面面的诸多要素，在合作性棋盘游戏的设计中设计者需要综合考虑和权衡这些要素。而在为幼儿设计棋盘游戏时，设计者还要有一颗体察幼儿、尊重幼儿、热爱幼儿的心灵，唯有这样，我们才能让理性和直觉之下的合作性棋盘游戏设计转化为真正符合期待的孩童体验。

第六节　幼儿合作性棋盘游戏设计案例

在介绍了诸多合作性棋盘游戏创意设计的原则和方法后，本节将通过一个设计案例（"校车来啦"合作性棋盘游戏）来展现如何将原则与方法具体应用于设计实践。本案例目标为设计一款适合中大班幼儿动手动脑的合作性棋盘游戏。下面主要分三个阶段：创意与原型、循环迭代、定型与制作进行介绍。

一、创意与原型

设计一款适合幼儿动手动脑的合作性棋盘游戏，创意来源首先是对幼儿的观察，是从幼儿的行为中来寻找、思考幼儿需要什么。另外，创意来源离不开玩具市场，只有顺应市场需求，才可以使得设计出来的玩具具有生命力。"校车来啦"棋盘游戏的创意同样主要来源于这两方面。

（一）幼儿游戏的观察

在观察幼儿的日常游戏活动时，设计者发现中、大班幼儿特别喜欢将积木块铺成一条长长的轨道，然后在轨道上摆放小汽车行驶。孩子们会比较谁的轨道更长，还会一边搭建一边假想出好玩的故事情节，几乎所有孩子都对这种游戏乐此不疲。设计者认为，这一观察表明幼儿非常喜欢将建构游戏和假装游戏结合起来，同时也反映出这个年龄阶段的幼儿对轨道和车有一种特殊的喜爱。

（二）市场需求分析

设计者同样了解到，无论是从玩具市场调查数据来看，还是从玩具展会的现场反响来看，轨道车玩具已经成为玩具市场的热销产品。无论是国内市场还是国际市场，轨道车的市场需求都呈现出良好态势。究其原因，一方面是由于轨道车玩具通常包含了诸如"搭建轨道""汽车""火车"等令幼儿倍感兴趣的元素，满足了幼儿建构与想象的心理需要；另一方面，目前国内木制轨道片的生产加工工艺日趋完善，轨道车玩具的价格渐趋合理，且质量也能满足消费者的需要。然而,设计者也发现,市面上绝大多数轨道车玩具的玩法都十分相似,即由幼儿搭建轨道然后让车辆行驶其上。即使玩法有所变化,也主要是场景元素的改变,或者增添电子传感器实现场景信息的自动播报等。设计者认为,现有的轨道车玩具玩法甚为单一,如能对其玩法进行拓展创新,不拘泥于单纯的建构与假装,而是添加新元素实现新玩法,或许不仅能让孩子感到新鲜和喜欢,还能进一步丰富幼儿的游戏经验,也能为轨道车玩具市场注入新的活力。

（三）主题生成和机制的初步选定

【设计目标】基于上述两个方面的考虑,设计者试图将"轨道"和"车"这两个元素整合到一定情境中来设计一款合作性棋盘游戏,这款合作性棋盘游戏至少应该实现三个目标:第一,适合中大班幼儿,符合他们的发展特点和生活经验;第二,为幼儿提供动手动脑的机会,支持幼儿在游戏中获得动作、认知、社会性等方面的发展;第三,游戏要能吸引幼儿,让幼儿在游戏中玩得开心,且有持续游戏的意愿。

【主题的生成】在确定了设计目标之后,设计者组织了一个小型头脑风暴。"有什么情境可以包含'轨道''车'这些元素,且贴近幼儿的生活经验呢?"很快,"校车接送小朋友上幼儿园"进入了大家的视野,即便不少幼儿并没有坐校车上幼儿园的经历,几乎所有幼儿都有坐车的经历。"农村孩子知道校车吗?"事实上,由于村庄比较分散而农村学校通常离家比较远,许多农村孩子都需要乘坐校车上学,即使是没有这方面经验的孩子也会通过电视等传媒认识校车。"游戏的主角一定要是小朋友吗?"那倒未必,就以往的观察来看,幼儿非常喜欢带有小动物的棋盘游戏,或许小朋友更想帮助小动物上幼儿园。于是,"校车来啦"的游戏主题就这样浮出水面:在动物小镇里,有一所幼儿园,每天早上都有一辆校车从幼儿园出发,绕小镇一圈,接小动物们上幼儿园。小朋友的任务是帮助小动物们在校车到来之前从家中沿小路赶到候车点等车。

【机制的选定】形成游戏主题之后,需要选定游戏的机制。合作性棋盘游戏需要在游戏内部为幼儿设置一个隐藏的对手,在本游戏中,这个对手就是不断前进的校车,从本质上来说,游戏就是"小动物们"与"校车"之间的竞赛。设计者认为可以采用最常见的"掷骰并走子"的游戏机制,由骰子决定哪一方前进以及具体前进几步;另外为了强调幼儿游戏中的动手动脑,最好的方法就是让棋盘变成活动的,可以自由搭建。轨道片恰恰能够满足这个条件,因而本游戏拟采纳"组合式棋盘"游戏机制,为幼儿提供自主搭建的机会。

【创意形成】至此,"校车来啦"合作性棋盘游戏的初步创意形成,游戏由两部分组成:首先需要幼儿自主搭建棋盘,用轨道片拼出校车行驶的路线,在轨道的旁边确定幼儿园和车站的位置,并且用小路积木片拼搭出一条小路,小路的一端连着车站,另外一端放置小动物的家;然后幼儿在自己搭建的棋盘上进行合作游戏,轮流掷骰子并且根据骰子表面图案帮助小动物或者校车前进,幼儿在游戏中的任务是把小动物送到车站等车。随着游戏进行,校车会依次经过几个车站,如果在校车到达每一个车站之前,住在这个车站旁边的小动物都已经在车站等车,则幼儿就一起赢了。

（四）创意的检验及调整

在确立了游戏的初步创意之后，设计者通过邀请中大班幼儿试玩来对游戏创意进行检验，并根据幼儿试玩情况对游戏创意进行调整。

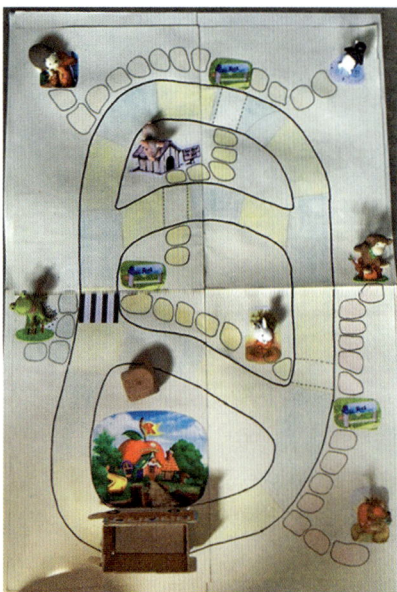

图4-12　最初的创意检验所采用的棋盘

【制作原型】邀请幼儿试玩之前需要先将创意原型化。根据初始的创意构想，"校车来啦"需要比较复杂的游戏道具（包括轨道片、可以行驶在轨道上的校车、小路片等），设计和制作这些材料需要较大工作量，且轨道片、小路片的数量尚难确定，而此时最重要的任务是检验创意是否可行。因此，为快速将游戏创意原型化，设计者决定暂时不使用自主搭建轨道片的形式，而是手工制作了一个固定式棋盘（见图4-12）：环形封闭路线是校车行驶的道路（道路划分为若干棋格，校车移过一个棋格代表前进了一步），幼儿园位于道路的旁边，道路旁边还设了4个车站，车站分别通过小路连接7个小动物的家，每条小路设置5～7个数量不等的棋格。另准备了不同的小动物棋子7个（考虑让小朋友有同时操作不同小动物的经验），骰子一个（骰子的表面图案见下面的玩法介绍），玩具车一辆。

【确定规则】原型制作完成之后，设计者确定了游戏的具体玩法：

游戏前，为每一只小动物选择一个房子（家），放置妥当，校车放在幼儿园门口处。游戏开始，幼儿轮流掷骰子，由骰子表面的图案决定如何行动。骰子有六面，其中有两面是校车标识，表示校车前进一格；另外四面分别是1、2、3、4四个点，表示小动物前进的步数，前进的步数可以拆分给若干小动物共同使用。校车离开幼儿园后是向左开还是向右开由幼儿共同商量后决定，哪只小动物先走及骰子点数如何分配也由幼儿商量决定。如果所有小动物都在校车抵达之前到达车站，则所有参与游戏的小朋友就一起赢了；如果有任何小动物错过校车，那么小朋友就一起输了。

【试玩及分析】通过观察幼儿试玩（每次邀请3名幼儿试玩），设计者发现大多数幼儿都表现出对此款游戏的喜欢，尤其喜欢其中的"动物"和"校车"元素。在理解规则和运用数概念方面，大部分幼儿都可以胜任，具体表现为：所有幼儿都可以根据骰子点数走正确的步数，绝大多数幼儿可以在需要时将点数拆分给不同动物前进，只有少数年龄稍小的幼儿不会拆分。但是，设计者也发现，游戏中幼儿思维的自我中心较明显，如有孩子会说"我要让小乌龟先出门，因为我们家也有一只"；难以从集体利益的角度出发考虑问题，儿童通常会选择一只喜欢的动物作为"自己的"动物，掷出的点数先给"自己的"小动物走，如果"自己的"小动物到达车站了，才会帮助其他小动物走；同伴之间的合作协商较少，游戏时语言沟通不多，难以就一个问题进行真正的协商；游戏中计划性和策略性的运用不明显，这就常常导致本该最需要前进的小动物却迟迟不出门而错过校车。游戏观察也发现,游戏时孩子们之间会相互鼓励,一个孩子掷骰子时另外两个孩子会非常关注,也会为别人掷出好的结果而开心(这些说明幼儿具有良好的合作意愿,但还没有掌握合作技能)。

【头脑风暴及对创意的调整】结合对幼儿试玩的分析,设计者再次组织了头脑风暴,对初始游戏创意进行了修订。修订主要集中在两个方面:第一,适当降低难度,增加可玩性。由于在试玩中发现3名幼儿很难同时照顾到7只小动物,因而把小动物棋子的数量减少至4只(4个棋子也比较适合2~4人一起游戏);第二,将手绘棋盘转变为活动棋盘,增加开放性。由于本游戏设计的目的是为幼儿提供动手动脑的机会,因此游戏将提供真实的积木片(轨道、小路)让幼儿自主摆放、建构棋盘。

二、循环迭代

(一)第一轮循环

1. 原型修订及游戏规则确定

【原型修订】拥有了一个可行的创意之后,还需要在不断的迭代中完善游戏。设计者根据商讨的意见修订了原型,此版原型最大特点是把铺设轨道和小路的自主权交给幼儿,因此必须选择合适的游戏材料。目前市面上木制轨道片的结构均较为成熟,设计者选择了"宜家"基本款木质轨道片10片(其中8片弧形、2片长条形,可以拼接成封闭的环形作为校车行走的轨道),并自行设计、切割出如图4-13左所示的小路连接片25片(可以环环相扣地连接成曲径),幼儿园1个,车站3个,小动物的房子4个(参见图4-13,底座上的房子暂从市场选购,可与底座分离)。另外又准备了轨道车1辆,小动物棋子4只,六面骰子1个。

图4-13　棋盘原型中的游戏道具。左为连接在一起的小路片;中为车站、小动物的家(均可与小路连接);右为幼儿园。小路片的外观和连接点的设计,考虑了拼接之后可以弯弯曲曲,更加符合真实生活,且活泼可爱;材料没有任何尖锐处,避免对幼儿造成伤害。车站一共有3个,其中一个车站有两个连接点(凹槽),另外两个车站有一个连接点

【确定规则】原型修订之后,游戏规则也做了相应的调整,具体如下:

首先,幼儿自主搭建道路,拼出棋盘:①用10片轨道片拼成环形轨道,作为校车行驶的路线。②将3个车站和1个幼儿园摆放在轨道旁,幼儿园代表校车出发点和终点的位置,车站代表小动物要抵达的位置。③车站位置确定以后,使用25片小路片在车站旁边

接出4条小路；每条小路使用的小路片数量任意，但4条小路一定要将25片小路片全部用掉。④ 小路拼好以后，在小路尽头摆放小动物房子底座，并把小房子、小动物放在房子底座上。⑤ 游戏开始，校车停靠在幼儿园所在的轨道片上，校车向左行驶还是向右行驶由幼儿自行决定。

搭好棋盘以后，儿童可以按照之前的规则游戏，掷骰子然后走棋子。游戏胜利的条件依然是让小动物在校车到来之前到达相应车站。

2. 幼儿试玩

【关键问题的确定】本轮试玩关注的问题有五个：对幼儿来说，开放性能胜任吗？这个游戏好玩吗？儿童在游戏中有怎样的体验？游戏的哪一个环节最有趣？在游戏中如何形成难度梯度？这五个关键问题中，前四个问题关注的是可玩性方面，第五个问题关注游戏的发展适宜性。

【幼儿试玩的观察和分析】此处通过一个较有代表性的案例来说明幼儿试玩中的行为特点。

图4-14画面右侧的男孩第一次接触这款棋盘游戏，他对摆放小路很有兴趣，一直在尝试摆出自己想要的小路形状，但是一开始便遇到了问题——他选择了有两个凹槽的车站，因此需要拼出两条小路，但是他的小路不是快要碰到环形轨道了，就是和对面小女孩拼的小路挤到了一起（如图4-14（1））。他意识到应该把小路摆得更长更远一些，于是拆了房子重新铺设。他没有在现有小路基础上向远处拼搭，而是另外找到三个小路片单独拼出了一段路，并试图将两段连起来，但是在连接两段小路时总是出现问题——如果将两段小路扣在一起，那么整条路都会扭在一起（如图4-14（2））。多次尝试之后，他终于发现，同一个小路片翻个身就会把凸起和凹槽的连接方向变个样。最后，在加入了两片小路片之后，第一条路终于拼好了。有了一次成功的经验，第二条小路很快也拼好了（图4-14（3））。

（1）　　　　　　　　　　（2）　　　　　　　　　　（3）

图4-14　第一次玩游戏时，小男孩在摆放小路片时遇到问题并解决问题的过程

案例中的小男孩通过不断尝试，成功拼出了符合规则的小路。这说明棋盘的自主建构虽然对幼儿的动手能力提出了一定的挑战，但同时也为幼儿发展空间认知和问题解决能力提供了机会。总结幼儿的试玩行为，可以发现，小动物的数量由7只减少为4只，且增加了棋盘游戏的开放性之后，可玩性随之增强了。幼儿自己搭建出来的棋盘更能吸引他们进行棋盘游戏；幼儿在搭建棋盘的过程中体验自主建构的乐趣；再者，活动棋盘使得每

一局游戏都可以有不同的棋局设置,自然也就增加了游戏的难度梯度。幼儿在搭建棋盘的过程中会遇到一些问题,但这也恰恰是游戏可以带来的生长点,正是在自主拼搭棋盘的过程中,幼儿才会慢慢意识并理解游戏中的各种关系(如小路长短、车站位置对游戏输赢的影响)。

3.反思

设计者再一次组织头脑风暴,并达成了两点共识:(1)大家认为仅以投掷骰子决定行棋方式的机制仍有点单调,且幼儿在游戏初期常常由于缺乏策略性而输棋。所以头脑风暴的重点集中在了如何为幼儿提供更多"后来居上"和"弥补过失"的机会,增加游戏的运气成分,并且通过运气成分来调节游戏结果,使得游戏机制更具趣味性。设计者最后确认通过在骰子之外增加功能卡片来实现这一目标。(2)目前,车站和幼儿园摆放在轨道的哪个位置完全由幼儿来决定,自由度过大,可能拉长棋盘摆设的时间、影响行棋的秩序。另外,在目前这种摆放方式下,车站、幼儿园和轨道的连接不够紧,在游戏过程中容易滑动移位,因此可以考虑在轨道片、车站以及幼儿园底座侧面加上小磁铁,通过磁铁吸附使连接更稳固。

(二)第二轮循环[①]

1.制作原型及确定规则

【制作原型】第二版原型的修订:(1)功能卡片的引入。一共设置九张功能卡片,3张校车前进一格卡片,1张校车进两格卡片,2张红灯卡片,1张直接到达(一个小动物直接从当前位置跳至车站)卡片,2张暂停一轮卡片(每一类卡片的具体含义和用法见下面的规则介绍)。在骰子的两面"校车前进"中选择一面,改成"?"标识,掷到这个面即可抽取卡片。(2)在4片弧形轨道片的侧面(两个外侧面和两个内侧面)中央处分别安装一个圆形小磁铁(如图4-15左),这一安排既能满足幼儿棋盘设置的自主性,又使得游戏过程更为紧凑有序。

图4-15　左为弧形轨道片的内外侧面中央处安装了一个小磁铁,右为侧面安装了一个小磁铁的车站和幼儿园底座。幼儿园底座(不带卡槽)只能安放在轨道外侧(与轨道片的弧面相配)

---

① 在实际的设计修订过程中,在此轮之前还有两轮循环(涉及棋具、玩法的调整等)。限于篇幅,此处进行了合并。

【确定规则】新的游戏规则主要在车站、幼儿园与轨道的连接方式以及骰子和功能卡片的用法方面进行了修订：

首先，在搭建道路，拼出棋盘方面新的规则是：将三个车站、幼儿园连接到环形轨道的四个镶嵌磁铁处，确保二者的小磁铁吸在一起。其他同前。

其次，幼儿轮流掷骰子（骰子一共有六面，其中1、2、3、4的点数代表小动物前进相应步数，校车图案表示校车在轨道上前进一格，问号标识表示随机抽取一张功能卡片），根据掷骰子的结果走子。功能卡片的具体含义如下："校车前进一格卡片"代表校车在轨道上前进一格，"校车前进两格卡片"代表校车在轨道上连续前进两格，"红灯卡片"可以被放在轨道的任意位置，代表校车行驶到此处需要暂停一次，"直接到达卡片"表示可以选择任意一只小动物将其直接送至车站等车，"暂停一轮卡片"表示抽中此卡的幼儿下一轮不能掷骰子。所有卡片都只能使用一次，用后失效，不需要放回卡片堆。

2. 幼儿试玩观察分析

再次邀请幼儿试玩后发现，幼儿对于新增的两个规则很适应。使用磁铁后棋盘更容易拼接，拼好后更为稳固，使用更为方便。幼儿对功能卡片也非常喜欢——许多孩子在掷骰子之前会在口中嘀咕"问号问号"，说明他们非常期待掷出"？"，这样就可以再抽一次功能卡片了；掷出"问号"之后，小朋友会欢呼，然后特别紧张又略带神秘地抽取功能卡片。但是幼儿对于如何使用功能卡并没有表现出太多的策略性，经常有幼儿抽出"直接到达"功能卡却不舍得用掉，即使快输了也不愿意用，也有的孩子会把"直接到达"卡片给自己最喜欢的小动物使用，而不考虑小动物到达车站的状况。这些说明新的修订增强了游戏的可玩性，尽管幼儿在尚缺乏游戏经验时，还不能合理使用功能卡，不过随着游戏次数的增多，幼儿的策略性也在逐渐增强。

3. 反思

经过几轮试玩、调整之后，棋盘游戏的玩法逐步定型。对照设计目标，设计者认为"校车来啦"在可玩性、年龄适宜性、教育价值、开放性等方面基本达到预期目标，具体来说，游戏主题贴近幼儿生活经验，能够引发幼儿游戏的兴趣同时又让幼儿体验到帮助他人的乐趣；游戏中动手搭建的环节赋予幼儿自由创造和自主设置游戏情境的机会；同伴之间合作共赢的关系为幼儿提供了一个互相帮助和学习的氛围；游戏还可以培养幼儿的策略性思维，让幼儿在游戏中学会如何合理利用有限的资源；游戏对于中大班幼儿可能有一定的难度（难度还有待进一步调节），但其开放性使得难度梯度也灵活可调。在此基础上，再次进行了一轮头脑风暴，此次关注的重点是棋盘游戏细节的完善和外观的设计，包括游戏胜率的测算以及棋具的外观设计（具体内容见第三部分定型与制作）。另外，由于本款棋盘游戏强调动手动脑，因此棋盘的实际尺寸可以考虑扩展至地面游戏。

三、定型与制作

虽然"校车来啦"的玩法已经基本确定，但是为了优化幼儿的游戏体验，设计者还需要根据幼儿的能力水平对游戏细节（比如小路片的数量等）进行完善。

（一）胜率的测算

"校车来啦"合作性棋盘游戏的胜率测算是一项较为复杂的工作，原因有两点：第一，这款棋盘游戏由幼儿自己建构棋盘，开放性和灵活性程度高；第二，幼儿获胜的概率不仅与游戏中棋盘布局因素（如轨道片的数量[①]、小路片的数量、小动物的数量、小路的长度特点、幼儿园与车站的相对位置关系等）有关，还与幼儿的策略运用水平（如能否从全局的角度进行考虑，充分协作等）有很大关系。针对这两个难点，设计者在计算概率时采取了三个办法：第一，简化变量——仅考虑摆出的4条小路，且长度（即小路片的数量）分别为6666、6667、7777的三种固定情况[②]；第二，计算极端值——根据幼儿试玩的情况可知这款游戏对中大班幼儿来说，决定游戏输赢的最关键因素在于幼儿能否从整体利益出发合理安排小动物的前进顺序。也就是说，幼儿游戏时"极端理性情况"是幼儿每次都会选择离校车开过来的方向最近的小动物前进，"非理性情况"则是每名幼儿各自控制一只（或两只）小动物，每次都只走自己的子，只有当自己的小动物到站之后，才会帮助其他小动物前进。这两种情况下幼儿的获胜概率是不同的，真实游戏情境中幼儿的获胜概率应该在这两个极端值之间（其中比较典型的玩法是先己后人，先不顾全局，等自己的小动物到站后再考虑优先给最需要移动的小动物）；第三，暂时不考虑骰子中掷出问号标识这一情况，即不考虑功能卡片的使用状况。根据以上条件，采用计算机编程对游戏进程进行模拟（流程图如图4-16所示）。

计算机模拟胜率测算的结果是：（1）小路片总数量为24、25或28片时，数量多少对于游戏赢率有影响，但影响并不大。将小路片数量定为25片是恰当的。（2）"非理性情况"下幼儿获胜的概率是53.81%[③]，也就是说，在完全没有掌握游戏所需策略的情况下，幼儿有一半左右的获胜概率。（3）如果幼儿具备了完全理性的认知策略，那么幼儿获胜的概率会高达81.88%。（4）两种模式之间概率值相差接近30%，其结果符合上一节有关棋盘游戏胜率测算的适当性分析，说明在本款棋盘游戏中，幼儿游戏技能的进步有利于他们在游戏中取得胜利，这也保证了游戏结果在总体上对幼儿正向行为具有积极强化的作用。

（二）外观设计与道具制作

"校车来啦"合作性棋盘游戏所用到的游戏道具较为多样。下面仅以"校车来啦"中棋子、校车的形状及有效装载方式的考虑来说明外观设计与道具制作过程应该如何考虑幼儿特点。

---

① 本游戏采用10片轨道片，数量是固定的，但轨道片的形状和数量实际上都是可以变化的。此处暂不对这一变量进行分析。

② 胜率测算的一个重要目的是为了确定之前凭经验设置的25块小路片的数量是否恰当。尽管每条小路使用的片数由幼儿随机决定，但平均分配是一种中性策略，具有一定代表性，因此在此考虑6666（24片）、6667（25片）及7777（28片）三种情况。

③ 这个值为小路片条件为"6667"时，3万次模拟游戏的平均获胜概率，以下同。

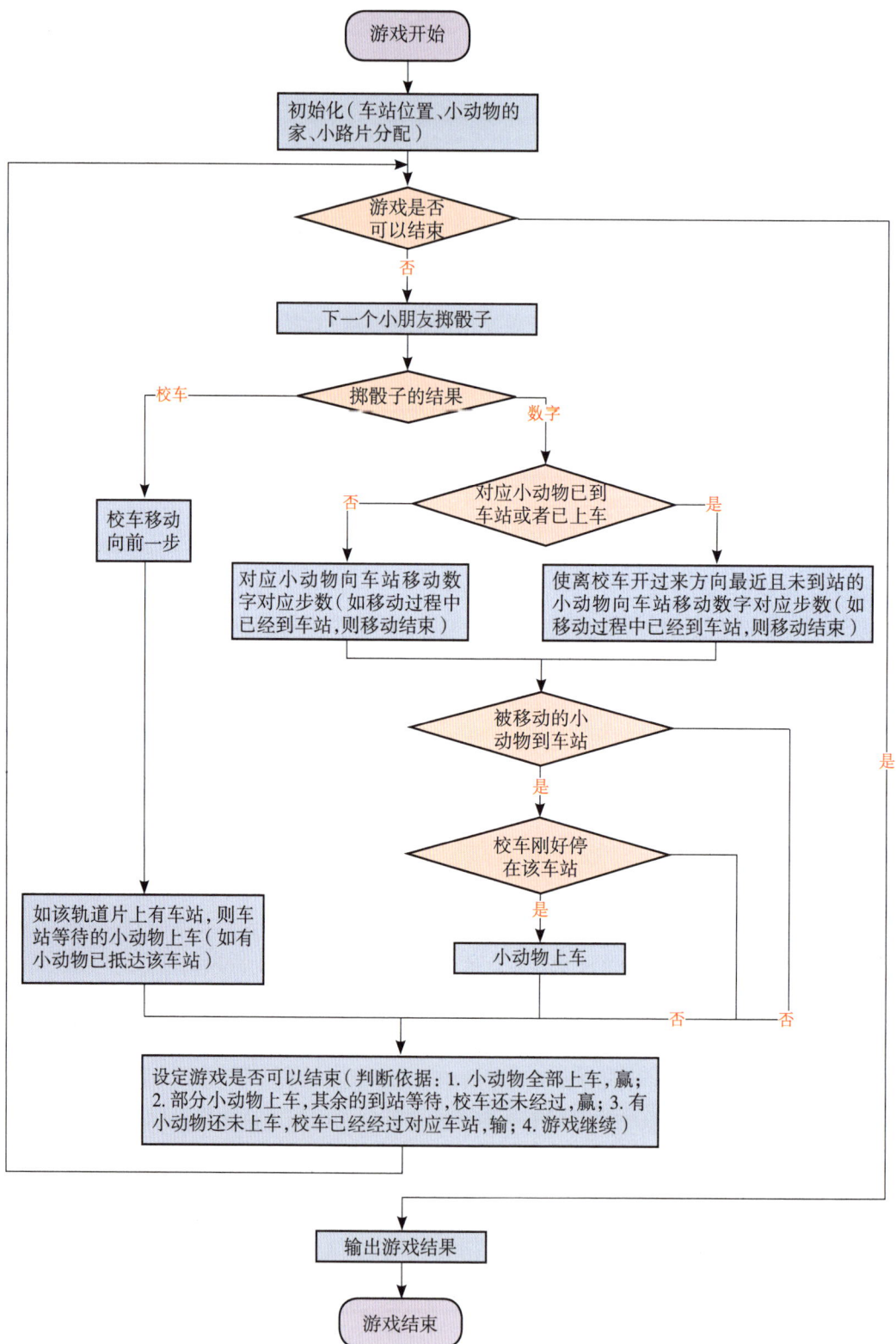

图4-16　此流程图所示为计算机模拟比较典型的玩法（先己后人）的行棋过程

　　尽管幼儿园黄色安全校车越来越为幼儿所熟悉,但为小动物设计校车是可以有所变化的。为实现校车简便、有效地装载四个小动物,本游戏拟定了如图4-17的样式。

图4-17　校车、司机和小动物棋子的设计草图

　　之所以选择这种插入式车厢样式,一方面是由于操作方便、美观,且装载比较稳定;另一方面也是因为设计者在试玩中发现,幼儿有限的注意力和认知资源常常使他们在走子时"遗忘"某一只小动物,而校车上的孔如果可以和小动物的数量一一相对时,也可以起到提醒的作用。

（三）规则的确定

　　最终确定"校车来啦"合作性游戏棋的规则如下:

【游戏名称】合作性棋盘游戏"校车来啦"

【故事背景】在动物村庄里,有一所幼儿园,每天早上都有一辆校车从幼儿园出发,绕村庄一圈,接小动物们上幼儿园。校车只能行驶在宽阔的马路上,而小动物的家并不在马路旁边,小动物们要在校车到站前,抵达车站处等车。

【玩家人数】2～4人

【玩家年龄】4～8岁

【胜利条件】如果所有小动物都能乘坐校车（或出租车）顺利到幼儿园,那么小朋友就一起赢了。如果有任何一只小动物没有及时到达幼儿园,那么所有小朋友就挑战失败。

【游戏材料】

　　木质轨道片（8片弯道,2片直道,其中4片弯道侧面中央镶有一块磁铁,10片轨道片可拼成环形）;幼儿园1个（含房子和底座,底座侧面中央镶有磁铁）,车站3个（带凹槽,侧面中央镶有磁铁,其中1个车站有两个连接凹槽）;小动物棋子4只,小动物的家（房子）4个（含底座）;连接车站和小动物房子之间的小路积木片25片;小火车1辆;骰子1个（六个面分别是:1,2,3,4,校车,问号）;卡片9张（校车前进一格卡片3张,校车前进两格卡片1张,红灯卡片2张,直接到达卡片1张,暂停一轮卡片2张）。

【玩法】

第一步:玩家自主搭建道路,拼出棋盘

　　a. 玩家共同将10片轨道片拼成环形轨道,作为校车行驶的路线。搭建时需注意4块有磁铁的特殊轨道的位置,因为只有这4片轨道是可以在侧面磁铁处连接车站和幼儿园。

b. 将3座车站和1个幼儿园吸附在轨道的磁铁连接处。幼儿园代表校车出发点和终点的位置,车站代表小动物要抵达的位置。

c. 车站位置确定以后,使用25片小路纸片在车站旁边接出4条小路。每条小路使用的小路片数量任意,但4条小路一定要将25片小路片全部用掉。小路一定要连接在3座车站的任意一座上面。

d. 小路拼好以后,在小路尽头摆放小动物的房子,并把小动物放在房子里。

e. 游戏开始时,校车停靠在幼儿园所在的轨道片上。至于校车向左行驶还是向右行驶由幼儿自己决定。一旦校车开始行进,则不能再更换方向。

第二步：按规则走棋子

a. 玩家轮流掷骰子,由骰子表面的图案决定如何行动。

如果掷出1、2、3、4点,则代表可以帮助小动物们前进相应步数(步数可以拆分给不同小动物使用);如果掷出校车标识,表示校车前进一格;如果掷出"?"标识,表示随机抽取一张卡片,所有卡片只能使用一次,用后作废。

b. 卡片的具体含义如下：

校车前进一格卡片——代表校车前进一格;

校车前进两个卡片——代表校车连续前进两格;

直接到达卡片——可以直接将一只小动物送到车站等校车;

红灯卡片——可放在马路的任意位置,代表校车行驶到此处时需要暂停一次(即下一次轮到校车走时,校车不能移动);

暂停一轮卡片——代表抽中这张卡片的幼儿下一轮不能掷骰子。

第三步：游戏结束

如果所有小动物都按时乘坐校车顺利达到幼儿园,那么所有玩家就一起赢了。

如果有任何一只小动物错过了校车,无法及时到达幼儿园,那么所有小朋友就挑战失败。

在完整描述游戏规则之外,设计者还应针对玩家游戏过程中有可能出现的疑问准备一些解释(即FAQ),例如在"校车来啦"中,可能存在的问题有：

Q：孩子自己不会拼搭小路怎么办?

A：刚开始接触时,孩子可能还不能拼出符合规则的轨道和小路。一方面,教师和家长可以先为孩子提供一个基础的棋盘造型,让孩子先在这个基础的棋盘上进行游戏;另一方面,这款棋的棋具本身也可以作为建构玩具来玩,所以完全可以不对幼儿提出限制性要求,让幼儿自由地搭建,这样既可以练习操作积木块,又可以发展其空间认知与想象能力。

Q：如果所有小动物都已经到了车站,而此时校车还在半路上该怎么办?

A：既然所有小动物都到车站了,那么就说明所有玩家一起赢了,也就不必再继续掷骰子了。小朋友可以让校车直接开起来,接小动物去幼儿园。

Q：如果游戏结束前,功能卡就被抽光了,怎么办?

A：这种情况发生的可能性很小,但如果真地出现功能卡被抽光而游戏还没有结束的情况,就只好把所有已经用过的卡片搜集起来重新混合再次使用了。

世界各国幼儿合作性棋盘游戏介绍

5

本章从世界各国适合幼儿的合作性棋盘游戏中挑选46款进行介绍与分析,期望读者可以通过阅读本章对合作性棋盘游戏的特点、设计及应用有进一步的了解。

第一节　幼儿合作性棋盘游戏的择取

20世纪70年代至今,合作性棋盘游戏历经了初创期、平稳期和激增期三个时期,迄今,各国推出的合作性棋盘游戏总量已经超过400款,其中适合幼儿使用(即适龄下限在6岁及以下)的合作性棋盘游戏数量也达到了一百余款。我们从中挑选出在玩法、主题、外观及教育内涵等方面较有代表性的46款,进行详细的介绍与分析。

在择取这些棋盘游戏时,我们同时考虑了第二章所提到的分类方式——即按照合作性方式、游戏内容、游戏功能三个维度对合作性棋盘游戏进行分类。需要说明的是,由于幼儿期的合作意识和能力均处在不断发展的阶段,合作性水平总的来说比较低,大多数适合幼儿的合作性棋盘游戏,其合作方式都属于简单合作类,因而本章所选合作性棋盘游戏中绝大多数属于简单合作类[1]。最终,我们以游戏功能和游戏内容(主题)为主要分类维度对这46款游戏进行了分类,结果见表5-1。如此进行分类,是由于幼儿合作性棋盘游戏有其独特的教育价值,分类方便其教育应用。

由表5-1可知,我们选取了10款以支持幼儿基本认知功能发展为特点的合作性棋盘游戏,它们多与自然、奇幻主题有关;选取了10款以支持幼儿思维发展为特点的合作性棋盘游戏,值得关注的是,其中有2款来自中国;以支持幼儿语言发展为特点的合作性棋盘游戏我们选取了7款,多来自美国;以支持幼儿运动能力发展为特点的合作性棋盘游戏我们选取了8款,多来自德国;我们同时选取了11款以领域知识学习为特点的棋盘游戏,它们所涉及的知识领域可谓五花八门,哪怕成人与幼儿一同游戏也常有所得。

---

[1] 第二章中依据合作性方式将合作性棋盘游戏分为简单合作类、深度协作类和半合作类三种。在46种棋盘游戏中,只有"魔法森林""抓住胡比!""野生草药""西游记"属于较为简单的深度协作类,其他均为简单合作类。表5-1未列出此分类维度信息。

表5-1 适合学龄前儿童的合作性棋盘游戏分类表①

游戏功能	棋盘游戏名称	出品方	出品时间	适合年龄	主题内容
感知等基本认知功能	Orchard（果园）	德国 HABA	1986	3+	自然
	The Ladybug's Costume Party（瓢虫的化妆晚会）	德国 Selecta Spielzeug	2002	4+	自然
	Hoot Owl Hoot!（小小猫头鹰要回家！）	美国 Peaceable Kingdom	2011	4+	自然
	Buzz!（嗡嗡！）	美国 Peaceable Kingdom	2013	5+	自然
	Avanti mare!（小鱼快游）	德国 Selecta Spielzeug	2000	3+	社会
	World of Disney Eye Found It（发现迪士尼）	美国 Wonder Forge	2009	3+	奇幻
	The Color Dwarfs（彩色矮人）	德国 HABA	2009	3+	奇幻
	The Fantastic Forest（魔法森林）	法国 Bioviva	2009	4+	奇幻
	Save the Fairy Tale Treasure!（拯救童话宝藏！）	德国 Selecta Spielzeug	2006	5+	奇幻
	The Haunted Clock Tower（抓鬼大队）	德国 Ravensburger	1994	5+	奇幻
思维	Max（麦克斯）	加拿大 Family Pastimes	1986	4+	自然
	Woolfy（三只小猪）	法国 Djeco	2009	4+	自然
	Der Tiger ist Los（老虎出栅）	德国 Amigo	1998	5+	自然
	猜一猜	中国启幼	2014	5+	自然
	母鸡去散步	中国启幼	2014	5+	自然
	Corsaro（海盗大冒险）	德国 Herder Spiele	1991	5+	社会
	Mermaid Island（人鱼岛）	美国 Peaceable Kingdom	2011	5+	奇幻
	Outfoxed!（智胜狐狸）	美国 Gamewright	2014	5+	奇幻
	Caves & Claws（洞穴与魔爪）	加拿大 Family Pastimes	1998	6+	奇幻
	Cauldron Quest（魔法药水任务）	美国 Peaceable Kingdom	2015	6+	奇幻
语言	Adventure with Clifford（与克利福德一同去冒险）	美国 Harmony Toy	1992	4+	自然
	The Memory Palace（记忆宫殿）	美国 Peaceful Kingdom	2016	5+	自然
	Community（社区）	美国 eeBoo	2012	5+	社会
	Snowstorm（暴风雪）	加拿大 Family Pastimes	1994	5+	社会
	Schnappt Hubi!（抓住胡比！）	德国 Ravensburger	2011	5+	奇幻

① 表中列举的合作性棋盘游戏的合作性方式绝大多数为简单合作；国外合作性棋盘游戏的名称以英文或该国语言命名，附带中译；出品方均为合作性棋盘游戏首次出版的公司名称。

（续表）

游戏功能	棋盘游戏名称	出　品　方	出品时间	适合年龄	主题内容
语言	Obstcales（障碍游戏）	美国eeBoo	2013	5+	奇幻
	Whoowasit?（是谁干的？）	德国Ravensburger	2007	6+	奇幻
运动	The Yoga Garden（瑜伽花园）	美国YogaKids	2000	4+	自然
	Sailor Ahoy!（嗨！水手）	德国HABA	2011	2+	社会
	Hop! Hop! Hop!（跳！跳！跳！）	法国GJECO	2007	4+	社会
	Dingalingaling!（叮铃铃！）	德国HABA	2002	4+	社会
	Castle Knight（城堡骑士）	德国HABA	2007	5+	社会
	Stack Up!（堆高高！）	美国Peaceable Kingdom	2013	3+	奇幻
	Feed the Woozle（喂饱怪物）	美国Peaceable Kingdom	2012	3+	奇幻
	Die verzauberten Rumpel Riesen（搜寻小恶魔）	德国Drei Magier Spiele	2013	5+	奇幻
领域知识学习	Count Your Chickens（数鸡趣）	美国Peaceable Kingdom	2011	3+	自然
	Harvest time（收获季节）	加拿大Family Pastimes	1980	3+	自然
	Wildcraft!（野生草药）	美国Learning Herbs	2006	4+	自然
	Earthquake（地震）	加拿大Family Pastimes	1992	5+	自然
	Waldschattenspiel（森林光影）	德国Kraul	1985	6+	自然
	Goodnight, Goodnight, Construction Site Game（晚安，工程车晚安）	美国Pressman Toy	2014	3+	社会
	Playa Playa（海滩）	法国Bioviva	2014	4+	社会
	Home Builders（造房子）	加拿大Family Pastimes	1997	5+	社会
	The Christmas Story: The game（圣诞故事：游戏）	德国HABA	2001	4+	奇幻
	西游记	中国启幼	2014	5+	奇幻
	后羿射日	中国启幼	2014	5+	奇幻

第二节　支持幼儿基本认知能力发展的合作性棋盘游戏

基本认知能力主要包括感知、注意、记忆、表征等，是幼儿认识客观世界的前提，也是幼儿期发展最为迅速的心理功能。本节中所介绍的合作性棋盘游戏，其主要功能在于让幼儿在愉快的游戏中发展基本认知能力：如在"Buzz!"（嗡嗡！）中，幼儿的感知能力——

颜色匹配与视觉识别获得发展；在"The Color Dwarfs"（彩色矮人）中，搜集八种颜色礼物的任务同样可以促进幼儿颜色识别、匹配能力的发展；而"Save the Fairy Tale Treasure"（拯救童话宝藏）则更多地考察了幼儿的记忆与匹配的能力。当然，这一类合作性棋盘游戏对幼儿的意义并不仅限于促进基础认知能力的发展，而是以此为起点为幼儿全方位的学习与发展提供机会。

一、合作性棋盘游戏Orchard（果园）

德国HABA公司于1986年出品。该游戏适合3岁以上儿童，游戏时长一般为10～15分钟。

图5-1 "果园"的棋盘四角为四棵果树，分别是苹果树、梨树、樱桃树和李树。每棵树上可放十个相应的水果。棋盘中央为乌鸦拼图（3×3）的底板

游戏材料：

除图5-1的棋盘外，四种水果（绿色的苹果、黄色的梨、红色的樱桃和蓝色的李子）棋子各10个，9块乌鸦拼图，4个水果篮子，1个六面骰子（四面为绿、黄、红、蓝，代表四种颜色的水果，一面为乌鸦，还有一面为篮子）。

玩法介绍：

"果园"可供1～8位幼儿一起进行游戏，孩子们在游戏中承担采摘水果的任务。

游戏开始前，四种水果棋子分别摆放在棋盘相应的果树上，9块乌鸦拼图放在一旁，每个玩家拿一个水果篮子。

幼儿轮流掷骰子。如果掷到颜色，就采摘相应颜色的1个水果放入自己的篮子里，如果棋盘上已经没有该颜色的水果，则直接把骰子交给下一位玩家投掷；如果掷到篮子，则可任意采摘2个水果放入篮中；如果掷出乌鸦，则可将一块乌鸦拼图放在棋盘中央相应的位置（乌鸦图案上）。

在乌鸦拼图完成前，参与者如果采摘完了棋盘上全部的水果，则玩家获胜；如果还有水果没被摘完，那么玩家们就输给了贪婪的乌鸦。

游戏特点：

"果园"是HABA品牌的经典游戏系列，同时还有"记忆版果园游戏""小小果园游戏""果园卡牌游戏"等，这些游戏具有相似的故事情节，只是玩法有所不同，这种系列化的产品特点值得借鉴。

教育性和可玩性分析：

"果园"游戏不仅可以发展幼儿的颜色认知和数概念，还能够锻炼幼儿的计划性、策略性。小朋友们需要学会合理地采摘水果，不能仅仅专注于某一种水果，而要兼顾全局，因为最后需要把全部水果都摘走才能获胜，而且骰子掷出颜色时只能采摘固定的水果，所以幼儿需要格外珍惜掷出"篮子"的机会，认真思考该摘哪种水果，比较、权衡棋盘上不同水果的数量，并作出最佳的决策。当然，即便幼儿尚未发展出足够的计划性、策略性，游戏仍然可以轻松进行。

"果园"游戏的水果棋子、小篮子棋子造型都形象逼真，小巧可爱，同时采摘水果的任务又是儿童非常喜欢的，可以让儿童在愉快的游戏任务中自然而然地获得全面发展。

二、合作性游戏棋 The Ladybug's Costume Party（瓢虫的化妆晚会）

德国Selecta Spiel公司于2002年出品。该游戏适合4岁以上儿童，游戏时长一般为20分钟左右。

游戏材料：

棋盘1张（具体内容见图5-2）。

图5-2　"瓢虫的化妆晚会"的棋盘中央是由八片不同颜色花瓣组成的花朵，每一片花瓣上可以停放一只瓢虫；花朵中央有一个可以转动的指针；花朵下方的一片树叶上有八个圆圈，可以放置换装完成的瓢虫；棋盘左侧树叶上有七只黄色蚂蚁

瓢虫8只：瓢虫嘴部有一块磁铁，因为极性的缘故，有的瓢虫靠近后可以相互吸引，有的则会相互排斥；每只瓢虫身上都有5个孔，上面插着5根圆柱体，表示瓢虫身上的斑点。游戏开始时，将瓢虫放在棋盘中央的8片花瓣上，且每只瓢虫身上的斑点都是同一种颜色。

黄色蚂蚁7只，餐盘1个，餐盘上是蚂蚁爱吃的食物。游戏开始时，蚂蚁放在棋盘左侧的树叶上，餐盘放在7只蚂蚁的顶端。

玩法介绍：

"瓢虫的化妆晚会"可供2～4位儿童一起游戏，孩子们在游戏中扮演小瓢虫的角色。

游戏开始前，将8只红瓢虫和7只黄蚂蚁摆放在棋盘相应的位置。每一只瓢虫身上原本有五个颜色相同的斑点，游戏者需要帮助小瓢虫互换斑点，换成五彩的礼服（五种不同颜色的斑点），这样才能参加晚会。

游戏中，玩家轮流旋转棋盘中间的指针。如果指针指向花瓣，则停在这片花瓣上的小瓢虫就可以出发找同伴互换斑点了。玩家为小瓢虫找到一个同伴，并靠近它，如果两只瓢虫相互吸引，表示配对成功，双方可以互换一个斑点，此次换装成功；如果两只瓢虫相互排斥，表示配对失败，对方不同意交换，此次换装失败，此时要将小瓢虫放回原来位置，并将一只小蚂蚁向餐盘移动一步。如果指针指向花萼，则表示在这一轮中游戏者不能进行换装，同时，小蚂蚁也要向餐盘方向移动一步。

幼儿在游戏中要一起合作，帮助小瓢虫们不断地交换斑点，换上五彩的礼服。如果在所有小蚂蚁到达餐盘之前，八只瓢虫都换好了五彩礼服，则所有参与游戏的幼儿一同获得胜利！如果小蚂蚁们到达餐盘时，哪怕还有一只小瓢虫没有换好装，大家都挑战失败！

游戏特点：

瓢虫嘴部带磁性的设计很有特色，有助于游戏主题的开展，并让游戏更加生动活泼。

小瓢虫的背部有五个圆孔，可以将彩色小圆柱插入其中，代表瓢虫身上的斑点，可爱精巧的设计，使得幼儿很乐于动手为小瓢虫换装。

教育性和可玩性分析：

一方面，游戏能够丰富幼儿颜色识别、命名和匹配之经验，另一方面，为了取得胜利，儿童会试图找出更为便捷的换装方法，比如借助前期的经验，记住哪两只小瓢虫是相互排斥的，以减少错误配对的次数，这就为幼儿发展问题解决能力提供了机会与挑战！

"瓢虫的化妆晚会"的主题及道具非常具有童趣，游戏需要幼儿动手动脑，赶在贪吃的蚂蚁爬满餐桌之前，一起合作，为所有小瓢虫们换好五彩的礼服，这种紧迫感所带来的刺激体验增添了幼儿游戏的乐趣。

三、合作性游戏棋Hoot Owl Hoot!（小小猫头鹰要回家）

美国Peaceable Kingdom公司于2011年出品。该游戏适合4岁以上儿童，游戏时长一般为15分钟左右。

图5-3 "小小猫头鹰要回家"的棋盘非常漂亮，六种颜色的圆圈从棋盘边螺旋式地连接到棋盘中央猫头鹰的鸟巢

游戏材料：

除棋盘（见图5-3）外，游戏还有6个猫头鹰棋子、1个太阳棋子、50张卡片（其中包括14张太阳卡，六种带颜色的圆圈标识卡各6张）。

玩法介绍：

"小小猫头鹰要回家"可供2～4位儿童一起游戏。猫头鹰宝贝们在夜晚的森林中探索，他们玩得很开心，然而天快亮了，它们现在要准备回家了。小朋友们要在太阳升起之前，帮助所有猫头鹰回到自己的鸟巢。

游戏开始前，小朋友们要讨论好帮助几只猫头鹰回家，讨论好之后，就把相应数量的猫头鹰逐个摆在开始的位置，并把太阳棋子放在太阳开始升起的第一格上。然后将50张卡片洗好，背面朝上，垒成一叠。参与游戏的小朋友一人抽取3张卡片，并将3张卡片正面朝上摆在自己的面前。

开始游戏后，小朋友轮流从自己面前的3张卡片中抽出一张卡片。如果此时儿童手中有一张太阳卡，则必须马上使用它，将太阳棋子在太阳上升的路径上前进一格，然后再抽一张新卡片。如果此时儿童手中没有太阳卡，那么就可以挑选出一张彩色卡片，同时将某一只猫头鹰棋子向前移动到离它最近的与彩色卡片相同颜色的棋格。如果此时这个棋格上正好有另一只猫头鹰，那么这只猫头鹰可以飞越它，到下一个相同颜色的空格。为了增加趣味性，每当你飞越过另一只猫头鹰时，可以说"Hoot"，就好像在对它打招呼。如果和卡片颜色相对应的空格已经没有了，那么这只猫头鹰可以直接进入鸟巢。

如果所有猫头鹰宝贝在太阳棋子到达最后一格（即太阳升起）之前回家了，大家就都胜利了。在太阳棋子到达最后一格的时候，仍旧有猫头鹰没有回到鸟巢，那么大家就没有完成任务。

游戏特点：

游戏设置了三种难度水平，适合不同能力水平的儿童：

初级水平——3只猫头鹰一起回家，分别从1、2、3格开始游戏。

中级水平——4只猫头鹰一起回家，分别从1、2、3、4格开始游戏。

高级水平——6只猫头鹰一起回家,分别从1～6格开始游戏。

另外,游戏中,前进方向上如果有别的猫头鹰占据了相同颜色的空格,正在前进的猫头鹰就可以越过这只猫头鹰。这是使猫头鹰快速回家的好方法,也是非常适合幼儿学习的游戏策略。

教育性和可玩性分析:

这款棋的游戏情境充满了想象力,棋盘外观十分悦目,因此很容易激发幼儿游戏的动机。

游戏规则简单,适合合作水平尚比较粗浅的幼儿共同游戏。同时游戏也设置了不同的挑战难度,游戏的递进性合理。

游戏不仅能够丰富幼儿颜色识别、命名和匹配的经验,而且为了取得胜利,小朋友们还需尝试利用游戏提供的"飞越"策略,进而提高了问题解决能力。

四、合作性游戏棋Buzz!（嗡嗡!）

美国peaceable kingdom公司于2013年出品。该游戏适合5岁以上儿童,游戏时长一般为15分钟左右。

图5-4 "嗡嗡!"的棋具。一块描画采蜜路径和小熊行至蜂巢路径的棋盘,覆盖在相应颜色花朵上的花蜜棋子、装花蜜的小篮子以及小熊骰子

游戏材料:

棋盘1个（如图5-4）;六面骰子1个:数字代表小蜜蜂行走的步数,熊掌图标则代表小熊要向蜂巢方向前进一步,"All Play 3"（如图5-5）表示这一轮所有小蜜蜂都可以移动三步。装花蜜的小篮子4个（4种颜色）;花蜜24颗（4种颜色,每种6颗）;小熊棋子1个（可站立）。

玩法介绍:

Buzz! 可供2～4位儿童一起进行游戏,孩子们在游戏中扮演出去采蜜的小蜜蜂。

图5-5 "嗡嗡!"骰子六个面的内容

游戏开始前,每位儿童要选择一种颜色的篮子,将篮子放在棋盘角落的对应颜色处,同时将相同颜色的6颗花蜜棋子摆在棋盘相应颜色的花朵上。(注意:如果2位儿童参与游戏,那么他们只需要挑选2种颜色的篮子并放置相应颜色的花蜜,其余2种颜色的篮子和花蜜放在一旁,暂不使用。3位儿童参与游戏时则选择3个篮子,以此类推)小熊有自己单独的小路,它的出发位置由玩家人数而定(2人游戏则需要小熊从标有2的棋格处开始向前走)。

游戏过程中,游戏者轮流掷骰并移动篮子。儿童在游戏中要尽快用篮子采集到属于自己颜色的6颗花蜜,然后尽快赶回蜂巢。如果所有儿童都在小熊到来之前回到蜂巢,小蜜蜂们就赢了,大家一同获得胜利! 如果小熊到达蜂巢时,任意一只小蜜蜂还未归来,大家都挑战失败了!

游戏特点:

这款棋整体风格活泼可爱,设计精美,很有质感。无论是棋盘的配色,图案的设计,还是小熊憨厚的形象,都很吸引人,容易激发儿童参与的兴趣。事实上,"Buzz!"在参与人数较少的情况下,更适合小年龄儿童玩,因为它规则简单易懂,合作的难度不大。

值得一提的是,棋盘上小蜜蜂的路线有很多条,走哪个方向(向前、向后或是向两旁)都由儿童自己决定,这种开放性给儿童提供了丰富的选择与挑战机会,也增添了不少乐趣! 游戏中小熊的出发位置可以依据人数来选择,这种灵活的设计思路也值得借鉴。

教育性和可玩性分析:

游戏为儿童提供了颜色匹配、视觉识别、数概念等基本认知能力发展的机会。而且,要想取得胜利,孩子们还需要在掷出骰子之后比较不同路径的优劣,做出最佳的决策,这个过程促进了儿童计划性、策略性和空间思维的发展。

游戏中,在小熊到达蜂巢之前,所有小蜜蜂都要采集到各自的花蜜,并且都要回到蜂巢,才算胜利。这一胜利条件有利于促进儿童合作能力的发展,他们需要适时提出建议,帮助同伴尽快采集到更多花蜜。

五、合作性棋盘游戏 Avanti mare!(小鱼快游!)

德国Selecta公司于2000年出品。该游戏适合3岁以上幼儿,游戏时长为10分钟左右。

游戏材料:

棋盘由13块拼板组成(见图5-6),其中1块代表大海,1块是小船所在处,11块表示河流。一艘可以嵌进棋盘的小船,小船上有两个渔夫,一个是红颜色的,一个是绿颜色的。四条不同颜色的小鱼,以及一个六面骰子,骰子的六个面分别印有代表四条小鱼和两位渔夫的颜色块。

玩法介绍:

"小鱼快游!"可供2～6名幼儿一起游戏,所有儿童组成一个团队集体行动。在每一局游戏开始之前,儿童可自主选择是代表小鱼还是代表渔夫。如果代表小鱼,儿童在游

图5-6　"小鱼快游！"的棋盘是模块化的，由13块可相互连接的拼板组成

注：本图为Ravansburger公司于2012年出品的版本，该版本的外观在Selecta公司2000年版本基础上有所优化。

戏中目标将是让小鱼尽快游回大海；如果代表渔夫，游戏的目标则是捕捞更多小鱼。

游戏开始前，儿童需要先将棋盘摆好——棋盘一端是小船所在处，另一端是大海，中间是11条代表河流的拼板，其中四条小鱼所在的拼板位于所有拼板的正中间位置（左右各5块拼板）。

游戏开始，玩家轮流掷骰子，如果掷出和任何一条小鱼相同的颜色，则让对应颜色的小鱼向大海方向游一格；如果掷出和任何一位渔夫相同的颜色，则将小船前方的一条纸板抽走，放置在小船的后面，代表小船在河流中前进了一格。

当小鱼顺利游到大海时，它就安全了，渔夫不能再去捕捞它了。如果此时依旧掷出与这条小鱼相同的颜色，则可以选择正在河流中的任意一条小鱼向前游一格；在小朋友扮演渔夫的游戏中，如果一条小鱼被渔夫捉到，而接下来正好又掷出了与这条小鱼相同的颜色，这时小船也可以前进一格。

如果这一局游戏中儿童扮演小鱼，那么当所有小鱼全都游进了大海，儿童就赢了。如果这一局游戏儿童扮演渔夫，那么只有当所有小鱼都被渔夫捉走了，儿童才算赢。

游戏特点：

"小鱼快游"的一个重要特点在其棋盘是模块化的、可自由拼接的，这不仅增添了游戏的趣味性，而且可以根据儿童的游戏水平调整棋盘的摆放方式。例如标准玩法是小鱼所在的拼板位于11块拼板的正中间位置，但是如果幼儿想挑战更高难度，可以将小鱼的拼板放置在离小船更近一些，离大海更远一些的位置；如果幼儿游戏技能还比较弱，则可以将小鱼所在纸板离大海更近一些。另外，儿童在游戏前可以相互商量这一局是帮助小鱼还是渔夫，使得游戏可以从两个方面展开，这与其他合作性棋盘游戏相比规则更加灵活，值得借鉴。

教育性和可玩性分析：

游戏的玩法简单，适合年龄较小的幼儿学习颜色的匹配与识别。游戏开始前与同伴协商该代表哪一方的时候，既可以锻炼幼儿的判断能力，又可以发展语言表达能力和倾听技巧。另外,这款棋的棋盘设计非常精美且有新意,画面中有许多形态各异的小人,有的在游泳、有的在钓鱼、有的在晒太阳,而且还有许多可爱的小动物,像小狗、青蛙、大白鹅、海豚、章鱼等,这些动物和人物形象虽然与游戏进程本身没有太多联系,却能够更好地激发幼儿游戏的兴趣。

六、合作性游戏棋 World of Disney Eye Found It(发现迪士尼)

美国 Wonder Forge 公司于2009年出品。该游戏适合4岁以上儿童,可供1～6人同时进行游戏。

图5-7　"发现迪士尼"的棋盘由3块可折叠纸板拼接而成,完整的棋盘长度将近2米,适合放置在地面上进行游戏

游戏材料:

除图5-7描述的3块拼接式棋板组成的棋盘外,还有6个迪士尼卡通形象棋子,1个转盘,30张任务卡片(15张卡片的背面为红色米奇头像,另外15张为蓝色米奇头像),10个米奇发现套环,1个计时沙漏。

玩法介绍:

"发现迪士尼"是一款以寻找发现为主的合作性棋盘游戏,游戏鼓励玩家共同在棋盘上寻找特定图案,合作完成发现任务。

游戏前,玩家需要先将游戏棋盘拼接好,这一过程好似玩拼图,可以让孩子们体验动手的乐趣。接下来,玩家需要选出代表自己的角色,将其放到起点位置,并且将终点处的时钟调至12点的起始位置。同时将游戏过程中用到的转盘、卡片、沙漏和发现环放置在棋盘附近,其中,卡片背面朝上放置(印有米奇头的一面朝上)。

游戏开始，玩家轮流转转盘。转盘分为12格：有8格为1～8的普通数字格，如果转到普通数字格，玩家只需要将自己的角色棋子在棋盘上前进相应步数；如果转到标识为1或2的城堡数字格，那么玩家需要将终点城堡上的时钟顺时针旋转1格或2格；如果转到红色或者蓝色的米奇头像格，那么玩家就要一起挑战"发现任务"了。此时玩家需要翻开一张红色或蓝色米奇卡片，看看卡片上的内容是什么。例如，卡片上印有"船"，那么接下来大家就要在一轮沙漏漏完之前，努力寻找出棋盘上所有的船，每找到一艘船就放置一个米奇发现环在上面。时间到后，数一数棋盘上有几个米奇发现环（也就代表着一共找到了几艘船），所有人的角色棋子就都相应地前进几步。

如果在终点城堡上的时钟达到12点之前，所有人的棋子都能顺利到达终点，那么大家就一起赢了。但如果此时，还有棋子还没有达到终点城堡，那么大家就一起输了。

游戏特点：

"发现迪士尼"最大的特色莫过于它巨大的棋盘了，因为棋盘达到了令人惊讶的长度，因此也更适合全家人一起玩——孩子们在成人的帮助下将棋板拼好、铺在地上，一家人围着棋盘，说着自己最喜欢的迪士尼场景和角色，在发现任务到来的时候紧张地搜寻棋盘的每一处细节，每发现一处都会引得大家一阵欢呼……不仅如此，整个巨大的棋盘在细节设计上也非常精细、优美，其中的画面和角色都是小朋友们非常熟悉和喜欢的。而且，这款棋的外观、主题和"寻找"机制结合得也非常紧密且巧妙。

值得一提的是，"发现迪士尼"中，玩家发现目标物体的数量能让每个人都前进同等数量的步数，真正促成了玩家间的合作——每个人的努力都能为集体做一份贡献，努力的结果被大家共享，而不再存在谁多谁少的竞争关系。

教育性和可玩性分析：

"发现迪士尼"的游戏任务一开始，儿童需要理解卡片上的简单图案（或文字），并与棋盘上场景中的复杂图案相对应，这个过程中，儿童对符号、图像的理解及对应能力获得了提升。转盘上1～8的数字以及终点时钟的设置，也都在无形中巩固了儿童关于数字和时钟的知识。所有玩家一同寻找目标物体可以促进儿童亲社会行为的发展（如帮助、分享），而寻找的过程中又进一步提高了儿童的观察力、记忆力以及快速反应的能力。

七、合作性游戏棋The Color Dwarfs（彩色小矮人）

德国HABA公司于2008年出品。该游戏适合3岁以上儿童，游戏时长约为10分钟。

游戏材料：

棋盘1个；彩色小矮人棋子1枚；功能卡片50张（其中包括36张物品图案卡，6张仙女卡片，8张小恶魔卡片）；礼物卡片32张（8种颜色的礼物，每种各4张）；小矮人礼物盒卡片4张（每张卡片上都有8个空格，用于盛放礼物）。

图5-8 彩色王国里生活着8个小矮人,每个小矮人都有自己最喜欢的颜色,红色的小矮人最喜欢红色,所以他的房子是红色的。绿色的小矮人最喜欢绿色,所以他拥有一座绿色的房子。有一天,彩色王国来了另一个小矮人,它叫彩色小矮人,因为它喜欢所有的颜色。它要拜访王国里每一个小矮人的家,并获得礼物。从红色小矮人那里得到红色的礼物,从绿色小矮人那里得到绿色的礼物……

玩法介绍:

游戏前,玩家将棋盘放置好,棋盘上有两种格子,一种是道路格子,另一种是彩色房子(注:任何一个道路格子都可作为彩色小矮人的起点)。每一种颜色的礼物卡片都要放在相应颜色的房子里,每个房子4张。所有功能卡片叠成一摞,背面朝上,放在棋盘边上。玩家一起取出一张礼物盒卡片,用于放置彩色小矮人收到的礼物。

游戏中,玩家轮流翻开功能卡片,每次一张,卡片上的内容决定彩色小矮人的移动方式:

如果抽中物品图案卡片(卡片上有一种或多种物品,物品则有一种或多种颜色),玩家要说出卡片上的一种颜色(比如,卡片上的图案为萝卜,玩家可以选择说出橙色或绿色)。说好之后,就可以将彩色小矮人顺时针移动到下一个对应颜色的格子上。移动彩色小矮人时,如果小矮人落在房子棋格上,则可以获得一份礼物;如果落在道路棋格上,则没有礼物。

如果玩家很幸运地抽到仙女卡片,则玩家只需要说出身边某一物体的颜色(要与8个房子的颜色中的一种匹配),小仙女就可以带着彩色小矮人直接飞到这个颜色的房子上,并获得一份礼物。

如果抽到小恶魔卡片,则表示小恶魔参观了一座小矮人房子,并且它会施魔咒,玩家不能移动彩色小矮人,也不能获得礼物。

在8张小恶魔卡片被翻光之前,如果玩家顺利收集到8张礼物卡片,则所有玩家胜利;如果8张小恶魔卡片都被翻开,也就意味着小恶魔参观完了8座小矮人房子,这时所有玩家都输了。

游戏特点:

"彩色小矮人"的主题充满童话色彩,棋具也具有HABA品牌的一贯作风,小巧可爱。而且,这款棋除了上文介绍的合作性玩法外,也有竞争性的玩法,还有针对年龄稍大儿童的难度升级版本,玩法多样,在灵活性方面表现出色。另外,儿童还可以依据自己的能力水平调整赢棋的条件,使得游戏更具开放性。

教育性和可玩性分析：

游戏中，幼儿需要翻开功能卡片，并按照卡片上的内容进行操作，游戏既包含一定的运气成分，满足了幼儿的好奇心，又要求孩子们按规则行事。功能卡片决定了棋子落在哪一种颜色的格子上，幼儿需要对颜色进行识别和匹配，这有利于年幼儿童基本认知能力的发展。游戏的目标是搜集足够数量的小礼物，这一过程为年幼儿童带来了满足感和乐趣。

八、合作性游戏棋 The Fantastic Forest（魔法森林）

法国 Bioviva 公司于 2009 年出品。该游戏适合 4 岁以上儿童，游戏时长一般为 20 分钟左右。

游戏材料：

1 张游戏棋盘，16 张解药任务卡，16 块圆片（蓝、黄、棕色圆片各 5 块，运气圆片 1 块）、1 个炼炉、6 枚动物棋子（两只蓝青蛙、两只兔子、两只猫头鹰）、1 个骰子。

玩法介绍：

可怜的魔法师 Meluan 被邪恶的女巫下了诅咒，森林里的动物们正全力以赴一同为 Meluan 找解药，使他获救。

游戏前，玩家可选择游戏难度：不同的任务卡上标识了若干种不同的解药成分，例如睡莲、红花、海藻、松果、苹果等，玩家可以根据游戏人数或整体水平选择不同难度的任务卡。选定任务

图5-9 "魔法森林"的棋盘造型为圆形，动物棋子从圆心出发，太阳则绕着圆周运行

卡后，大家需要在规定时间（1 分钟）内一同记忆卡片上的内容，然后将任务卡片翻过去背面朝上。接下来，大家要一同找寻任务卡上的解药成分，放入棋盘中间的炼炉。

玩家将代表解药成分的圆片放置在棋盘对应的棋格上。注意：每样成分对应两个棋格，玩家可以自由选择放置在哪一个之上。接下来，每位玩家选出属于自己的角色棋子。如果选择了蓝青蛙，那么游戏中它只能走蓝色棋格，相应地获得水中生长的解药成分；如果选择兔子，那么游戏中它只能走土黄色的棋格，相应地获得在地上生长的解药成分；如果选择猫头鹰，那么它只能走深棕色棋格，相应地获得在树上生长的解药成分。

游戏开始了，将炼炉放置在棋盘中央的火苗上，动物们背对炼炉从靠近棋盘中央的位置出发。太阳也准备从第一组两颗星星之间绕圆周行进。大家轮流掷骰子：如果掷到了某一种动物的代表色，持有该动物棋子的人就可以走到离自己最近的同色棋格；如果掷到三种颜色，那么所有的动物都可以行进一次；如果掷到了顽皮的小妖怪，则要将棋盘上

已有的解药圆片换到另一个可以放置的棋格中；如果掷到了魔法棒，那么大家都有一次投掷运气圆片的机会：如果掷到了魔法棒一面，那么他可以将自己操控的棋子变成任意一种动物；如果掷到了南瓜一面，那么变身失败，下一轮该角色要休息一次。需要注意的是，每一轮最后，大家都要共同将太阳推进一格。

　　游戏最后，当太阳运行一周（也就是天黑时），如果大家还没有集齐解药的成分并放入炼炉中，那么大家共同挑战失败。如果在天黑前大家集齐了解药成分，便可以共同翻开任务卡片：如果大家记忆正确，配置出了解药，那么大家共同挑战成功，魔法师Meluan被成功解救；如果大家记错了解药的成分，那么大家共同挑战失败了。

　　游戏特点：

　　"魔法森林"中很有特色的游戏机制是：每位玩家投掷骰子时，都是为大家共同投掷骰子，也就是说骰子投掷的结果是共同带给大家的：要么某种动物棋子都前进，要么大家的棋子都前进，要么大家的解药圆片都变换位置，要么大家都获得投掷运气圆片的机会。这大大增强了每位玩家的参与感，提升了游戏互动的强度，更让大家真正体验合作性游戏的价值：人人为我，我为人人。同时游戏设计没有忽略儿童的游戏偏好：他们往往喜欢扮演属于自己的角色。但一种角色两个棋子的设置，不仅是出于游戏整体布局的考虑（三种颜色的棋格），还为了保证游戏的公平，更是为了与合作性游戏的氛围相呼应：例如，掷到了黄色面，代表兔子的自己和同伴可以共同前进！

　　教育性和可玩性分析：

　　游戏任务设置本身，就带有强烈的记忆游戏色彩：规定时间内，大家要一同记忆解药的成分，然后卡片将被翻过去，记忆任务贯穿了游戏始终。由于是合作性游戏，过程中同伴们还会相互讨论记忆的结果，这也会让记忆水平较低或记忆出错的儿童在与他人讨论甚至争辩的过程中，修正记忆的结果。在这一过程中，儿童的记忆水平无疑得到很大的提升。

　　同时游戏中涉及的三种颜色动物棋子与三种颜色棋格的对应关系，以及每种颜色棋格象征的水、土地、树与植物、果实的对应关系，无形中增强了儿童关于颜色的认知，增加了有关植物生长的知识。

九、合作性游戏棋Save the Fairy Tale Treasure（拯救童话宝藏）

　　德国Selecta Spielzeug公司于2006年出品。该游戏适合5岁以上儿童，游戏时长一般为20～30分钟。

　　游戏材料：

　　棋盘一张（具体结构如图5-10）；24张两两成对的图画书卡片（每一片只有一半的图画）；21块和故事小图片一样大小的草坪（另一面是灰土）；14页完整故事页（包含封面、封底）；一棵可拼接的立体樱桃树；不同颜色的小朋友棋子4颗；国王棋子1颗；一本大故事书（用于交代游戏背景）。

图5-10 "拯救童话宝藏"的棋盘"王宫花园"即为包装纸盒的底盖，内部有4×6个格子，花园四周有一圈小石子铺成的小路，是国王散步的地方

游戏盒中还包含一张带有12个格林童话故事英文名称对照表（上面有12个故事代表的图片）。大部分故事都是大家耳熟能详的格林童话，如《白雪公主》《睡美人》《青蛙王子》等。

玩法介绍：

邪恶的国王几乎烧毁了所有的童话书。最后剩下的一本，每页也都被撕成了两半，散落在花园中。现在小朋友们要赶在国王散步回来之前，抓紧找到匹配的图画书碎片，并带着它们离开花园。

游戏开始前，玩家要把长条形的石子小路围在棋盘四周，这是国王散步时要走的路。还要在王宫花园大门的斜对角处放一棵樱桃树，小朋友们可以从树上翻进花园。24张图画书卡片朝上随机排列在花园里（即游戏盒底部），排好之后让所有玩家先看一眼，记得大概的位置，再在上面覆盖草坪卡片，灰色泥土面朝上，一一覆盖在图画书卡片上方。因为草坪卡片只有21张，因此最后会剩下3张图画书卡片没有被盖到（需确保此3张卡片彼此不成对）。

开始游戏时，游戏者各选一个颜色的小人棋子，将樱桃树下的那一格草坪翻过来（绿色面向上），这一块草坪就是小朋友们的起点。国王则从王宫外大门处开始散步。

游戏时玩家轮流移动草坪卡片（推动一张卡片，使其向上、下、左、右任意方向移动；移动时可以连带推动旁边的一排卡片，直到它碰到其他草坪卡片或者挤到墙壁上不能再移动为止），每个玩家每一轮可以移动两下。

如果移动后，有两张相匹配的图画书卡片露出来了，那么这名玩家就可以把这本书搜集起来。如果移动后没有发现可匹配的图画书卡片，则国王要在石头小路上前进一步。

如果在国王散步一圈回来之前，12个故事已全部找齐，这一刻，花园里所有的草地全都变成绿色（大家一起帮忙翻成全绿），小朋友们成功了；如果国王在所有小朋友们逃出花园之前，就回到了花园大门口，那所有玩家都输了，坏国王得以继续统治这个没有故事的灰秃秃的王国。

游戏特点：

这个棋盘游戏通过12张图片，将12个格林童话故事结合到游戏中来，使故事和游戏融为一体。这一设计十分巧妙地让那些喜欢听童话故事的小朋友，也会喜欢上这个拯救童话故事的大作战，同时也让那些喜欢游戏的小朋友爱上童话故事，一举两得！

教育性和可玩性分析：

从玩法上看，这款棋盘游戏融合了两种玩法，首先是玩家通过移动棋子，尽快走到门口；其次是翻牌记忆游戏。这对幼儿来说充满挑战性和趣味性，记住24张卡片的位置对于低龄儿童而言，具有一定难度，但通过与同伴共同合作，问题也总能迎刃而解。

十、合作性游戏棋The Haunted Clock Tower（抓鬼大队）

德国Ravensburger公司于1994年出品。该游戏适合5岁以上儿童，游戏时长一般为15分钟左右。

游戏材料：

除图5-11所描述的棋盘外，还有8种颜色（红、橙、黄、绿、蓝、紫、黑、白）的小鬼卡片24张，每种颜色各3张，同种颜色的小鬼同属一个家族。

玩法介绍：

游戏开始前，将24张小鬼卡片背过来，随机地放置在钟楼棋盘的四周，同时将时钟拨到10点整。

游戏开始，玩家轮流翻开小鬼卡片，若翻开卡片中的小鬼颜色与前一位玩家翻的相同（同一家族的小鬼），这位玩家还可继续翻开一张小鬼卡片。如果连续翻到3张同颜色的小鬼卡片，就可以把他们请回家（三张卡片一起放在钟楼相应颜色的房间中）。

图5-11 "抓鬼大队"的棋盘为一个钟楼，钟楼里有八个房间，分别住着八个家族的小鬼，钟楼上钟面的时针和分针可以拨动。午夜时分，八个家族的小鬼在塔楼间开派对，小朋友要进去抓住它们，把它们送回房间睡觉，不要吓到别人……

若翻开的卡片与之前已经翻开的小鬼颜色不同，则所有翻开的卡片均要翻回背面盖住，且时钟往前走5分钟。然后游戏继续，直到所有小鬼家族都被发现为止。

如果在时间到达12点之前，所有小鬼都被抓回房间，则参加游戏的所有儿童都获得胜利；如果12点到了，还有小鬼在外游荡，大家挑战失败。

游戏特点：

"抓鬼大队"的主题虽然是抓小鬼，但是游戏一点也不可怕，反而以可爱的小鬼造型和卡通的钟楼城堡深深吸引着儿童。

与本书第一章介绍过的"石头汤"类似，"抓鬼大队"也使用了翻牌记忆机制，但不同于普通的翻牌记忆类游戏，"抓鬼大队"需要玩家翻开3张相同卡片，这增加了记忆难度，也更体现出本游戏中合作、分工记忆等策略运用的重要性。

教育性和可玩性分析：

"抓鬼大队"的教育价值主要表现在翻牌记忆的玩法可以锻炼儿童的记忆能力、发展儿童的记忆策略。同时，"抓小鬼"的游戏主题非常吸引儿童，游戏中相互合作的关系又使得游戏氛围较为轻松。总之，这是一款不错的发展儿童记忆力的棋盘游戏。

以上这些以发展儿童基本认知能力为目的的合作性游戏棋，其共同特点是外观的色

彩非常鲜艳、形象也充满童趣，使得儿童在游戏中自然而然地对颜色、形状、图案产生感知与记忆。另外，上述多款游戏都属于记忆类游戏，但记忆的形式有所不同，如在"瓢虫的化妆晚会"上，儿童要对瓢虫的空间位置与事件（瓢虫之间磁性是否一致）进行记忆；在"发现迪士尼"中，儿童在执行一个搜寻任务时，如果能对棋盘整体的布局和其中物品进行记忆，则有助于下一次搜寻任务；"抓鬼大队"则属于比较经典的翻牌记忆游戏，需要儿童在卡片图案与空间位置之间建立联系。总的来说，由于儿童认知发展水平有限，因此大部分此类游戏都在围绕观察、匹配与记忆方面做文章，同时结合儿童喜欢的游戏主题，让认知与学习活动变得更加有趣。

第三节　支持幼儿思维发展的合作性棋盘游戏

　　思维是认知的高级过程，儿童早期的思维发展主要包括概念形成、分类、判断与推理等方面，思维发展综合体现在问题解决之中，而合作性棋盘游戏可以在游戏的情境中支持幼儿思维的发展。下面列举的几款游戏中，"Der Tiger ist Los!""Max""Mermaid Island""母鸡去散步"要求幼儿积极与同伴的沟通、协商，站在不同的角度来思考棋局，从而帮助幼儿在游戏中逐渐摆脱思维的自我中心；"Outfoxed!"是一款典型的侦探类游戏，游戏中幼儿需要收集线索并通过分析找出疑犯，在分辨、排除疑犯的过程中，幼儿的概念化、抽象、概括、分类与判断能力皆得到全面的锻炼；"Caves & Claws"是丛林寻宝游戏的典型，开放性强，需要幼儿自己搭建棋盘道路，同时对游戏中出现的多种信息进行筛选并做出判断与选择，这一过程中幼儿思考的逻辑性得到了极大的锻炼；"猜一猜"是一款结合了推理与记忆的游戏，让幼儿直观感受到概率与判断的关系。以支持幼儿思维发展为主要功能的合作性棋盘游戏可以将拥有不同想法和能力特长的孩子们聚集在一起，让大家一同开动脑筋，体验思维的碰撞，通过大家共同的聪明才智来完成任务。

一、合作性棋盘游戏Max（麦克斯）

　　加拿大Family Pastimes公司于1986年出品。该游戏适合4岁以上儿童，游戏时长一般为15～20分钟。

游戏材料：

棋盘1张，相同的六面骰子2个（其中三面为一个黑点，另外三面为一个绿点）；动物棋子4个（名为Max的猫、老鼠、小鸟、松鼠各1个）；猫咪食物和玩物小卡片4张（奶酪、逗猫草、猫食和牛奶各1张）。

玩法介绍：

在棋盘游戏"麦克斯"中，玩家要帮助三只小动物（老鼠、小鸟和松鼠）尽快回到它们

图5-12　"麦克斯"的棋盘左上角是猫咪麦克斯的家,中央的一棵大树则是老鼠、小鸟和松鼠的家

的家中（大树上）,同时还要注意不要让猫咪麦克斯追上。

　　游戏开始前,把小鸟、老鼠和松鼠棋子全部放在起点处（画有树桩的棋格）,把猫咪放在猫窝里,猫咪的食物和玩物放在猫窝前。

　　游戏中,每位幼儿轮流掷骰子,每次同时掷两个骰子。一个绿点表示任意一只被追赶的小动物前进一格,一个黑点则表示猫咪麦克斯前进一格。

　　每只被追赶的小动物都有一个抄近路的机会——如果一只小动物刚好落在印有自己图案的彩色棋格上,则表示可以走小路到下一个相同图案的棋格。然而猫咪在这三个特殊棋格都可以抄近路（如果猫咪所在位置的下一格就是可抄近路的棋格,但骰子掷出两个黑点,则猫咪只能走两格,不能抄近路）。

　　当猫咪快要追上小动物时,幼儿可以在掷骰子之前,将一张猫咪食物或玩物卡片放进猫窝里,这时猫咪就必须回到起点,重新从起点开始追赶小动物。每一张食物/玩物卡片只能使用一次。

　　如果三只小动物在被追上之前都回到了树上的家中,那么所有儿童一同获得胜利!如果任意一只小动物被追上或是猫咪走到了小动物前面,大家都挑战失败!

　　游戏特点:

　　"麦克斯"这款棋已经有30年的历史了,属于早期的幼儿合作性棋盘游戏,因此它的棋盘和棋子难免显得有些陈旧,但是简单的材料丝毫不会减少游戏带来的乐趣。而且,这款棋中猫咪与三只小动物之间的追赶也是合作性棋盘游戏的经典游戏机制之一。猫咪虽然走得快,但是很贪玩,容易被猫窝里的食物和玩具吸引,这个设计为幼儿取得胜利提供了机会,同时也让整个游戏过程跌宕起伏。

　　教育性和可玩性分析:

　　"麦克斯"中帮助三只小动物回家的主题符合幼儿的兴趣和喜好,同时,一不小心就会被猫咪追到的情境也增加了游戏的紧张感,使得幼儿玩游戏的过程更加专注。

　　在这款游戏棋中,掷骰之后的点数该如何分配以及应该何时给麦克斯投放食物,幼儿之间肯定会有不同的看法:有的孩子可能会偏爱某一只小动物,从而只顾着这只小动物一路前进，忽略了另外两只小动物；有的孩子可能让一只小动物前进两格的时候导致它错过了抄近路的机会；有的孩子喜欢冒险，即使麦克斯马上就要追上来了，也不愿意投放食物；有的孩子则相对保守，早早地就在麦克斯的家里放好了食物……正是由于每个人有不同的想法，才使得幼儿在游戏中可以意识到那些与自己不同的想法和行为，产生认知冲突。另一方面，尽管大家的想法并不一致，但是在合作性棋盘游戏中，所有人都有共同的目的和利益，这也给了幼儿一个机会可以学会欣赏、倾听甚至接受他人的意见，理解、权衡思考问题的不同角度，摆脱思维的自我中心。

二、合作性棋盘游戏 Woolfy（三只小猪）

法国 Djeco 公司于 2009 年出品。该游戏适合 5～8 岁儿童，游戏时长一般为 20 分钟左右。

游戏材料：

棋盘 1 块（如图 5-13），小猪棋子 3 枚（红、绿、蓝三种颜色），大灰狼棋子 1 枚，六面骰子 3 个（红、绿、蓝三种颜色，与小猪相对应），煮锅 1 个，搭建式砖房。

图 5-13 "三只小猪"的棋具小巧而精致：三只小猪各自拥有与自己颜色一致的骰子；"砖房"是大家在游戏中一块块搭建起来的；棋盘主要有一条环形路径，环形路径上有三座房子，分别是草房子、木头房子和砖房子

玩法介绍：

"三只小猪"要求幼儿共同帮助三只小猪搭建好砖房，躲避大灰狼的追捕。

游戏前，玩家需要先将煮锅放置在棋盘中央，将大灰狼棋子放置在棋盘左下角的起点处（标有大灰狼图案），将三只小猪棋子放置在棋盘右方的起点处（有蓝色、绿色和红色三个圆点），将砖房零件放置在棋盘左上角周围，并将骰子放置在棋盘周围待用。

游戏开始，大家一同操纵三只小猪棋子，并轮流掷骰子。每次掷骰子前，幼儿要选择这一轮想让哪只小猪前进，如果想让绿色小猪前进，那么就拿起绿色骰子。不同颜色的骰

子代表不同颜色的小猪,但其六面的图案都相同:

如果掷到1～3点,则代表这种颜色的小猪可以前进1～3步;如果掷到大灰狼图案,则代表大灰狼前进1步。注意哦,大灰狼只能在印有大灰狼的棋格上前进,因此它是跳着前进的;如果掷到房子图案,那么小猪可以跳到离它最近的草房、木房或者砖房(如果砖房已经搭建完成)。当小猪跳到房子内时,大灰狼即便经过了小猪身旁,也无法抓住它,因为此时小猪有房子的保护。

需要注意的是,大灰狼在整个游戏中前进方向是顺时针方向,而小猪每一次掷骰子后都可以根据当时的情形选择任意方向前进。

当大灰狼追上小猪时,可怜的小猪将被送入大煮锅中,而此时,营救小猪的任务就落在同伴身上了。当同伴小猪正好走到煮锅棋格时,煮锅内的小猪获救,又可以继续掷骰子前进。

当任意一只小猪正好走到砖房前时,都可以为砖房加盖一层。当砖房加盖完成,并且三只小猪都顺利到达砖房时,游戏结束,大家一同获胜!反之,在砖房加盖完成之前,如果三只小猪都落入了大灰狼的煮锅中,那么大家一同挑战失败。

游戏特点:

"三只小猪"的游戏主题、玩法与经典童话故事《三只小猪》结合紧密,同时,在游戏的趣味性方面也颇下功夫,棋具外观之精美与用心也非常能够体现Djeco这家公司的设计理念:塑胶制成的狼和小猪棋子让幼儿可以捏一捏、玩一玩,爱不释手;大煮锅的造型生动、形象,而三只小猪进入大煮锅的情境让人既着急又忍俊不禁;砖房的拆分设置更是很巧妙,让幼儿能够真正体验到故事中三只小猪为了躲避大灰狼建造砖房子的不容易,也能让幼儿体验到大家合作建造一幢房子的喜悦与满足。总之,这一切都充分满足了儿童的想象力,让儿童可以沉浸在童话故事中游戏。

教育性和可玩性分析:

"三只小猪"在可玩性方面的特点上文已经提到,这里主要介绍它在教育性方面的价值。

首先,从掷骰子说起,游戏为每个小猪都配备了属于自己的骰子,考虑到合作性游戏中大家一同操控三只小猪,因此这一设计促使儿童在行动前好好动脑思考接下来该帮助哪一只小猪前进,才能对整体局面有利。

其次,"三只小猪"中棋子的前进方式与其他游戏皆有所不同,小猪棋子有时(掷出1～3的点数)要一格一格地走步,有时(掷出房子图案)则可以跳着走,而且前进的方向也可以根据局势而改变,大灰狼则是跳着前进。这增加了游戏的不确定性和难度,需要幼儿积极思考该如何根据棋局快速改变行棋路线,尽量不让大灰狼追赶上小猪。

最后,当大灰狼追上小猪后,小猪进入煮锅,这个时候如何救出同伴又考验了幼儿的空间思维和策略运用——要怎么躲避大灰狼的追赶,同时又能尽快到达煮锅救出同伴;被救小猪应该从哪个煮锅棋格(煮锅附近有两个煮锅棋格)中逃生才不会被大灰狼捉住……

总之,在这样一场既要躲避大灰狼,又要盖房子,同时还要救出煮锅中的同伴的多重任务游戏中,幼儿的判断力、决策力、空间思维等都能得到很好的锻炼。

三、合作性棋盘游戏 Der Tiger ist Los!（老虎出栅）

德国 Amigo 公司于 1998 年出品。该游戏适合 5 岁以上儿童，游戏时长一般为 15 分钟左右。

游戏材料：

棋盘 1 张（如图 5-14），棋子 8 枚（红、黄、绿、白颜色各 2 枚），大小老虎棋子各一枚，3个栅门，2 个骰子，其中一个是六面点数骰子，另一个为六面颜色骰子（红黄蓝三色，每一色各两面，与老虎爪印的颜色相对应）。

图 5-14　"老虎出栅"棋盘设置：左上角是玩家的起始位置；环形道路的中央是老虎圈，虎圈正中央有一块棕色区域，虎圈内还有三条绿色棋格组成的路；棕色环形道路与绿色棋格连接的地方，有三个不同颜色的爪印棋格

玩法介绍：

"老虎出栅"游戏适合 2～4 人一起玩，游戏中玩家扮演游客的角色，为防止动物园内的小老虎跑出栅门，须共同合作将动物园的三个栅门关闭。

每位玩家执同种颜色的两个棋子，游戏开始前，将大老虎棋子放在棋盘上没画老虎的棕色区域（如上图 5-14），小老虎棋子置于棋盘最中央的棕色区域。3 个栅门（颜色与爪印对应）分别放置在与三个老虎爪印棋格相连的绿色棋格左方的网格线上（代表栅门打开）。

游戏时，儿童轮流掷骰子，每位玩家同时掷 2 个骰子，并根据点数骰子所示点数移动自己的任一棋子朝任一方向（左或右）行对应步数，同时根据颜色骰子所示颜色将小老虎棋子向对应颜色的爪印格方向移动 1 格。当小老虎沿着某一颜色方向行进，而下一轮又掷出其他颜色时，须将小老虎转向新的颜色方向行进。

玩家棋子只能在棋盘的棕色环形道路上移动。老虎棋子则只能在绿色棋格上移动（最终目的是到达爪印棋格）。同一个棕色棋格内允许多枚玩家棋子停驻，而当爪印棋格恰好有两枚玩家棋子（同色或异色均可）停驻时，便可将对应颜色的栅门关闭（移动栅门挡在爪印格与绿色棋格之间）。栅门关闭后，如果再次掷出已关闭栅门的颜色，则小老虎棋子本轮不再移动。

当小老虎棋子第一次到达爪印棋格时，玩家要将其送回棋盘中央的棕色区域位置。此时，大老虎棋子可向着中央棕色区域方向移动一格。若小老虎棋子到达的爪印棋格内已有其他玩家棋子停驻，则玩家棋子将往左或右移动一格。当小老虎棋子第二次到达爪印棋格时，即算顺利跑出栅门。此时，玩家要将小老虎棋子放置在棋盘环形道路外的三个区域（乌龟区、海豹区、北极熊区）中的一处，与此同时，大老虎棋子将移至中央棕色区域位置。

在小老虎成功出栅后，玩家所掷颜色骰的颜色，即为大老虎棋子的移动方向。若玩家所掷颜色骰子的颜色为已关闭栅门，则大老虎棋子本轮也无法移动。玩家须尽量在大老虎出栅前将所有栅门关闭。

如果在大老虎出栅之前，所有玩家顺利将三个栅门全部关闭，则玩家获胜；如果大小老虎全部成功出栅，则所有玩家就都输了。

游戏特点：

"老虎出栅"中玩家需要同时投掷两个骰子，两颗骰子分别决定玩家棋子和老虎棋子的行动方式，且这两次行动之间存在利益关联（如玩家需要根据老虎前进的方向来确定本轮中棋子应该向哪个方向走）。而且，每个玩家负责两枚棋子，而不是所有人操控所有棋子，但要想获胜，玩家之间必须相互协助和协商。这些都是这款棋在设计方面的独特之处，为玩家的计划、选择和协商提供了机会，同时也对年幼儿童的思维能力提出了一定的挑战。

教育性和可玩性分析：

"老虎出栅"合作性棋盘游戏内容生动有趣，故事情节跌宕起伏，紧张刺激，很容易激发幼儿参与的兴趣。

"老虎出栅"的游戏过程中，为了尽快在爪印棋格处聚集两枚棋子，关闭栅门，玩家要综合考虑棋局的状况和投掷的具体结果来合理安排棋子的前进方向，因此，玩家的每一轮行动都非常重要，需要儿童具有一定的观察、预测、推理和判断的能力。虽然游戏中每个玩家有不同的棋子，但是为了完成关闭栅门的任务，同伴之间的合作仍然是不能少的。小朋友需要在同伴行棋的时候帮助他出主意、想办法，还需要与同伴协商、思考如何一起到达三处爪印棋格，这个过程也可以发展儿童的语言能力和社会交往能力。

四、合作性棋盘游戏"猜一猜"

中国启幼公司于2015年出品。该游戏适合4岁以上儿童，游戏时长一般为20分钟左右。

游戏材料：

棋盘1个；动物棋子12个（鸡、猫、狗、猪四种动物，每种动物3个）；时钟棋子6个；六面骰子1个。

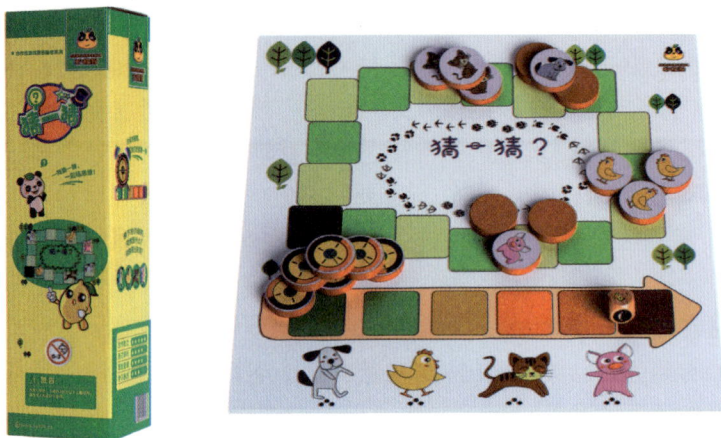

图5-15 "猜一猜"棋盘清新简洁，上部17个棋格围成一圈，下部沿着箭头（时钟轨道）有六个颜色逐步加深的
棋格用于摆放时钟棋子。棋子分为动物棋子和时钟棋子两种，其中时钟棋子是游戏时间的制约条件

玩法介绍：

"猜一猜"是一款借助了记忆翻牌策略的合作性棋盘游戏，鼓励参与游戏的幼儿合作完成任务，主要有两种玩法。

玩法一：猜猜它们一样吗？

游戏前，先将6个时钟棋子挑出来放在一旁，然后将12个动物棋子背面朝上打乱，并且随机选出其中的2个放在棋盘中央，此时任何人都不能随意翻开这两个棋子。最后，将时钟棋子也背面朝上，与剩余的10个动物棋子混合在一起，随机摆放在棋盘上部的棋格中，每个棋格内放置一个棋子（颜色最深的棋格不摆棋子）。

游戏任务是猜一猜这2个棋子上的动物是否一样。

游戏开始，儿童轮流翻开任意一个棋格中的棋子：如果翻开的是动物棋子，则将棋子正面朝上摆放该棋格上；如果翻开的是时钟棋子，则将时钟从左至右放置在棋盘的时钟轨道上。整局游戏中，所有玩家一共只有一次掷骰子的机会，掷骰子的时机由儿童协商后决定。骰子上的图案有不同的含义：可以帮助玩家从时钟轨道上取下一个时钟棋子放回棋子堆，或者偷看两枚待猜测的棋子中的任意一枚，当然也可能什么功能都没有（没运气）。

在时钟轨道上的时钟达到6个之前，如果幼儿共同正确推算出/猜出棋盘中央的两个动物棋子是否一样，则大家共同获得胜利；如果时钟已经到达了6个，或者大家推算错了答案，则大家挑战失败。

玩法二：猜猜它是谁？

游戏前，从12个动物棋子中随机选出一个放在棋盘中央，其他的动物棋子和时钟棋子一起背面朝上随机摆放在17个棋格上。这局游戏的任务是猜一猜这个动物棋子是什么。

游戏开始，玩家轮流翻棋格中的棋子，每次翻两个：如果两个棋子是同一种动物，那么可以将它们图案面朝上，放置在棋盘上；如果两个棋子不是同一种动物，则要将它们翻回去（如果此时棋盘已经翻开了其中一种动物的另外两个棋子，那么这个动物棋子便不用翻回去,放置在棋盘上,但另外一个动物棋子还是要翻回去,背面朝上;如果此时这两种动物的另外两个棋子都已经被翻开了,那么这两个动物棋子就都图案面朝上,放置在棋盘上);如果翻到时钟棋子(不管是一个还是两个),都要将它/它们放到时钟轨道上。同样,整局游戏中,所有玩家一共只有一次掷骰子的机会(这时如果掷到"偷看",则不再是偷看棋盘中央的那一颗棋子,而是可以偷看一圈棋子中的任意一个背面朝上的棋子)。

在时钟到达6个之前,如果幼儿可以正确推算出/猜出棋盘中央的动物棋子是什么,则大家共同获得胜利;如果时钟已经到达了6个,或者推算错了,则大家挑战失败。

游戏特点:

这款合作性棋盘游戏,不仅促使幼儿更多地使用记忆策略,而且让幼儿直观体验到概率的变化和根据概率来进行判断的方法,这是该游戏最主要的特色。

教育性和可玩性分析:

每翻开一次棋子,待猜测动物的概率都在变化,孩子们要仔细观察棋盘的局势,记忆、推算、排除和猜测,这为幼儿的逻辑思维提供了很好的锻炼机会。

当时钟快到终点时,氛围会变得非常紧张,幼儿玩家可以相互帮助,说说自己记住了哪些小动物棋子的位置,猜猜中央的小动物是什么。一个人的力量是有限的,但是大家一起则可以汇聚更多的线索,从而做出正确的决策。

两种玩法各有各的玩趣,其中时钟的设计格外增加了游戏的紧张感。随着翻看的棋子数量增加,时钟累计的数目也会越多,翻牌的紧张刺激感逐步加码,波澜起伏,这也是孩子乐在其中的主要原因。

五、合作性棋盘游戏"母鸡去散步"

中国启幼公司于2014年出品。该游戏适合4岁以上儿童,游戏时长一般为20分钟左右。

游戏材料:

如图5—16所示,棋盘1张;母鸡棋子、狐狸棋子各1枚;六面骰子2个(一个骰子上标有点数或者狐狸的脚印,点数表示母鸡行走的步数,狐狸脚印表示狐狸前进;另一个骰子的五面分别是游戏中的场景——钉耙、池塘、稻草堆、磨坊和蜂房,还有一面表示轮空,掷到哪个场景,则要在该场景内摆上一颗底色相同的爱心);爱心棋子15颗(如图5—16所示,5种颜色,每种颜3颗);小红旗5面。

图5—16　"母鸡去散步"的道具很多,但这也正是儿童喜爱它的原因之一:孩子们总在游戏过程中忙着不停地放爱心、插旗子,有"工作"的成就感,也为孩子们分工合作提供了机会

玩法介绍：

"母鸡去散步"是一款以绘本故事《母鸡萝丝去散步》为背景的合作性棋盘游戏，游戏中的狐狸在追赶母鸡，儿童在游戏中的任务是一齐帮助母鸡在狐狸追上之前，逛完五个场景，散步回家。

游戏开始前，玩家需要将母鸡棋子放置在棋盘底部的鸡笼中，将狐狸棋子放置在棋盘左上角起点处，其他道具则放在棋盘周围备用。

游戏开始，玩家轮流同时掷两个骰子，一个骰子决定母鸡行走的步数或狐狸行走的步数；另一个骰子决定玩家可以在哪个场景摆放爱心（或者轮空）。摆放爱心时注意要将每一种颜色的爱心放在相对应颜色的场景处。如果任意一个场景内集满了三颗爱心，而母鸡此时又正在这个场景散步，则可以让三颗爱心同时发挥作用——狐狸退回起点。发挥作用后三颗爱心也将作废（移至棋盘边上，本局不能再用）。

母鸡行走的路线可以由儿童共同决定，但无论母鸡先到哪个圈里散步，她最终都需要逛过所有五个场景（每走完一个场景，就在这个场景的圈里插上一面小红旗）才能回到家中。如果在狐狸到达终点前，母鸡成功散步回家，那么大家共同获得胜利！如果狐狸先到达了终点（棋盘右上角最后一个脚印处），那么大家共同挑战失败。

游戏特点：

"母鸡去散步"的游戏主题借鉴了幼儿非常喜欢的绘本故事，与儿童的阅读经验相结合，使得孩子对这款游戏更具亲切感，也增添了儿童对绘本故事的喜爱。另外，游戏的节奏很快，五个散步任务的设置使得整个过程跌宕起伏，完成阶段任务的愉悦感与狐狸又开始节节逼近的紧迫感此起彼伏。同时该游戏很好地利用了绘本中的场景，并将其进一步创造，添加了放爱心使狐狸退回起点、插红旗等游戏机制，为儿童在游戏中的合作协商提供了机会——大家要商量什么时候最需要使用爱心、母鸡应该先去哪个场景散步等，因为大家共同的决策影响着棋局的变化。

教育性和可玩性分析：

"母鸡去散步"中，幼儿决定母鸡先走哪个圈，后走哪个圈，这通常需要考虑不同圈内的爱心数量及不同圈之间的空间位置；幼儿决定何时使用爱心，则需要兼顾母鸡在圈中的位置和狐狸距终点的远近……这些游戏中的关键决策点，可以培养幼儿统观全局的意识，加强其逻辑思维、空间思维能力以及计划和权衡能力。同时，在比较步数的过程中，也提高了幼儿的数学运算能力。

而游戏中种类较多的道具也给予了幼儿不一样的合作体验，让幼儿在分配道具和摆道具的过程中体验分工合作的快乐。孩子们也许会说"你专门来负责插红旗吧！""你专门来负责放粉色爱心好吗？"

六、合作性棋盘游戏Corsaro（海盗大冒险，又称：Piraten-Abenteuer）

德国AMIGO公司于1991年出品。该游戏适合5岁以上儿童，游戏时长一般为20分钟左右。

游戏材料：

棋盘1张（图5-17），12颗船只棋子（红、黄、紫、绿四种颜色的船只各3艘），海盗船棋子3颗，六面骰子2个（分别是1～6的点数），20张补给卡片。

玩法介绍：

"海盗大冒险"游戏适合2～4人一起玩。游戏中玩家扬帆出海，要负责将所有船只送到目的地，航海途中必须要小心避开黑色的海盗船。

这款棋盘游戏可有不同水平的玩法，此处介绍其最简单的一种玩法。

游戏开始前，玩家各取同一色的三艘船，放到起点处的海湾上，2艘海盗船分别放在蓝色航道上印有海盗旗的位置上（将有一处留空）。

图5-17 "海盗大冒险"棋盘中央的海湾是起点处，右上角的村落为终点，右下角有海盗标志的船则是海盗的老巢。玩家的船只从海湾起航，只能按照棋格中船头所指方向前行。在有箭头所示之处，玩家的船可进入安全航道（浅蓝或绿色）。只有当玩家掷骰掷出的点数能让自己的船刚好到达转向村落的棋格，船只才可进入绿色航道，否则玩家的船只能继续在蓝色航道上绕行

开局后，玩家轮流掷2个骰子，2个骰子的点数分别决定玩家船只和海盗船前行的步数。但是玩家可以自由选择哪一颗骰子掷出的点数用来移动自己的船只，哪一颗的点数用来移动海盗船，而且，玩家移动自己的船只与移动海盗船的先后次序，也由玩家自由决定。如果玩家自己的船只已抵达终点，或被扣押在海盗老巢，则玩家可任意移动其他颜色的船只。

如图5-17所示，海盗船只在蓝色的航道上绕行。海盗船前进时，一旦碰上任何玩家的船只，该玩家的船只即被扣押，并放到右下角的海盗老巢中。只有当有玩家船只正好停在海盗老巢入口处（印有救生圈的棋格）时，才可将1艘被扣船只救出。这艘获救的船只，将返回航道，并与解救它的船只处在同一棋格。

游戏特点：

除了下面将要提到的采用双骰子的设计特点外，游戏难度的拓展性较强也是本游戏的一个特点。游戏中可增加或减少海盗船的数目；亦可增加一些规则，如"船只停在蓝色航道上印有黑船的位置上，也同样遭海盗扣押""玩家可自由移动任何一艘船只，而不用考虑颜色"等。

教育性和可玩性分析：

"海盗大冒险"采用同时投掷两个骰子，儿童可以自由挑选采用哪个骰子的数字来移动自己的船，而用另一个骰子的数字来移动海盗船，移动棋子的先后次序也由儿童自由决定。这种自由选择与决策为玩家的策略运用、协商决策创造了的条件，支持了儿童在游戏中提高计划、判断与决策的能力。

海盗的主题也非常适合拓展儿童的知识领域，满足儿童扮演与想象的愿望。

七、合作性棋盘游戏 Mermaid Island（人鱼岛）

美国 Peaceable Kingdom 公司于 2011 年出品。该游戏适合 5 岁以上儿童，游戏时长一般为 15～20 分钟。

游戏材料：

棋盘 1 张、6 格转盘 1 个（其中有 2 格是人鱼走 1 步，2 格是人鱼走 2 步，另外 2 格是海妖前进）、魔杖棋子 4 个、美人鱼棋子 3 个、海妖棋子 1 个。

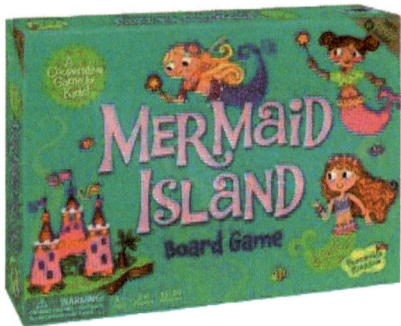

图 5-18 "人鱼岛"的棋盘如图，蓝色的棋盘上有一条美人鱼的行进路线，途中有两座桥，还有若干棋格上标有魔杖的图案；棋盘的最中央是美丽的人鱼岛；棋盘左下角是美人鱼的出发位置，右下角的水藻处是海妖的起始位置

玩法介绍：

邪恶的海妖想要占据人鱼之岛，玩家要一起来帮助 3 个美人鱼，在海妖占据人鱼岛之前全部回到人鱼岛！

游戏开始前，玩家先将美人鱼棋子和海妖棋子分别放在正确的起点处，把魔杖棋子放在标有魔杖图案的棋格上。

游戏过程中，儿童轮流转转盘。

如果转到人鱼走步，则可以让任意一个美人鱼根据点数走 1 步或 2 步。当转到海妖时，海妖走 1 步。注意，美人鱼不能和海妖处在同一个棋格，如果两者在同一棋格相遇，则美人鱼就要退回起点重新开始。

如果美人鱼来到桥上，那么她可以通过桥直接到达对岸。如果海妖正好站在桥的另一头，美人鱼可以选择不过桥。海妖不能走桥，只能一格一格地前进，因此海妖走得慢。

如果正好停在有魔杖的棋格上时，大家都可以得到魔杖。如果是美人鱼得到魔杖，可以让海妖退后一格，儿童可以讨论在什么时候使用魔杖；如果海妖得到魔杖，它不能使用但可以占有，也就是美人鱼再也没法得到这个魔杖了。

如果在海妖到达人鱼岛之前，所有美人鱼都回到岛上，大家一同获胜！如果任意一个美人鱼还没回到岛上，但海妖已经到了，那么人鱼岛就被海妖占据，大家挑战失败！

游戏特点：

"人鱼岛"的棋盘设计简洁明快，美人鱼的故事情节尤其吸引女孩们，这一点非常重要。因为通常来说，女孩不如男孩那么喜欢玩棋盘游戏。另外，相比于本节所介绍的其他棋盘游戏，"人鱼岛"的难度相对较低，比较适合年龄较小的幼儿游戏。例如，人鱼可以走桥而海妖不行，人鱼可以利用魔杖让海妖退后一格，但是海妖只能占有魔杖而不能使用它，人鱼遇上海妖后可以回到起点重新开始而不是直接结束游戏……所以只要有足够的耐心和一定的运气，儿童胜利的可能性还是比较大的。这种机制让儿童在游戏过程中不会受到太大的挫折，游戏的时候更为投入！

教育性和可玩性分析：

"人鱼岛"的规则简单易懂，但仍然为儿童策略思维的发展提供了许多机会与挑战。只有3个美人鱼都到达人鱼岛的时候，玩家才有可能获胜，幼儿在行棋时不能让任何一个美人鱼落在后面；同时，幼儿掷出的点数如何分配还需要考虑躲避海妖、获得魔杖以及借助小桥的需求等；另外，玩家之间是相互协作的关系，幼儿可以就目前的局势与同伴讨论、协商。

这款棋充满了浓郁的童话风，迷人的海底、可爱的小美人鱼、邪恶的海妖，深深吸引幼儿的注意，引发其游戏的动机。

八、合作性棋盘游戏Outfoxed!（智胜狐狸）

美国Gamewright公司于2014年出品。该游戏适合5岁以上儿童，游戏时长一般为15分钟左右。

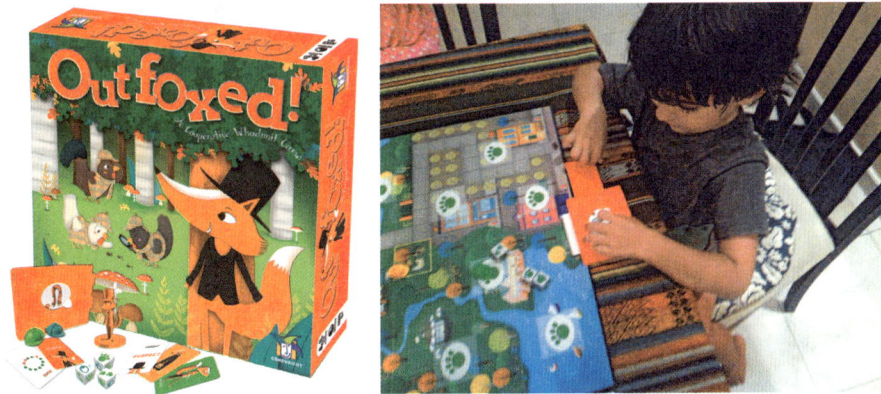

图5-19　左侧图为Outfoxed!的棋具，右侧图为一位正在使用线索解码器的儿童

游戏材料：

1张棋盘、16张疑犯卡、16张小偷卡、12张线索卡、4顶侦探帽、3个相同的六面骰子（其中三面为蓝色眼睛，另有两面为一个绿色脚印，一面为两个绿色脚印）、1个狐狸雕像以及1个线索解码器。

玩法介绍：

一只狡猾的狐狸偷了东西，正在潜逃。小朋友们要扮演成小侦探，通力合作，收集证据排除可能的疑犯，在真正的小偷逃跑前抓住它。

游戏开始前，铺好棋盘，16张疑犯卡正面朝下放在棋盘四边，每边4张，然后随机翻其中2张正面朝上；4顶侦探帽放在棋盘最中间4个棋格上；狐狸雕像放在游戏板左上角的棋格上；玩家从16张小偷卡随机选出一张，即为真正的小偷，将其插在线索解码器中，整个过程玩家都不能看卡的正面；12张线索卡正面朝下，与线索解码器和3个骰子一同放在棋盘旁边。

游戏开始，玩家一边喊"看线索"或"看疑犯"一边掷骰子，当掷出的三个骰子都与自己所喊的看线索（绿色脚印）或看疑犯（蓝色眼睛）完全一致时才可以进行下一步。玩家一共有三次掷骰子的机会，每次掷出的骰子与自己喊的内容一致，则可不必再掷该骰子（保留），如果不一致，还可再掷。若三次掷骰之后还没全部符合要求（即与自己所喊内容一致），则狐狸雕像向前走三步（适合儿童，对高级玩家而言走四步，专家级别走五步）。

掷出的骰子为三个"看线索"时，首先数骰子上的脚印数，代表了自己的侦探帽可走的步数，若走到棋盘上的白色脚印处即可看线索，若走不到则本轮结束，换下一个人玩。看线索时，随机选出一个线索（狐狸的穿戴打扮，如黑色斗篷、眼镜、小黄花等），将其置于线索解码器中，观看小圆洞里露出的圆点，若是绿点则代表该线索不对，小偷狐狸并没有该服饰，据此将可排除的疑犯卡放在一边（参见图5-20的说明）；若是红点则代表该线索是正确的，小偷狐狸穿戴了该服饰，同样据此排除的疑犯卡可放在一边，并且可将嫌疑锁定在更少的几个嫌疑对象上。

图5-20　最右侧的图为一张小偷卡上的信息：名为Beatrice的小偷，卡上一圈12个小点中的3个红点为该名小偷具备的特征，其中卡片左下方的红点代表的信息是该小偷戴了红色的围巾（红围巾线索卡的小洞位置与小偷卡上该红点的位置相对应），疑犯卡上Beatrice确实戴了一条红色围巾哦。左侧图中的线索解码器正在检验线索（插在线索解码器中的卡片为本轮游戏的小偷卡，挑选的线索物为黑色斗篷），由于小圆洞里露出的圆点为绿色，因此该线索不对，小偷没有穿黑色斗篷

掷出三个"看疑犯"后，玩家可随机翻开两张疑犯卡至正面，并根据已有的线索来排除或锁定。

结束：若玩家推断的疑犯是真正的小偷，则胜；若玩家将疑犯排除到只剩一张，而该疑犯是真正的小偷，则胜；若玩家推断的疑犯不是真正的小偷，则输；若在玩家推断前狐狸雕像走到了狐狸洞，则输。

游戏特点：

小偷卡、线索卡与线索解码器类似于摩斯密码的道具组合是该游戏的亮点，线索解码器的精巧设计和使用，让本游戏不再需要设一位裁判了，而这在经典的侦探游戏"妙探寻凶"（Cluedo）中是需要的（见第一章的介绍）。线索解码器的使用无疑是一个创新！

另外，与"妙探寻凶"相比，"智胜狐狸"简化了推理的难度，使幼儿也能轻松掌握其中的诀窍。

教育性和可玩性分析：

作为一款适合幼儿的合作性推理游戏，小朋友们在游戏中扮演起小侦探的角色，在狐狸小偷的故事背景下，通过一个个线索排除与锁定疑犯，逐渐提升观察力与判断力。

狐狸小偷的故事背景与玩家代入侦探的角色也大大增强了小朋友们的兴趣，事实上不少家长认为这款游戏成人也很感兴趣，适合亲子间共同游戏。

九、合作性棋盘游戏 Caves & Claws（洞穴与魔爪）

加拿大 Family Pastimes 公司于1998年出品。该游戏适合6岁以上儿童，游戏时长一般为20分钟左右。

游戏材料：

由12张丛林小路卡片、2张寺庙卡片、2张洞穴卡片拼合而成的4×4的方形棋盘；8张宝藏卡；10张危险物（3张魔爪、1个咬人蝙蝠、1个黑暗、2个长毛怪、1个石门、1个滚石、1个倒下的大树）；多张补救工具卡（超级网帽可以对付蝙蝠；臭袜子可以对付长毛怪和魔爪；激光灯笼可以驱逐黑暗、咬人蝙蝠、魔爪和长毛怪；铁锹可以用来清除石门、滚石以及倒下的大树；还有一个树枝工具）；1个垃圾袋；1张帐篷卡；1个棋子。

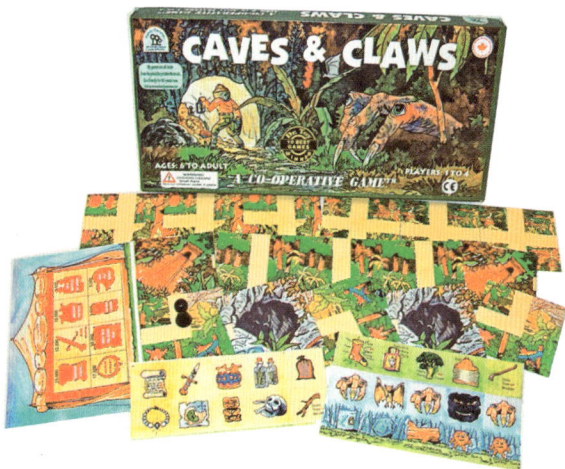

图5-21　"洞穴与魔爪"的所有棋具

玩法介绍：

"洞穴与魔爪"的主题是丛林寻宝。探索从营地（即帐篷卡所在位置，连在棋盘一侧）出发找到所有宝藏，并在完成寻宝任务后返回营地，游戏即告胜利。

游戏开始前，先将16张卡片摆成完整的棋盘。寺庙和洞穴是玩家寻宝的目的地。寺庙有四个出入口、洞穴有两个出入口且寺庙和洞穴的出入口均需要道路联通，因此，寺庙需摆在棋盘的中间位置，而洞穴只能摆在棋盘的拐角处。棋盘摆好之后，将宝藏卡片和危险物卡片背面朝上放在一起打散,并分成4叠(每叠5张),分别放置在寺庙和洞穴处。

游戏时,所有玩家共用一个棋子,从营地出发,大家选择好一条路线,沿着丛林中能够走通的路径向目的地进发。每到一个目的地,就由一名儿童翻开放置在目的地最上面的一张卡片。如果翻开来是宝藏,就将宝藏放到营地帐篷卡上对应的轮廓阴影处;如果是垃圾袋,就将垃圾袋放置在帐篷旁;如果是危险物,大家需要商量,选择一个目的地的出入口,将危险物放置在出入口处;如果是树枝,那么团队就可以收获一个树枝。

根据棋子到达的位置,大家轮流翻牌。如果出入口被危险物挡住了,小朋友们就要商量,选择哪一个补救工具,除掉一个障碍物。每个工具的功能不同,且只能用一次。

如果所有工具都用完了或没有合适的工具对付危险,那么就需要选择一个找到的宝藏作为交换以获得援救。

游戏特点:

这款棋盘游戏具有一定的开放度,不仅棋盘可以自由拼接,而且对于行走的路径,采用何种补救措施均可自由选择,因而能够较好地发挥玩家的创造性。

作为一款合作性棋盘游戏,也正是由于游戏中玩家的自主性较大,因而玩家之间的合作协商的必要性也大大增加了,比如危险物的放置位置、选择哪一种补救工具清除危险等,在合作性游戏中,这些都鼓励大家共同协商讨论。

教育性和可玩性分析:

由于棋盘由16张卡片组合而成,在满足一定条件之下,可自由组合,这就发挥了玩家的自主性和创造性,且每次遇到的情况都可能不一样,无疑增加了游戏的可玩性。

对幼儿来说,卡片之间的关系较为复杂,需要事先反复讲解,否则容易混淆;而且规则还需要游戏玩家自觉保持,这一点对幼儿来说实属不易。但是如果规则清楚了,游戏本身的难度并不大,适合大班幼儿。

另外,该游戏还隐含了不少数学经验,比如每个目的地放置五张卡片、总共要寻找八个宝贝、一个补救工具只能使用一次、每个物品都有其价格(标示在帐篷卡相应的宝藏处,数额对幼儿来说有一定难度),游戏结束可以算一算自己获得了多少金额的宝藏等,这些对于幼儿数概念的发展有所帮助。与此同时,游戏中大量情境需要作出恰当的选择,涉及一定的逻辑判断,这也充分锻炼了幼儿的思维。

总的来说,该棋盘游戏能让玩家保持较长时间的兴趣,且更适合喜欢探索新奇刺激活动的幼儿。

十、合作性棋盘游戏Cauldron Quest!(魔法药水任务)

美国Peaceable Kingdom公司于2015年出品。该游戏适合6岁及以上儿童,游戏时长一般为20分钟左右。

游戏材料:

棋盘1张(如图5-22);6个装药水的瓶子棋子(棋子的一面没有图案,另一面则有

图5-22　"魔法药水任务"的棋盘是圆形的，其中六块石板组成的扇形道路是药水瓶棋子行走的路线，每一个药水瓶棋子分别从一条路上开始走步；棋盘的正中央是一口煮锅，也是所有药水瓶棋子需要达到的地方；棋盘中有一条紫色的环形线路，是巫师帽棋子的行走线路

药水内容的图案，表明这个瓶子装的是哪一种药水）；6个代表药水成分的小圆片（分别为臭鸡蛋、毒菇、蟾蜍爪、蝾螈眼睛、蒲公英根、蝙蝠翅膀）；6个巫师阻挡小圆片（每一个圆片上的图案与棋盘上相应阻挡位置的图案一致）；1个代表巫师的巫师帽棋子；1个代表破咒的小圆片；2个白底的六面行动骰子（其中一个骰子上印有数字3、4和闪电；另一个骰子上印有巫师帽和药水瓶）；3个相同的黑底六面魔法骰子（每一个骰子表面均是1～6的点数，当数字之和为偶数、奇数，又或者三个数字之和为12时，将可以实施不同的魔法，翻看药水瓶的成分、打通被阻挡的道路或者交换药水瓶棋子等）。

玩法介绍：

邪恶的巫师施展了一个咒语，试图毁灭整个王国。你的任务是要制造一种魔法药水，打破这个魔咒。你要做的就是和同伴一起寻找藏在药水瓶底下的三种正确的材料，并且在巫师堵住所有的六条道路之前，将药水材料送到煮锅的位置。

游戏开始时，选择3个代表药水成分的小圆片放在煮锅处，表示可以配成魔法药水的正确成分。将6个药水瓶棋子没有图案的一面朝上摆在六条通道的起始处（保证玩家不知道每个药水瓶的成分），巫师帽棋子放在紫色环形道路的箭头处。

玩家投掷2个行动骰子，两个骰子组合在一起确定接下来的行动。如果一个骰子掷到的是数字，而另一个骰子是药水瓶或巫师帽，则表示药水瓶棋子或巫师帽棋子行走，步数为骰子显示的数字；如果一个骰子掷到的是闪电，而另一个骰子是巫师帽，则将启用一个巫师阻挡小圆片挡住一条通往魔锅的道路；如果一个骰子掷到的是闪电，而另一个骰子是药水瓶，则大家启用魔法骰：大家共同掷3个魔法骰来确定获得了怎样的魔法力量，并根据不同的魔法确定接下来的行棋方式（将瓶子翻面、打通被阻挡的道路或者交换药水瓶棋子等）。

如果玩家同心协力在巫师把道路全部封堵住之前，将三个正确的药水配方放入魔锅，则大家获胜；如果药水配方还未全部送到，巫师已经把六条道路全部封堵了，则此次任务失败。

游戏特点：

"魔法药水任务"棋盘游戏中一共有6个药水成分，但每次只需选出其中3个作为魔法药水的正确成分。这就使得每次选择的药水成分都可能不同，也就确保了游戏常有新意。

游戏组合采用了两套骰子，行动骰子和魔法骰子，两者的丰富组合方式，使得游戏既能实现比较复杂的任务，也保证了游戏的趣味性。

教育性和可玩性分析：

正如前面所言，游戏组合采用了两套骰子，使得游戏能够实现比较复杂的任务，如实施打破魔咒的不同魔法等。这其中包含了相当丰富的学习经验，如三个骰子点数相加是奇数还是偶数，相加所得数字是不是12等，这些都是较有意义的早期数经验（尽管对幼儿而言可能有些难度，但是游戏往往能够创造学习的最近发展区，很多时候稍难的任务幼儿也能玩得起来）；其中还创设了许多需要玩家们沟通与合作，共同寻找问题解决方法的机会。

仔细观察下来，不难发现，"麦克斯""三只小猪""人鱼岛""海盗大冒险"等游戏的机制有相似之处，玩家的棋子与对手的棋子有共同的行进路线，都需要玩家在行棋时避免被对手追赶上或者与对手相遇，这就需要幼儿根据掷骰子数合理分配每人要走的步数。同时，在这几款游戏中，参与者都要抓住投放诱饵、使用魔杖等的时机来抑制对手前进，因此幼儿需要根据不同棋子所处的位置进行逻辑判断，协商后做出合理选择。在这一过程中，幼儿的计划性、推理能力、决策思维等无疑得到很好的锻炼。

"智胜狐狸""魔法药水任务"等游戏之间也存在共同之处——游戏比较开放和灵活，儿童具有一定的选择权。这也使得游戏可以更加富有变化，常玩常新。

另外，回顾本节所介绍游戏，不难发现，以"探险""侦探"为主题的游戏似乎非常适合设计为支持幼儿思维发展的棋盘游戏。总的来说，好的合作性棋盘游戏应该具有一定的开放性与延展性，主题应能吸引幼儿的兴趣，玩法也应尽量为幼儿的思维发展提供丰富的机会。

第四节　支持幼儿语言发展的合作性棋盘游戏

语言是思维和交流的工具，幼儿期是语言发展，特别是口语发展的敏感时期。而幼儿运用语言进行交流的同时，也在发展着交往情境判断、理解他人、组织自己想法的能力以及社会互动等其他能力。下面所介绍的合作性棋盘游戏，为幼儿与他人交流创造了条件，提供了契机，使幼儿的口头交流能力、语言理解与表达能力、人际沟通能力等，在游戏中获得提升。

一、合作性棋盘游戏Adventures with Clifford（与克利福德一同去冒险）

美国Harmony Toy公司于1992年出品。该游戏适合4～7岁儿童，游戏时长约30分钟左右。

游戏材料:

棋盘1张,大红狗克利福德棋子1个,印有不同情景图案的卡片25张。

玩法介绍:

"与克利福德一同去冒险"可供2～4名幼儿一起游戏。大红狗克利福德的好朋友艾米丽去乡下农场看望亲戚了,克利福德非常想念艾米丽,他特别想知道艾米丽正在农场里做什么。"她是不是去池塘抓青蛙了?她有没有骑小马?"克利福德太想知道了,所以他决定去农场探望艾米丽。游戏中,小朋友们要借助卡片,讲出一段克利福德的奇妙历险故事!

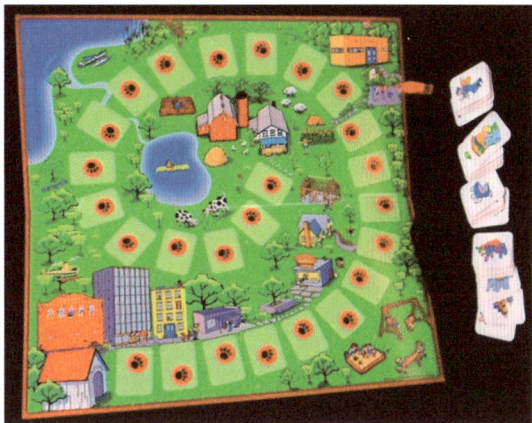

图5-23 "与克利福德一同去冒险"的主角是有名的大红狗克利福德,游戏中主要道具是卡片,孩子们要借助卡片合作讲故事

游戏开始前,小朋友先将克利福德的棋子放置在狗舍旁边,然后洗一洗卡片。每个孩子抽5张卡片,将它们正面朝上放置在自己面前,剩余的卡片正面朝下扣在棋盘旁边。

大家轮流进行游戏。小朋友从自己手中的5张卡片中选择一张,把它正面朝上依次放在克利福德狗舍前面的格子上,并结合卡片上的情景讲出一段故事情节,然后让克利福德移动到这张卡片上面。小朋友讲完自己的故事之后,都要从剩余的牌堆里抽取一张新卡片,并把它正面朝上放在面前(每位幼儿面前始终有5张卡片)。

小朋友讲出来的故事应该既与卡片上的情景图案有关系,又与克利福德所在的位置有关系。举例来说,如果克利福德在一棵苹果树旁边,并且小朋友选择了一张画着鸟巢的卡片,那么就可以说"克利福德发现苹果树旁边的地上有一个鸟巢,他把鸟巢拿起来放在了苹果树上"。等克利福德到了湖边,幼儿可选择画着渔夫拎着鱼的卡片,说:"克利福德在路上遇到了一位渔夫,他刚刚抓住了一条大鱼!"

所有小朋友轮流出卡片,不断丰富故事情节。最后,克利福德抵达农场,找到了好朋友艾米丽,游戏结束。此时棋盘中所有格子都已经被放上卡片,小朋友们一起讲出了一个完整的克利福德历险故事。

该游戏还可扩展玩法,游戏可倒过来从乡下的农场开始,小朋友们帮助克利福德从农场回到城市的家中。

游戏特点:

该游戏最大的特点便是将讲故事活动融入合作性棋盘游戏中,故事卡片的设置非常巧妙,一张简单的图片,给予了幼儿充分的展示空间:既可以简单描述,也可以将情节无限扩展,还可以根据前一个人的故事继续改编,因此这一设计给了幼儿充分的空间去想象、去表达,也可以说是给了幼儿一个特定的情境——克利福德去冒险,但又给了幼儿无限的可能——冒险旅途上的故事实在多种多样、可以精彩纷呈。

教育性和可玩性分析:

克利福德大红狗的形象来源于美国家喻户晓的儿童图画书及同名动画片《大红狗》,因此孩子们非常容易喜欢上这款游戏。游戏规则简单易懂，同时又具有一定的拓展性。游戏中，幼儿看图讲述、联想表达等语言能力无疑得到很好的提升。而在与同伴的合作游戏中，幼儿之间一定会出现相互讨论、相互评价、为他人完善补充句子的情况，这又进一步提升了幼儿更高级的语言能力，同时也提高了幼儿接受他人建议、为他人提供帮助的社会能力。

二、合作性棋盘游戏 The Memory Palace（记忆宫殿）

　　美国 Peaceful Kingdom 公司于2016年出品。该游戏适合5岁及以上儿童，游戏时长约15分钟左右。

图5-24　"记忆宫殿"的棋盘由16块方形宫殿拼图拼成。每块拼图印有宫殿里的一个房间或者室外一角，每一个房间可以放一枚动物或怪兽棋子

游戏材料：
除16块棋盘拼图外，还有27枚动物棋子和3枚记忆怪兽棋子。

玩法介绍：
　　游戏前，玩家需将16块宫殿拼图拼在一起，构成一个4×4的正方形棋盘。将所有动物棋子，背面朝上，放在棋盘旁边待用。将3枚记忆怪兽棋子背面朝上分别随机放在三个宫殿房间拼图块上。

　　游戏开始，儿童轮流拿起一个动物棋子，并向同伴讲述一个关于这只动物的有新意的故事，要尽可能讲得可笑而愚蠢，并将它正面朝上放在某块宫殿房间拼图上。这时，大家要一起努力记住这个房间里的动物是什么动物。一个房间可以放置一个或者多个动物，直到玩家将所有的动物棋子都摆放在棋盘的房间里。然后，玩家开始回忆并翻开棋子，以检核是否记住了动物的位置。如果所有动物的位置记忆都正确，并且没有将记忆怪兽翻出来，则玩家顺利完成任务，赢得游戏。否则，一起输掉游戏。

游戏特点：
　　这款棋盘游戏的特点在于，鼓励儿童发挥自由的想象，他们可以在游戏中随意地创编各种故事,尤其是那些天马行空、离奇有趣,甚至有些愚蠢的故事。讲述或者聆听这样的故事,是孩子们非常热衷的事情。而且游戏中对于每个动物位置的记忆,也是对儿童认知和记忆力的挑战。此外,可爱逗趣的动物形象和色彩斑斓的宫殿,更加吸引孩子们参与到游戏中。

教育性和可玩性分析:

本游戏是一款想象+语言+记忆的游戏,适合年龄稍大一些的幼儿。游戏规则简单易懂,记忆任务也并不复杂,但是幼儿要记住27个动物的位置,这确实是个不小的挑战。因此,可以根据幼儿的年龄和能力,选择要记忆的动物棋子数量,以调整记忆任务难度。在幼儿最初接触游戏时,可以从记忆16个动物棋子开始,然后逐级增加数量。而且,幼儿在进行记忆任务时可以分工合作,体验合作带来的成就感和乐趣。

此外,游戏中幼儿需要编造有趣的故事,这不仅能够激发幼儿的想象力,还能给幼儿提供很好的语言表达机会。

三、合作性棋盘游戏Community（社区）

美国eeBoo公司于2012年出品。该游戏适合5岁以上儿童,游戏时长一般为15分钟左右。

图5-25　左图为"社区"游戏的棋具,包括一块可折叠的蜂窝状棋盘和82张六边形卡片棋子;右图为正在玩"社区"游戏的小朋友们

游戏材料:

棋盘1张（整齐排列了许多六边形棋格）;13张社区地点卡片（包括家、医院、学校、工厂、精神中心、公园、回收站、商店、剧院、邮局、警察局、博物馆和图书馆）;69张道路卡片（包括三岔路、直道、弯道等若干种道路图案）。

玩法介绍:

"社区"合作性棋盘游戏适合1～5人,玩家的任务是在棋盘上使用道路卡片将一定数量的社区地点连通起来。

游戏开始之前,玩家首先要将棋盘展开、铺好,然后将地点卡片与道路卡片分开。第一位玩家将地点卡片中的"家"放在棋盘的任意一个棋格上面,其余玩家轮流选择一张地点卡片，也把它放在棋盘的一个棋格上（两个地点卡片不能紧邻），同时要向大家解释这个地点对于社区的重要意义。玩家一共需要选出7个地点，其余地点卡片放在旁边，本轮将不再需要。每人另抽取3张道路卡片，其余道路卡片堆放在一旁。

游戏开始，玩家轮流从自己的3张道路卡片中选择1张，将其摆放在棋盘的正确位置。摆放道路卡片的目的是将棋盘上的所有地点连通起来，道路卡片的摆放应该依照卡片上的道路图案所示，保证道路畅通。如果有一个地点不可能被连通了，则需要将它移到另一个地方。每次摆放好一个道路卡片，玩家都需要从牌堆中抽取一张新的道路卡片（确保自己手中有3张道路卡片）。

当所有的地点卡都已经连接到"家"的卡片时，大家就都赢了。全部拼好之后，还可根据拼好的社区接龙讲一个故事。

游戏特点：

"社区"这款棋盘游戏最具特色之处，在于地点卡片的摆放自由度很大（由玩家自己决定），道路卡片的选择、摆放的自由度也是如此。这种开放性增强了游戏的可玩性，让孩子每一次的游戏体验都是全新的、不同的，具有新鲜感。

该游戏对儿童语言发展支持的特别之处主要体现在游戏开始时，需要儿童解释摆放的地点卡对社区的意义；游戏任务实现后，要求儿童一起根据拼好的社区接龙讲故事。

教育性和可玩性分析：

当然，从严格的意义上来说，这套合作性游戏材料还不能算是棋，因为没有对弈方，输赢取决于最后能不能将所有地点卡片连接到"家"。但是该游戏盘面的设计，卡片的应用等都值得参考。

从实际使用情况来看，其游戏规则对幼儿来说略显复杂，若没有成人指导，年龄稍小的幼儿在游戏过程中可能会遇到不少困难，比如面对各种类型的道路卡片，幼儿有时会不知道如何正确摆放，甚至会比较沮丧。而且，大多数幼儿在玩的时候，可能更多的只是关注当前如何将手上的道路卡片与已经铺好的道路相连接，而无法时刻注意到最终还要将各个地点与"家"连接（同时关注和权衡多个信息对幼儿来说是不容易的）。

所以，在游戏时可以根据孩子们的情况适当调整游戏规则、降低游戏的难度；或者直接让孩子们自己决定如何来玩，比如决定在棋盘上摆几个地点卡，或者将规则改为只是把棋盘两端给连通起来等。当然，也可以增添一些更具趣味性或奖励性的设计，比如根据派上用处的道路卡片块数给予奖励等，这些举措能让该游戏更好地适应5、6岁幼儿。

另外，游戏中的地点卡片反映的是美国社区环境、地点图片和相应文字对中国幼儿而言有些不熟悉、不认识，因而具体应用时，应当考虑将地点图片与配套文字本地化。

四、合作性棋盘游戏Snowstorm（暴风雪）

加拿大Family Pastimes公司于1994年出品。该游戏适合5岁以上儿童，游戏时长一般为30分钟左右。

图5-26　"暴风雪"游戏中,首先要将12张执行任务的地点卡随机摆放在棋盘标识的格子上,所有玩家要合作完成4张任务卡上的任务,每张任务卡上有3个需要完成的具体任务。特定的道路被抽中(如果不是阳光明媚),则要在相应道路上安置冰雪状况的卡片,这就意味着汽车不能从这条道路上通行了,除非使用清障卡车

游戏材料:

除棋盘外,有4辆不同颜色的汽车、4张任务卡,每张任务卡上有相应的汽车标识,意味着这是由该汽车完成的任务。

12张地点卡,代表玩家完成某一类型(工作、购物、上学、游戏)任务的12个场所。

16张天气报告卡(为街道号,表明是某个街道的天气状况)。

10张冬季清障卡车卡(用于清除道路出现的冰雪状况)。

24张道路情况卡(均为冰雪状况)。

玩法介绍:

在该游戏情境中,儿童需要在风雪天开车出门并完成指定任务。游戏开始前,将四辆车停放在颜色相匹配的房屋区域。爷爷、奶奶的车停放在绿色农家处;舅舅、舅妈的车停放于紫色郊区的家中;好朋友家的车辆停放在蓝色市中心的家中;我们家的车辆停放在红色市中心的家中。

摆好12张地点卡(如图5-26),另将天气报告卡(街道号码)和道路情况卡(雪冰状况)分别垒成一叠,背面朝上,放置于棋盘的左右两侧,再将10张冬季清障卡车卡正面朝上摆在棋盘边上,这样就可以开始游戏了。

游戏过程中,每一轮儿童需要依次完成以下3件事:

翻开一张天气报告卡;

根据天气情况(如果不是阳光明媚的晴天,显示的是街道号码)来放置一张道路情况卡(即冰雪状况卡);

决定是移动车辆,还是动用清障卡车。

当天气报告卡全部用完后,可以重新洗牌并再次抽取。清障卡车的数量有限,用完后无法再次使用。

移动汽车的规则：

汽车的移动与街道是否被冰雪覆盖相关。若道路被冰雪阻挡，汽车则不能通过。汽车只能在家、地点卡所在的位置以及棋盘空格处来回移动。当汽车行驶至标有地点卡所在的棋格处，则可收集卡片并将卡片置于该车需要完成的任务卡上。任务卡中的三个任务完成顺序不限。

需要强调的是，在游戏过程中，儿童可合作共同来完成4张任务卡上的任务。

游戏特点：

这款棋盘游戏强调团队合作，游戏参与人数十分灵活。儿童能够一个人控制4个家庭，也可以多名儿童参与游戏共同负责4个家庭的任务。游戏中每一步的走子，让哪一辆车行进也很灵活，既可以连续几次移动同一辆汽车，也可以移动不同的车辆。因此本游戏最主要的特点就是灵活。

教育性和可玩性分析：

变幻莫测的天气条件给幼儿提供了丰富的选择与挑战机会，增添了不少乐趣！

玩家们需要在翻开天气报告卡及道路情况卡之后比较冰雪卡片放置地点不同的优劣，作出有利的决策，这个过程锻炼了孩子的计划性、判断力和策略运用。

另外，这一游戏要求幼儿在收集地点卡时，到达相应地点后，要发挥想象力，讲述自己所扮演角色到达这一地点的原因。例如，扮演爷爷、奶奶的角色，那么爷爷、奶奶开着车抵达学校的原因可以是接人，也可以是爷爷奶奶在学校做义工等。这为幼儿语言的表达提供了很好的锻炼机会。

五、合作性棋盘游戏 Schnappt Hubi!（抓住胡比！）

德国Ravensburger公司于2011年出品，并荣获德国2012年度儿童游戏奖。该游戏适合5岁以上的儿童进行游戏，游戏时长一般为20分钟左右。

图5-27　左侧图为"抓住胡比！"的棋盘，利用的就是游戏盒的底盒，方便收纳；右侧图所示城堡棋盘内有4×4共16个房间，每个房间印有不同的动物图案，并且房间之间有插槽，便于安置墙壁

游戏材料：

游戏棋盘1个；

语音罗盘1个（如图5-27左侧所示），通过按键可以让它发出语音指令和提示；

不同造型的墙壁共27块，分为5种，包括：魔法门3块；无人能通过的石墙2块；所有人都能通过的墙14块；带有老鼠洞的墙4块（只有老鼠能钻过）；顶上有洞的墙4块（只有兔子能跳过）；

动物造型棋子4个，包括红色和黄色的老鼠棋子各1个、绿色和蓝色的野兔棋子各1个，以及相应的身份卡片4张；

14张双面线索卡，一面印有钥匙，用于游戏第一阶段寻找魔法门时使用；另一面印有胡比，用于游戏第二阶段寻找胡比时使用。

玩法介绍：

"抓住胡比！"是一款借助语音罗盘进行的合作性游戏，大家需要一起合作在城堡中抓住精灵胡比。游戏分为两个阶段目标：目标一是找到魔法门，并将它开启，进而让胡比出现；目标二，也就是游戏的终极目标——抓住胡比。

游戏前，参与者需要选出自己操控的动物角色，将其放在相应起点处（城堡的四个角之一），并将角色卡摆在自己面前用于表明身份。然后将语音罗盘打开，选择好难度（共三种难度）。同时将墙壁道具块、线索卡等放置在棋盘周围待用。

游戏开始，第一阶段中，参与者轮流按语音罗盘前进。每次按罗盘时，可以选择方向键或者问号键：按方向键时，语音罗盘会发出提示音，告诉你在这个方向（上、下、左、右）需要放置哪种墙壁，接着儿童就可以插上该墙壁，并判断自己的角色能否通过墙壁并走一步；如果选择按问号键，则此轮放弃走步，聆听罗盘中关于魔法门在哪里的提示。因此在第一阶段中，参与者要尽量走到不同的房间，根据提示装上墙壁，直到找到魔法门，当魔法门的两端各有一个小动物时，魔法门才能开启，胡比出来了，游戏进入第二阶段。

第二阶段中，参与者仍旧轮流按语音罗盘前进。此时如果按问号键，语音提示则改为关于胡比在哪个房间的语音提示，例如它会说胡比在印有黑色猫头鹰的房间，或者印有白色蝙蝠的房间，但由图5-27可知，棋盘上会有两个房间都印有相同图案，此时儿童需要利用线索卡，将它们放在可能有胡比的房间，帮助自己记忆和推断。需要注意的是，胡比不是固定在一个房间内的，它可以穿墙流窜，游戏难度越大，流窜速度越快，所以想抓住它可没那么容易哦。

当至少两位参与者与胡比在同一房间时，胡比才能被抓住，大家合作挑战成功；但如果在规定时间内大家没有抓住胡比，则共同挑战失败。

游戏特点：

结合语音罗盘进行游戏，是这款游戏最大的特色。它抓住了儿童喜欢聆听的特点，使得儿童全然沉浸在游戏之中，跟着语音提示行进，并且通过优质的配音充分营造出城堡探寻的神秘氛围。更重要的是，通过语音程序的设计安排，使游戏机制更加丰富，增加了游戏的灵活性和可玩性，同时严谨的程序考虑了对儿童每次按键和行进进行记录与分析，使得开启魔法门和抓住胡比的任务既在意料之外，又在情理之中。

教育性和可玩性分析：

寻找魔法门和胡比的任务，是在幼儿感知城堡内空间结构的基础上进行的，幼儿每走一步都需要参考罗盘上的方向键，这无疑锻炼了幼儿的方位感与空间思维。而罗盘上的问号键发出的语音提示魔法门、胡比在哪里，幼儿在结合语音提示进行判断的过程中，也提高了逻辑思维能力。而语音罗盘本身的设置毫无疑问锻炼了幼儿的语言倾听与理解能力。

另外，该游戏也充分体现了合作性游戏的价值：儿童需要相互协作才能开启魔法门与抓住胡比，培养了幼儿与他人协商、共同做决定、合作完成任务的能力。

六、合作性棋盘游戏 Obstacles（障碍游戏）

美国 eeBoo 公司于 2013 年出品。该游戏适合 5 岁以上儿童，游戏时长一般为 20 分钟左右。

游戏材料：

描述不同类型的障碍卡片 25 张，可用的工具卡片 100 张。

玩法介绍：

游戏开始，玩家随机分得相同数量的工具卡：2～3 人游戏时每人手中保有 8 张卡片；4 人游戏时，每人手中保有 7 张卡片；5 人游戏时，每人手中保有 4 张卡片。参与者需将工具卡摊在各自面前，让大家都看得到。剩余工具卡背面朝上垒成一堆，障碍卡片背面朝上垒成一堆。

从障碍卡堆中抽取一张，放在大家面前。不同障碍卡上的内容各不相同，从暴风雨到交通堵塞等。这时，每位玩家要设法使用一张工具卡帮助解决该障碍引起的困难，通过讲述自己想出了什么样的办法，怎么利用工具来解决问题，来赢得同伴们的首肯。工具卡片上的内容也是五花八门，从巧克力到一头大象，从乒乓球拍到一张地图，甚至还有太空服。玩家需要做的就是通过共同协商、努力，找出最奇特的、最有创造性的问题解决方法。当每个人都介绍了自己的问题解决方法后，大家一起商议评选出最佳解决方案，也可以将不同的工具结合使用，获得最佳解决方法。当大家商定出最佳解决方案后，该障碍被克服，大家共同获得胜利！而刚刚大家已经谈论、使用到的工具卡片都背面朝上放在剩余工具卡堆的下面。同时大家从工具卡堆上方轮流抓牌，补齐手中的卡片。下一张障碍卡片被抽出，游戏继续！游戏可以根据参与者的水平选择不同难度，完成 10 张障碍卡为初

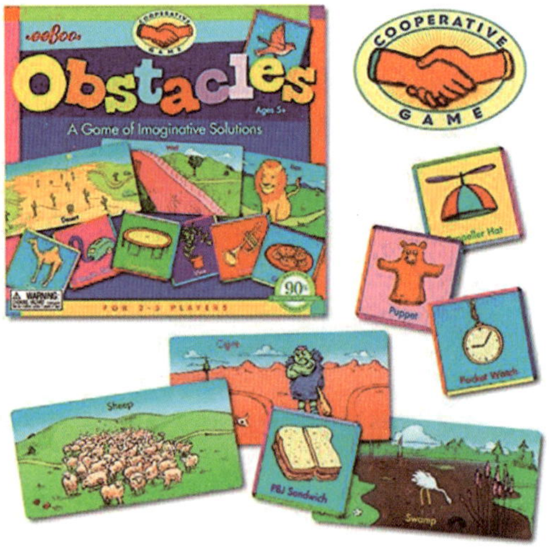

图 5-28　"障碍游戏"，顾名思义，是指玩家在游戏中会遇到各种各样的障碍和困难，并且需要集体的智慧共同克服这些困难。而"障碍游戏"中随机获得的工具卡，总是给玩家很多意想不到的工具，这时，更需要大家发挥想象力与创造力来共同获得胜利

级难度,15张为中级,20张为高级难度。另外通过游戏时长的限定,决定游戏不同的输赢条件。

游戏特点:

尽管严格来说,这个游戏不能算是合作性棋盘游戏,而是合作性卡牌游戏。但这个游戏很有特色,值得推荐。开放性是这款游戏的最大特色,可以聚集不同年龄的人共同参与游戏,每个人都可以贡献关于问题解决的奇思妙想,在开放性的设计中,没有唯一答案,这也让不同游戏者的交流变得更加平等、有趣。

同时,描述性语言的应用是该游戏的另一大特色。每位游戏者都要介绍自己的问题解决方案,把自己的创造性想法干净利索地表达出来,使大家能够理解。在游戏中,很多时候都需要大家一起来完善解决方案,这使得游戏参与者真真正正学会用语言、动脑筋与他人进行深度合作。

教育性和可玩性分析:

游戏中每个问题情境都没有标准的答案,并且孩子们获得的工具卡片是随机的,这极大地鼓励了孩子们发挥自己天马行空的想象力,并创造性地解决问题。孩子们可以在愉悦的游戏氛围中提高问题解决能力、语言表达能力、逻辑思维能力和创造性思维能力。

七、合作性棋盘游戏 Whoowasit?(是谁干的?)

德国 Ravensburger 公司于2007年出品。该游戏适合6岁及以上儿童,游戏时长一般为30～45分钟。

图5-29　"是谁干的?"的棋盘为一个带有十个功能区的城堡,功能区之间用蓝紫色的线条划分开(除塔楼以外),每一个功能区都有一个特别的动物图案。每一个功能区的名称见图上标识。棋盘中黄色虚线为幽灵行走的路线,幽灵按棋盘中黄色箭头方向行进,每次行走都会穿过一个功能区

游戏材料：

除图5-29描述的棋盘外,还有:

4张关闭的门卡(可放置在棋盘上)。4张门卡分别为地牢门卡、塔楼门卡和大餐厅的两张门卡(具体位置参见图5-29的数字标识);

1个电子语音盒,语音盒上面除了开关键和重听按键外,还有10个房间按键和5个行为按键(如图5-30左);

图5-30　左边为游戏中的电子语音盒,右侧为十张嫌犯卡,卡上人物的特点(着装、身材、职业)有明显的差异,玩家根据语音提示嫌犯特征来鉴别嫌犯

4个玩家棋子,1个幽灵棋子;

1个大猫棋盘,9个食物代币(用于给大猫喂食);

1个六面骰子(其中四面为数字1～4,两面为幽灵);

1个戒指和1个戒指底座;

4个钥匙小圆片,10张疑犯卡(见图5-30右)。

玩法介绍：

保护童话王国的魔法戒指被偷走了,邪恶巫师策划了这一切,并会在6个小时后到达城堡。玩家扮演侦探,在城堡里探索,并通过与动物的交谈得到线索,找出偷取魔法戒指的小偷。如果玩家没有在6个小时内揪出小偷的话,没有魔法戒指庇佑的国度将会落在邪恶巫师的手中!

游戏前,每位玩家选择1个颜色的侦探棋子置于宝宝房,将幽灵放在庭院。将4道门卡放在对应房间的位置(在简单难度的游戏中,通往塔楼与地牢的门是关闭的,只有在普通或困难难度才是打开的)。

游戏时,玩家在一轮中要进行以下几项操作:

1. 投掷骰子

➢ 掷出数字,玩家可以移动侦探棋子最多等同该点数的格数,一个房间算一格。侦探也可以选择在原地不动。侦探可以往任意方向移动,但只能进入开门的房间。侦探不可以进入或穿越幽灵所在的房间;

> 掷出幽灵,将幽灵沿着幽灵箭头前进一格,如果幽灵进入侦探所在的房间,将该侦探棋子移回宝宝房。如果掷出幽灵要持续掷骰,直到掷出数字为止,然后移动侦探棋子。

2. 按房间钮

移动侦探棋子后,按下语音盒上对应侦探停留房间的按钮(房间内有对应的动物)。玩家会在继续按下行动钮后听到语音信息。

3. 按行为钮

每一回合开始时必须先按房间钮,接着才按行为钮。玩家可按下不同的行为钮(搜索房间——眼睛;与动物对话——嘴巴;喂食动物——手),来选择不同的行动。此时,所有玩家都要一起仔细思考执行何种行动才是最适当的。通过一系列的行动,来获取疑犯的特征信息。①

游戏特点:

这款合作性棋盘游戏的一个特别之处是语音盒的使用。玩家根据所在的房间按下语音盒上的房间钮,再根据想执行的行动按下行动钮,就可以得到对应的声音线索。语音的句型简单,所给的线索也比较直接,例如"小偷很高""小偷手上有东西"等,但这些对于年幼的玩家来说,也是具有挑战的,需要小朋友们认真仔细地听,在游戏过程中幼儿的语言理解能力得到了提升。

教育性和可玩性分析:

本游戏虽说是合作性侦探游戏,但推理成分并不复杂,适合年龄较小的玩家。但游戏中有不少信息是需要记忆的,如要记住在哪些房间做过哪些事,动物给了哪些线索等,因此,这对幼儿来说倒是个不小的挑战。当然,这一挑战也给了团队合作一个不错的机会,大家可分工来操作、识记等。

语音盒会依据发声的角色不同运用不同的腔调,如果是动物还会先叫几声再慢条斯理地说话,让玩家可以更融入游戏的情境中。

综上所述,在支持幼儿语言发展的合作性棋盘游戏中,游戏的道具、卡片、画面为幼儿提供了丰富的语言素材,幼儿可以在游戏情境中自然地讲述故事、报告情况、阐明原因、谈论问题等,正是这些机会的提供,让孩子们在倾听、表达、理解、协商、辩论等方面的语言能力得到了全面的提升。当然,与之同步发展的还有幼儿的思维能力、想象能力与角色扮演能力。

另外值得关注的是,"Schnappt Hubi!"与"Whoowasit?"这两款合作性棋盘游戏中都运用到了语音盒,这不仅增加了游戏的趣味性与吸引力,也大大丰富了游戏中语言学习的形式和内容,孩子们在游戏中依靠语音提示获得线索、完成任务,而其语言的倾听与理解能力也随之得到提升。

---

① 具体可参阅本棋盘游戏的说明书。

第五节　支持幼儿动作发展的合作性棋盘游戏

幼儿的动作发展可简单归纳为粗大动作的发展与精细动作的发展，前者涉及幼儿的平衡能力、动作协调与灵敏性，以及力量与耐力。后者主要指幼儿手部动作的灵活与协调性。幼儿的动作发展往往也是其身体机能的表现：例如，平衡能力、协调能力和灵敏性反映了幼儿神经系统对肌肉活动的控制和调节能力；力量、耐力反映了幼儿肌肉组织和心肺系统的功能状况。因此，良好的动作发展对幼儿的身心健康起着重要作用。

支持幼儿动作发展的合作性棋盘游戏一般分为桌面和地面的两种，前者更加侧重幼儿精细动作的发展，如下文中所提到的"Sailor Ahoy"与"Dingalingaling!"等；后者也是侧重在幼儿精细动作的发展，但往往能够兼顾幼儿粗大动作的发展，如下文所提及的"Hop! Hop! Hop!"等。

一、合作性棋盘游戏 The Yoga Garden（瑜伽花园）

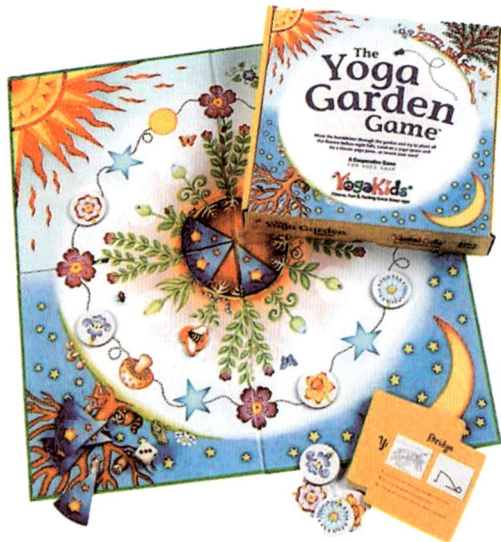

图5-31　"瑜伽花园"棋盘的四个角落分别是太阳、月亮、果树、生命树，用来放置不同的道具及卡片。棋盘上最外一圈是小蜜蜂棋子行走的道路，由太阳、星星、花朵、苹果、蘑菇、问号等不同图案围成，棋盘中央是个星球，用于摆放8张星星纸卡以拼出星空图案，在这个星球上还生长出六个待放的花苞，游戏中需要将花形圆片放置在花苞上

美国 YogaKids 公司于2000年出品。该游戏适合4岁以上儿童，可供3～5个人同时进行游戏，游戏时长一般为30分钟左右。

游戏材料：

游戏棋盘1个，小蜜蜂棋子1枚，六面骰子1个，花朵圆片8枚，星星纸卡8张（能拼成一个圆形星空图案），瑜伽动作卡片10张。

瑜伽动作卡片包含猫头鹰、青蛙、狗、蛇、蝴蝶、猫、竹子、牵牛花、孩子和桥等瑜伽动作主题，需要1～3人完成，并且卡片上标注了动作规定与要领。

玩法介绍：

"瑜伽花园"是一款以运动为特色的合作性棋盘游戏，着眼于促进儿童瑜伽动作的学习与巩固，并鼓励创新。游戏中，如果儿童能在天黑（棋盘中央8张星星纸卡填满）之前，让所有的花儿开放，那么大家共同获得胜利；否则大家共同挑战失败。

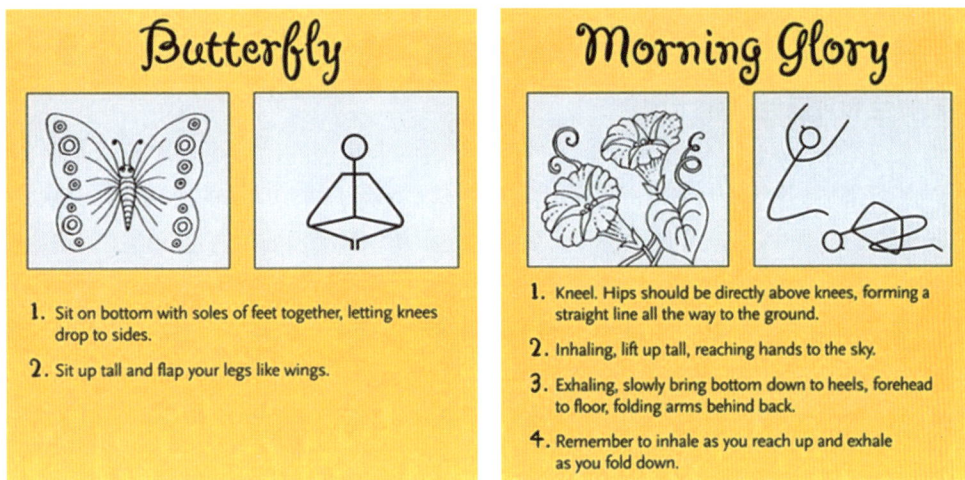

图5-32　瑜伽动作卡片举例：左为蝴蝶，右为牵牛花

游戏前，儿童需将10张瑜伽动作卡片放置在棋盘的太阳一角，8枚星星纸卡放置在棋盘的月亮一角，8枚花形圆片放在棋盘的果树一角。另外，儿童要事先讨论出怎样才算完成瑜伽动作卡片上的任务：即瑜伽动作保持的时间，是通过读秒数数还是计算深呼吸的次数来确定。初学者可以将规定时间设置为5秒钟或者3个深呼吸，慢慢熟练后可以加大难度。

游戏开始时，小蜜蜂随意放在棋盘外圈的一个棋格上作为起点。大家轮流掷骰子，蜜蜂根据骰子上的点数沿顺时针方向行走：如果走到太阳棋格，则需抽一张瑜伽动作卡片，按卡片上的任务由1～3人合作完成，如果动作能按照规定时间保持住，那么大家可共同在棋盘花苞上放一枚花形圆片；如果大家没能成功完成动作，则移除一朵花，如果此时还未曾放过一朵花则不用减少；如果走到月亮棋格，则需将1块星星纸卡放在棋盘中央的位置，这样就离满天星空又近了一步；如果走到花朵棋格，则可直接在棋盘花苞上放一枚花形圆片；如果走到苹果棋格，那么两位参与者要共同完成树动作（见图5-32），并且将动作保持至约定的时间，如果成功，则可移除棋盘中央的一张星星卡，反之，则需加上1张星星卡；如果走到蘑菇棋格，和苹果棋格一样，儿童需完成树动作，但没有时间限制，相对来说简单一些；如果走到问号棋格，儿童则要模仿一个动作让同伴共同猜一猜是什么。

游戏特点：

该游戏是为帮助儿童学习瑜伽知识、掌握瑜伽动作而设计的，瑜伽卡片上有着详细的动作规定与要领，以及"保持时间＋深呼吸几个"等较为专业的指导语，而且这些动作都需要儿童一起合作才能完成，将合作性游戏与瑜伽学习有机结合在一起。如此一来，儿

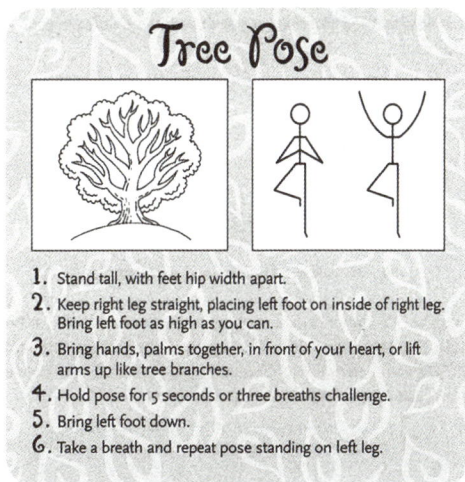

图5-33　"树动作"任务卡片

童在轻松愉悦的氛围中挑战了对他们来说并不简单的瑜伽动作，在快乐的游戏中完成了"静"与"慢"的瑜伽学习。

教育性和可玩性分析：

首先，该游戏促进了幼儿运动能力的发展，瑜伽卡片上的动作要求涉及幼儿手部、腿部、腰部、背部、膝盖等全身各部位的运动机能发展，提高了幼儿动作的协调性。其次，在模仿不同事物的过程中，幼儿的读图能力、观察力、模仿力以及表征能力也获得了提高。更值一提的是，游戏中特殊的自主模仿猜动作环节，充分激发了幼儿的模仿能力与创造力。

二、合作性棋盘游戏Sailor Ahoy!（嗨，水手！）

德国HABA公司于2011年出品。该游戏适合2岁以上儿童，游戏时长一般为10分钟左右。

游戏材料：

棋盘1个（可由六块拼版拼合而成），船体1个，水手棋子1个，形状和颜色不同的积木块4个，布制旗帜1面，六面骰子1枚。

图5-34　**Sailor Ahoy!** 可供1～4名儿童一起游戏，孩子们在游戏中扮演出发航海的水手Sam的角色

玩法介绍：

游戏开始前，先将拼板拼成棋盘。将船体放在棋盘一边，靠近有红色风车的海洋区域。将几个积木块放在棋盘有相应图标的位置。将水手Sam放在红色风车旁的起点位置上。同时准备好骰子。

游戏过程中，游戏者轮流掷骰子。如果掷到红色或黄色的一面，表示水手Sam前进至离他最近的这一颜色的棋格；每当Sam经过一个红黄交替的环形棋格时，他就可以把该棋格上的积木块取走，装到船体相应的位置上（蓝色积木块装在船体蓝色的木棒上，而橙色积木块与旗帜装在原木色的木棒上）。如果掷到有船的图标一面，则表示船现在航行到下一个海洋棋格。

如果Sam在船开走之前顺利到达栈桥，就将Sam装到船体蓝色的木棒上，小朋友们目送Sam出航并鼓掌庆祝游戏胜利。如果船离开了棋盘并驶向远方，Sam没能赶上船，大家就挑战失败了。

游戏特点：

这款游戏的设计特别考虑到提升孩子们的动手操作能力，有助于儿童精细动作的发展。游戏中，儿童需要把拼板拼成棋盘，将积木块插入船体的木棒上，这些都能够锻炼他们的手眼协调及精细动作。

此外，在游戏中要求儿童能按照一定的顺序将积木块插到船体上，做到实物造型与图片相匹配，这些对小年龄儿童来说都是很有挑战的。

教育性和可玩性分析：

这款棋盘游戏适合小班幼儿游戏。游戏情境设计富有童趣，能吸引幼儿的注意力，规则简单且对合作性的要求较低，有助于低龄幼儿在玩中学习与发展。

当然，这款棋盘游戏如果运用在亲子游戏中，家长就能够和孩子聊聊关于船、大海、形状、颜色等多方面的话题，这样既能丰富幼儿的语言能力、认知经验、创造力，同时也增进了亲子之间的交流和感情。

三、合作性棋盘游戏Hop! Hop! Hop!（跳！跳！跳！）

法国Djeco公司于2007年出品。该游戏适合4岁以上儿童，游戏时长一般为15分钟左右。

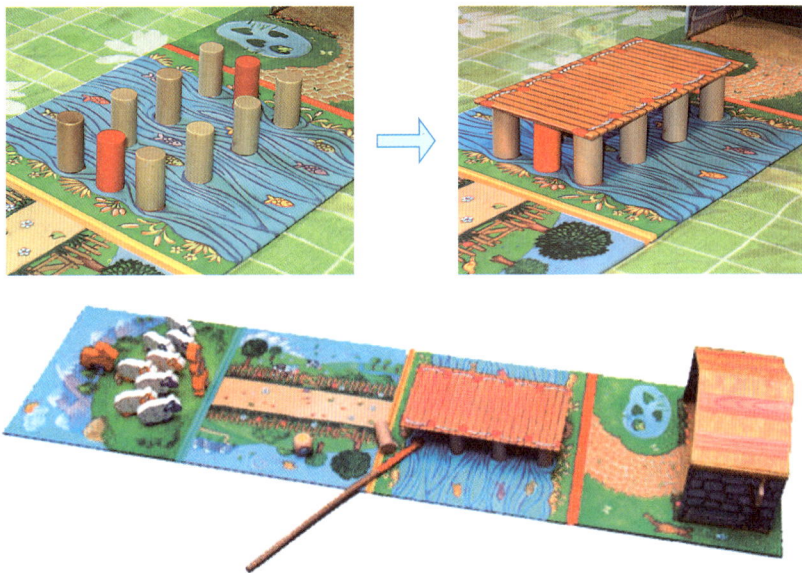

图5-35　下图"跳！跳！跳！"的棋盘由4块纸板（分别代表高山、田野、小河、羊圈）拼接而成，上图为棋盘上安置10根木质桥墩支起跨河的桥面

游戏材料：

除了棋盘之外，还有三类棋子：牧羊人1个，小羊9只，牧羊犬1条。六面骰子1个，以及用于拨动桥墩的木棍1根。

玩法介绍：

游戏开始之前，游戏者需要动手拼出棋盘、搭建羊圈，还要用木头桥墩和桥面搭出一座小桥。所有棋子的起始位置都在第一块棋板——高山处。游戏开始，玩家轮流掷骰子，然后依据骰子信息走子。投掷骰子的结果对行棋有至关重要的影响。骰子的六个面，每一面都有不同的图案，代表不同的含义：

- 🏔 高山：任意选择高山处的一枚棋子，将其移动至田野处。
- ◎ 花朵：任意选择田野处的一枚棋子，将其移动至小桥上。
- ▥ 小桥：任意选择小桥处的一枚棋子，将其移动至羊圈里。
- ☀ 太阳：任意选择一枚棋子，将其移动到下一块棋板。
- 🐑 两只小羊：任选一枚棋子，将其移动到下一块棋板。
- 🌀 风：使用木棍移除任意一根桥墩。

在移动棋子的时候需要遵守一个规则：在前进的时候，一定要让牧羊人带领着羊群，而牧羊犬一定要在队伍的后方。玩家的任务就是，大家一起行动，在大风将小桥吹垮之前，将牧羊人、牧羊犬和所有小羊送回羊圈。最后，如果在大风将小桥吹垮之前，所有棋子都安全抵达羊圈，大家一同获得胜利！如果小桥坍塌了，还有棋子没有进入羊圈，那么所有玩家就都失败了。

游戏特点：

Hop! Hop! Hop!是一款为数不多的在地面上玩，而非桌面上玩的合作性棋盘游戏，并没有为每位参与的孩子设置特定的角色，孩子们要做的就是齐心协力，一起行动，帮助牧羊人把小羊赶回羊圈，因此这款游戏棋的参与人数十分灵活。

该游戏玩法中十分创新的环节便是让儿童在尽可能不让小桥坍塌的情况下动手移除一个桥墩，这对他们来说是个不小的挑战！儿童需要细致观察、积极思考，选择最保险的桥墩进行移除；他们也需要确保使用小木棍移除桥墩时不碰到其他桥墩……这些挑战的设计实际上为儿童动作、语言、认知、社会性等多方面的发展都提供了机会。

教育性和可玩性分析：

Hop! Hop! Hop! 这款游戏提供了很多动手的机会，例如拼接棋盘、组装羊圈、搭建小桥等，这些用心的安排符合幼儿好奇好动、喜欢建构的心理特点，同时也为精细动作的灵活性、协调性和准确性的练习提供了难得的机会。

如何在移除桥墩时尽量保证桥面的平衡，不仅需要幼儿的细致观察、积极思考，而且经验的积累也非常重要，这一点也为该游戏具有持续的可玩性奠定了基础。

另外，这款游戏的玩法非常简单，幼儿很容易掌握。小羊、牧羊犬和牧羊人的形象也非常可爱，这些都使得它成为一款具有可玩性的合作性棋盘游戏。

四、合作性棋盘游戏Dingalingaling!（小小消防员）

德国HABA公司于2002年出品。该游戏适合4岁以上儿童，游戏时长一般为15分钟左右。

游戏材料：

游戏棋盘1个（有2块棋板和4根木棍，可以拼插为双层的棋盘），骰子1个（点数分别为1、2、3和警铃：数字代表消防员行走的步数，警铃代表将警铃向前移动一格），4个不同颜色的消防员棋子，消防车1辆，警铃1个，警铃轨道卡片1张（上面印有五个格子），紧急事件卡3张（正反两面均印有图案），服装卡片12张（有头盔、外套、靴子三种类型），器械装备卡片12张（有软管、水泵、梯子三种类型），证书12张。

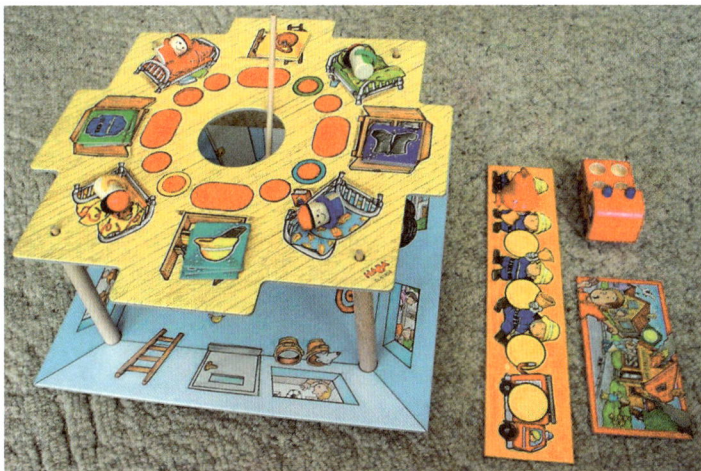

图5-36 **Dingalingaling!** 的棋盘为上、下两层的立体棋盘，上层为消防站，下层为车库

玩法介绍：

"小小消防员"可供2～4名儿童一起进行游戏，孩子们在游戏中扮演消防员的角色。

游戏开始前，儿童先合作将两层消防站搭建起来，然后每人选择一种颜色的消防员。将消防车停在一层车库，服装卡片和器械装备卡片分别放在二层棋盘的橱柜和架子上。将警铃放在警铃轨道卡片的第一个蓝色格子里。

游戏过程中，儿童轮流投掷骰子并移动自己的消防员。消防员在移动过程中，要搜集到头盔、外套、靴子和一种必要的器械装备。只有集齐这四样装备的消防员，才可以乘坐消防车。游戏者也可以根据情况，将掷到的点数借给同伴使用。当警铃到达警铃轨道的最后一个格子时，消防车就必须要载着准备好的消防员们出发了。而没有坐上消防车的消防员只能等下一次任务时再出动。

到达紧急事件地点，翻开紧急任务卡，显示消防员需要的装备。如果有的游戏者配备了正确的装备，则可以获得一张证明。没有配备正确则不能拿到证明。三次紧急任务完成时,游戏者们如果一共获得了9张证明,则挑战成功,否则,挑战失败。

游戏特点:

双层立体式棋盘(消防站)设计,形式新颖有特色,鼓励孩子们一起动手搭建。消防员出动时,需要借着身上的套绳从二楼滑下来,这样的设计让孩子们很是喜欢,同时又鼓励幼儿动手动脑,发展了精细动作。

教育性和可玩性分析:

这是一款好玩又具有挑战性的合作性棋盘游戏! 游戏规则简单易懂,并且消防车的游戏主题也是孩子们所喜爱的。

游戏中,孩子们要根据紧急任务卡上的提示,判断所需的装备,还要互相配合,合理利用掷到的点数。这些都给予了幼儿合作、沟通和决策的机会。

五、合作性棋盘游戏 Castle Knight(城堡骑士)

德国HABA公司于2007年出品。该游戏适合5岁以上儿童,游戏时长一般为10～15分钟。

游戏材料:

除图5-37所描述的棋具外,还有一套建筑工具(该工具由绳索与弹性项圈构成,玩家必须使用此工具拿起、移动、堆栈积木,搭建出高塔,下面还会对此详细介绍)以及一个用于计时的沙漏。

年龄较大幼儿玩这个游戏时,建好三层高塔之后,还需把王子、公主、幽灵三个角色积木放到高塔之上;年龄较小的幼儿玩这个游戏时,游戏中可不采用这三个角色积木,以降低任务难度。

图5-37 "城堡骑士"的棋具。棋盒的盒底就是游戏中的城堡,城堡印有城门图案的一面连接着吊桥棋盘,游戏开始前把国王棋子放在吊桥棋盘的马车图案上。将9个积木(含王子、公主、幽灵三个角色积木)放在城堡边缘,24张搭建任务卡混洗后正面朝下放在一边

玩法介绍:

滚石城堡人声鼎沸,非常热闹,因为邓肯国王要回城了。骑士们必须建造三个可以让国王与城民打招呼的高塔,骑士们大喊"团结就是力量",彼此合作就能在国王回城前完成建塔任务。

游戏中孩子们化身为骑士守护城堡,游戏开始时从任务卡中抽取一张搭建任务,每张卡上的任务各不相同:高塔由各种不同的积木、按照不同的顺序构成,玩家必须采用奇特的建筑工具,按照任务卡规定的方式搭建,且必须在沙漏规定的时间内达成。

如果玩家成功搭建起高塔,则可保

留该任务卡；如果失败了，国王邓肯向前移动一格。若成功收集3张任务卡，骑士们就一同获胜；若国王前进到城堡还未完成3张任务卡的收集，骑士们则前功尽弃。

游戏特点：

这款棋盘游戏最大的特点在于需要玩家共同手持建筑工具完成高塔的搭建，这个建筑工具由绳索和弹性项圈组成，四根绳子控制着弹性项圈口径的大小，工具的手把为1个圆珠。玩家只能拉圆珠，不可以拉扯绳子。

如果游戏由两名幼儿合作完成建筑，则两人各执两根绳子（参见图5-37）来控制建筑工具，如果是3～4人完成，则每人分得1～2根。如果合作过程中积木掉落，需要把积木放到原位，重新操作。

教育性和可玩性分析：

这是一款相当有趣的需要精细动作配合的游戏，由于建筑工具的受力点有四个，所以顺利完成任务，不仅需要每位玩家手眼协调，还需要玩家们通力合作才可能完成任务。小朋友一起合作盖高塔，没有经验时挑战难度是比较大的，好在游戏创设的情境让孩子们觉得有趣，不畏挫折，这无疑体现了游戏的可玩性。

六、合作性棋盘游戏STACK UP!（叠高高！）

美国Peaceable Kingdom公司于2013年出品。该游戏适合3岁以上儿童，游戏时长一般为15分钟左右。

图5-38　"叠高高！"的棋具。该棋盘的正面是环形的游戏棋格，背面是与积木颜色一致的四格颜色分类板，适合小年龄幼儿学习颜色认知与分类

游戏材料：

除棋盘外，还有一个翻倒娃娃（蓝色大手形状）棋子（见图5-38），转盘（一共八格，包括蓝、绿、紫、黄四色各一格，两个挑战格和两个翻倒娃娃格）；方形积木12块（蓝、绿、紫、黄四色各3块，每块积木上有两个孔，方便用木棒来堆栈）；堆栈木棒两根，可用堆栈

木棒不同的部位来堆栈积木；挑战卡12片，挑战内容包括：唱生日快乐歌、用拇指移动积木、学鸭子叫、单脚站立、扮鬼脸、从10倒数等轻松有趣的小任务。

玩法介绍：

游戏开始，将翻倒娃娃放在棋盘上的起始位置，开始转动转盘，看看指针停在哪一格，就须完成下面相应的任务。

（1）颜色格

停在什么颜色，就拿取对应颜色的积木放到棋盘中央。本游戏依照儿童的年龄特点设置了三种难度水平的拿取堆栈积木块的方法：

1. 用手拿积木；

2. 用两根堆栈木棒（木头端）拿积木；

3. 用两根堆栈木棒（泡沫端）拿积木。

拿积木的不同方式对手部精细动作的要求不一样，如图5-39是几种堆栈积木块的方法。

（2）翻倒娃娃格

转盘停在此区域，就要将翻倒娃娃在棋盘上往前进一步。如果翻倒娃娃移到数字9那一格（即终点处），则表示它要立即推倒积木了，游戏也就结束。

（3）挑战格

转盘停到挑战格，就需要抽取一张挑战卡，完成指令才算过关。

如果在堆栈积木时方块掉了，翻倒娃娃也要前进一格，如果翻倒娃娃前进到最后一格，就会把积木全部推倒，那么大家没有完成任务！所以小朋友们要通力合作在积木被击落摧毁前将12个积木叠高高。

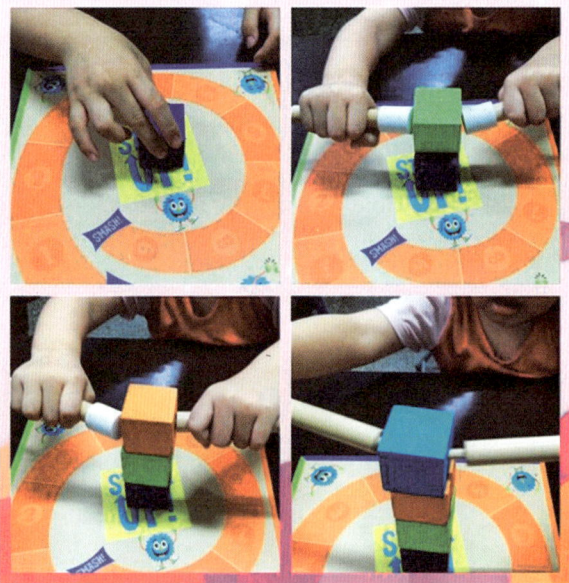

图5-39　适合不同年龄水平的几种堆栈积木块的方法

游戏特点：

这款棋最大的特点在于难度层级的设定十分巧妙，不仅设计了三种堆栈方法，充分考虑了游戏玩家精细动作发展的不同水平，而且棋盘背面也被充分利用了起来，绘制出与四色积木颜色一致的四格颜色分类板，小年龄幼儿可以利用它进行简单的分类游戏。

教育性和可玩性分析：

该棋盘游戏采用有趣的堆栈积木的游戏形式，并设置不同的难度梯度，让幼儿在挑战中合作，在合作中迎接更高难度的挑战。规则简单，设计精巧，渗透着各种教育元素，包括颜色配对的练习和手眼协调技能的运用，让幼儿在合作游戏中获得成长。

七、合作性棋盘游戏 Feed the Woozle（喂饱大怪兽）

美国 Peaceable Kingdom 公司于2012年出品。该游戏适合3～6岁儿童，可供2～5个人同时进行游戏，游戏时间大约为15分钟。

图5-40　"喂饱大怪兽"中的怪兽形象制作得生动逼真，尤其是它大大的嘴巴，仿佛在说："我好饿，快喂我！"

游戏材料：

1个立体怪兽模型，24枚食物币，12张美味卡，1个勺子，1个转盘，1个六面数字骰子。

玩法介绍：

游戏前，参与者需要将怪兽模型放置在距离大家8～10英尺（2.4米至3米）远的地方，同时将12张美味卡放置在怪兽模型附近。游戏分为三种难度，幼儿可以根据参与游戏者的平均水平来进行选择。

难度一（容易）：参与游戏的幼儿轮流掷骰子，根据掷到的数字将相同数量的食物放在勺子内，然后走向怪兽，将食物放入怪兽的大嘴中。如果幼儿成功完成任务，则可以拿取与怪兽吃掉食物数量相等的美味卡，并算作大家共同的战利品；如果幼儿在半路上将一些食物掉在了地上，掉在地上的食物在这轮游戏中不能再用，当然如果幼儿勺子里还剩有食物，并送到了大怪兽的嘴里，幼儿还可以得到相应数量的美味卡片。

难度二（中等）：该难度水平的游戏中增加了转盘道具，同时要选出一名参与游戏的幼儿担任"转盘管家"。每次游戏时，幼儿掷骰子之后还要由转盘管家帮助转转盘，转盘上的内容将决定幼儿此轮采用何种方式为怪兽递送食物。转盘上印有"步行""跳草裙舞""旋转""走军步""疯狂""兔子跳"6种方式，幼儿要遵循这样的方式，将勺子内的食物喂给饥饿的大怪兽。这相较于第一种玩法来说，增加了一定的难度和挑战，也增添了更多趣味。

难度三（困难）：这一等级是最难的挑战，其加入了重要的制约条件——大家要闭上眼睛前进！幼儿可以选择身边触手可及的布条、手帕、毛巾等蒙住参与者的眼睛，同时结合难度一或者难度二的游戏设置完成任务！这个过程中，幼儿要在同伴的指引下不断接近怪兽，并且成功投喂，难度还真不小。

游戏特点：

"喂饱大怪兽"着眼于促进幼儿身体知觉、手眼协调、动作灵敏性等运动技能的发展，游戏任务设计比较巧妙，在游戏中孩子们不仅要控制手部的平衡，还要跳跃，甚至跳舞，大小肌肉都得到了充分锻炼。难度的层层递进设计合理，难度设置与幼儿的年龄特点相符，并且逐渐进阶，增强了游戏的可玩性。

教育性和可玩性分析：

该游戏首先促进了幼儿运动能力的发展：幼儿将食物放在勺子里并成功投喂的过程中，促进了其手部控制能力和平衡能力的发展；转盘上不同的动作要求，促进了幼儿全身动作及协调性的发展；而最高难度的挑战中，蒙住眼睛前进又促进了幼儿的方向感和空间思维的发展。

而幼儿在社会性合作方面获得的提升也体现在游戏整个过程中：幼儿需要为了共同的投食目标而努力，如果前面一位同伴没有成功投食，投食的"担子"就落到了自己身上，要为了团队更加努力；高难度的挑战中，大家要指引被蒙住眼睛的同伴找到正确的方向，大家相互帮助、彼此信任，才能成功喂食；胜利果实——美味卡是属于大家的，需要幼儿为了集齐12张美食卡这一目标而共同努力。

另外，游戏中，幼儿需要根据掷骰子的结果按数取物，根据投食数量取走相同数量的美味卡，并且计算收集到的美味卡片总数等，无形中锻炼了幼儿的数学技能。

八、合作性棋盘游戏 Die verzauberten Rumpelriesen（搜寻小恶魔）

德国 Drei Magier Spiele 公司于2013年出品。该游戏适合5岁以上儿童，游戏时长为15分钟左右。

游戏材料：

85片树叶卡片，16个小恶魔棋子（画有小恶魔形象的圆形卡片），16张相对应的搜寻卡片（方形卡片，上面有小恶魔图案），4个木质巨人棋子，4根魔法棒，1个沙漏，1个棋盘（棋盘上有一些圆形凹槽，凹槽大小正好可以放置1个小恶魔棋子，见图5-41），4个支撑棋盘的装置。

玩法介绍：

在一座巨人森林里，小小魔法师发现了藏在树叶底下的一群小恶魔，他问："你们为什么躲起来？"小恶魔说："山谷里有许多咆哮的巨人，我们害怕，所以只敢在他们睡熟的时候才出来。"小小魔法师听了，想要帮助小恶魔，于是便向咆哮巨人们施了一个魔法，让他们沉睡。小朋友们在游戏中要联合起来，一起帮助小恶魔从藏匿之处逃出去，同时注意不能惊醒任何一个巨人。

游戏开始前,小朋友首先需要用4个支撑装置放在棋盒的四个角上,把棋盘放在上面。然后把16个小恶魔棋子正面朝上放在棋盘的凹槽中,把所有的树叶卡片覆盖在棋盘上方,所有的小恶魔都应该被盖住。接着在棋盘的四个角上各放一个咆哮巨人。最后把所有的搜寻卡片洗一洗,正面朝上放在旁边,并且把沙漏准备好。

游戏开始时,小朋友们倒置沙漏开始计时,并扮演魔法师念出咒语,然后一起寻找最上面一张搜寻卡片中的小恶魔。寻找小恶魔的方式是使用魔法棒拨动树叶卡片(见图5-42),看看树叶底下盖住的是不是自己要找的那只。拨动树叶时必须小心,因为巨人虽然可以被移动位置,但无论是巨人还是树叶都不能掉下棋盘,一旦掉下去,咒语失效,巨人就要行动起来驱逐魔法师了。

如果魔法师找到一个小恶魔,沙漏还没漏完,那么小恶魔搜寻成功,小朋友可以将代表这个恶魔的搜寻卡片放在自己面前,然后去搜寻下一个。如果沙漏时间到了,依旧没有找到小恶魔,或者在搜寻过程中将巨人或树叶碰到地上,那么搜寻只能立刻结束,这张搜寻卡片将从游戏中被剔除。在重新开始寻找下一个小恶魔时,小朋友应重新把所有树叶散布在棋盘上,遮住所有小恶魔,同时把巨人棋子放在棋盘的角落上。

最后,在所有搜寻卡片都被用掉后,数一数总共找到了几个小恶魔。八个以上表示所有小朋友赢了;如果正好找到八个,那么游戏是平局;如果找到的小恶魔数量不足八个,则咆哮巨人获胜,小朋友都输了。

游戏特点:

"搜寻小恶魔"的游戏主题和角色形象均蕴含着童话色彩,尤其是咒语的出现和魔法棒的运用,为游戏增添了许多趣味性,使得幼儿很容易进入一个魔法的世界。

教育性和可玩性分析:

"搜寻小恶魔"的游戏主要发展了幼儿三个

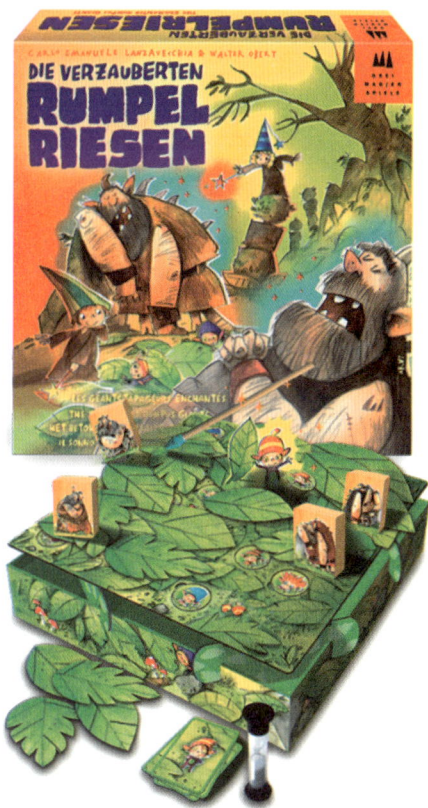

图5-41 "寻找小恶魔"的棋盘是架在棋盒之上的

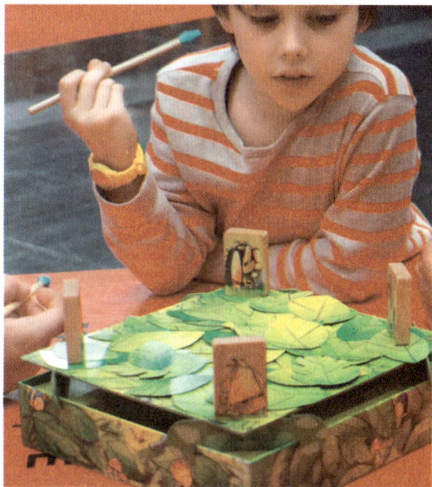

图5-42 小朋友正在思考如何用魔法棒拨开树叶卡片

方面的能力：在动作方面，幼儿需要操作一根又细又长的魔法棒来挪动树叶，同时不能碰掉任何一个巨人或者树叶，这对幼儿上臂及手部肌肉的控制能力是一个不小的挑战；在认知方面，幼儿需要识别16个长相不同的恶魔，并且记忆他们的位置；在社会性方面，所有幼儿同属一个集体，共同扮演魔法师的角色帮助小恶魔，他们彼此协商、主动分工合作，用集体的力量来记忆恶魔棋子的位置，从中体会同伴互助与合作的力量。

总体而言，动作类的合作性棋盘游戏设计重点在于为幼儿创造动手的机会，这既可以体现在一开始棋盘或游戏场景的搭建上，也可以体现在游戏过程中任务目标的达成上。值得一提的是，"Hop! Hop! Hop!"将这两个设计要点都涵盖其中，有借鉴价值。另外，游戏主题的选取上也应该紧扣动态化的主题：航海、消防与赶羊等，并与幼儿的生活、认知经验紧密联系，这样既能够激发幼儿游戏的兴趣，又能够进一步丰富幼儿的各种经验。

第六节　侧重领域知识学习与探索的合作性棋盘游戏

将合作性棋盘游戏与各领域的知识学习相结合，可以更好地支持幼儿在游戏中自然地、快乐地获得知识、拓展视野，所谓一举两得。本节介绍的十款合作性棋盘游戏，为幼儿提供了诸多学习领域的探索经验。这些棋盘游戏所涉及的领域知识比较广泛：包括自然现象，如地震、季节、光和影的关系等；环境科学，如环境保护、社区及城市建设等；历史文化，如传统文化故事等；以及数学知识，如数数、数的分解；等等。

一、合作性棋盘游戏Count Your Chickens!（数鸡趣）

图5-43 "数鸡趣"的棋具，左下方为转盘、母鸡和小鸡棋子，右侧为棋盘

美国Peaceable Kingdom公司于2011年出品。该游戏适合3岁以上儿童，游戏时长一般为10～15分钟。

游戏材料：

如图5-43所示，除棋盘、转盘外，游戏中的棋子为一只站立的母鸡和40只小鸡圆片。

玩法介绍：

鸡宝宝跑出了笼子，到了农场的各个地方。游戏的目标是帮助鸡妈妈找到所有的鸡宝宝，并在鸡妈妈到达鸡笼之前，把所有的鸡宝宝送回鸡笼。

游戏开始前,先摆好棋盘,将鸡妈妈放在棋盘的起点位置,将鸡宝宝散放在农场周围,但不要放在鸡妈妈的走道上。游戏者依次转转盘,转到哪个动物,就将鸡妈妈移动到棋盘上临近的相应动物棋格上,同时数出鸡妈妈移动的格子数。数出鸡妈妈走了几格,就将几只鸡宝宝放入鸡笼中(例如,鸡妈妈走了3格,就放3只鸡宝宝进入鸡笼中)。

特别的规则:

(1) +1鸡宝宝:棋盘上有5个蓝色格子,当小朋友走到蓝色格子上,可以在原来应该放入笼子的鸡宝宝总数上,再多放一只鸡宝宝到鸡笼(例如,鸡妈妈走了3格且在蓝色格子上,就放4只鸡宝宝到鸡笼)。

(2) 狐狸:如果游戏者转到了狐狸一格,则将鸡笼里所有的鸡宝宝都放出来!

游戏结束:当鸡妈妈到达棋盘的最后一格,游戏结束。所有小鸡都要在鸡妈妈到达鸡笼之前已经进笼,这样就获得胜利! 如果此时还有小鸡没有回到鸡笼,这次就挑战失败。

游戏特点:

这个游戏的特点在于巧妙地将早期数学学习与游戏情境自然地结合在一起。鸡妈妈在移动的过程中,儿童要数出鸡妈妈移动的格子数,并将相应数量的鸡宝宝放入鸡笼中,这个任务非常适合充满爱心的小年龄儿童,也锻炼了他们的数数能力。值得一提的是,当遇到狐狸时,需要将所有的鸡宝宝移出笼子,这个"意外"的倒霉却也能让孩子们乐此不疲。但是,孩子们会为了胜利"作弊"还是遵守规则呢? 游戏也提供了不断强化儿童规则意识的机会。

教育性和可玩性分析:

让幼儿自然而然地学习不同的事物是Peaceable Kingdom公司的宗旨,"数鸡趣"通过帮助鸡妈妈找回所有的鸡宝宝,不仅让孩子在游戏中学习计数、数列、轮流等概念,更重要的是,这一主题富有爱心与责任感,能够帮助幼儿形成任务意识,鼓励他们不断进行尝试与努力。

在游戏中,鸡妈妈到达笼子之前,所有的鸡宝宝都要回到笼中,才算胜利。这样的情境要求,有利于促进幼儿团队意识和合作能力的培养。例如,游戏小伙伴会帮忙大声数出鸡妈妈走了几步,提醒同伴应该怎么做,等等。

这款棋整体风格清新自然,设计精美。无论是棋盘巧妙的配色和布局,还是可爱的动物形象,都很容易激发幼儿进行游戏的兴趣。此外,棋规简单易懂,操作十分方便,合作的难度不大,适合小年龄幼儿游戏。

二、合作性棋盘游戏Harvest Time(收获季节)

加拿大Family Pastimes公司于1980年出品。该游戏适合3岁以上儿童,游戏时长一般为30分钟左右。

游戏材料:

除棋盘外,四种农作物的卡片,分别为西红柿、胡萝卜、豌豆和玉米,每种农作物卡片12

图5-44 "收获季节"的棋盘上有四块地，每块地种着同样的四种农作物。棋盘中央是一幅生机勃勃的秋收季节景色

张，共48张。六面骰子1个（每一面都有一种颜色的圆点，分别为红、橙、黄、绿、白和黑）。冬天和春天拼图卡片各6张。

玩法介绍：

"收获季节"中所有玩家在游戏过程中扮演农夫的角色，任务是在冬天到来之前尽可能多地采摘收割地里的农作物。

游戏分两个层级：

第一个水平为新手游戏（秋冬模式）

游戏开始前，根据标志物将地里的农作物全部种满，此时棋盘中间为秋收景色，意味着农作物已经成熟，农夫们可以开始收割。

游戏中幼儿轮流掷骰子。红、橙、黄、绿四色分别代表不同农作物。掷到红色，儿童可以从地里采摘一个西红柿，即从棋盘上移走一张西红柿卡片；掷到橙色，移走一张胡萝卜卡片；掷到黄色，移走一张玉米卡片；掷到绿色，移走一张豌豆卡片。

当掷到黑色时，可以选择采摘或收割任意一种农作物；而掷到白色时，则要将一张冬天拼图卡片放置在中间景色相应的位置上。当6张冬天卡片全部放到了棋盘中央，意味着冬天到来，此时如果地里还有农作物没有收割，那么农夫没有为过冬储存好足够的粮食，此局就输了。

作为一款合作性棋盘游戏，它鼓励儿童之间相互帮助，如一人掷到红色，他可以选择移除自己地里的西红柿卡片，也可以选择帮助其他儿童移除西红柿卡片，而被移除的卡片属于被帮助的幼儿；如果儿童自己地里的卡片已经全部移除，他依然可以继续游戏，帮助他的小伙伴进行农作物的采摘与收割；如果他掷到白色，则可以从冬天拼图上拿走一块，为其他儿童收割农作物赢取宝贵的时间。

冬天来临之前，48张农作物卡片被顺利移走，所有儿童获得胜利，否则挑战失败。

第二个水平为拓展游戏（春秋模式、春秋模式＋秋冬模式）

游戏开始前，将农作物卡片分类整理放在一边，此时棋盘中间的景色是春天景色，农夫们可以开始种植农作物，要在秋天到来之前把所有农作物种下去。

游戏依然通过骰子进行，掷到红、橙、黄、绿，可以选择将相应颜色的农作物种到地里，即将卡片放置在棋盘上；掷到黑色，可以选择任意农作物卡片放到相应位置；掷到白色，则增加一张秋天卡片。儿童可以选择将农作物种在自己的地或是别人的地，自己的种满之后可继续帮助他人，也可在掷到白色时移走一张秋天卡片。在秋天到来之前，农作物全部种下去，所有儿童获得胜利！秋天到来之前，还有农作物没种，大家就挑战失败。

春秋模式结束之后，可以在此基础上，继续进行秋冬模式的游戏，这样将会较大地延长游戏时间，增加游戏难度。

游戏特点：

这款合作性棋盘游戏故事背景是儿童扮演农夫的角色，在冬天到来之前完成农作物的收割，囤粮过冬，充满趣味性和生活感。

该游戏中竞争对手的设计很是独特，采用的是拼图卡片的填充覆盖，操作简单直观，有视觉冲击力。另外，作为一款合作性棋盘游戏，孩子们之间的合作——彼此帮忙收割，设计得比较自然，参与性较强。

教育性和可玩性分析：

通过这款游戏幼儿能够认识春夏秋冬，了解不同季节里的农村生活等，同时增强相应的积极情感。本款合作性棋盘游戏充分体现了"寓教于乐"的理念。

从玩法和规则来看，规则容易，上手简单，概率与运气的成分远大于策略，因而更适合小年龄的幼儿。

在挑战性方面，设置的梯度虽然没有能够对策略的运用提出更进一步的要求，但是水平二的玩法以同样的形式延长了游戏时间，也不失为一种方式。当然，如果能在延伸游戏中，增加一些新的规则，以提升难度，提供更多思考策略的机会。比如在秋冬模式基础上加入新角色——老鼠和猫，地里的农作物会被老鼠偷走，要用猫来抓老鼠等，这就需要幼儿在游戏中讨论，是否派出猫、何时派出等，这个过程会引发幼儿相互探讨与协商，合作性相应增强，对年龄较大的幼儿参与游戏更有吸引力。

三、合作性棋盘游戏：Wildcraft!（野生草药！）

美国Learning Herbs公司于2006年出品。该游戏适合4岁以上儿童，游戏时间一般为30分钟左右。

游戏材料：

可折叠式游戏棋盘1张，角色棋子4个，蓝莓棋子10个，月亮棋子13个，草药卡片52张，问题卡片52张，合作卡片25张，转盘1个。

玩法介绍：

"野生草药！"是一款知识类合作性棋盘游戏，鼓励孩子们赶在太阳下山前共同上山采集蓝莓并成功返回山下奶奶家，帮助奶奶完成美味的蓝莓派。

游戏前，将代表蓝莓的蓝色小圆片放置在棋盘终点山顶处，每位玩家持一个角色棋子并将其放置在棋盘左下角，即起点处。每位玩家随机抽取4张草药卡片拿在自己手中，将

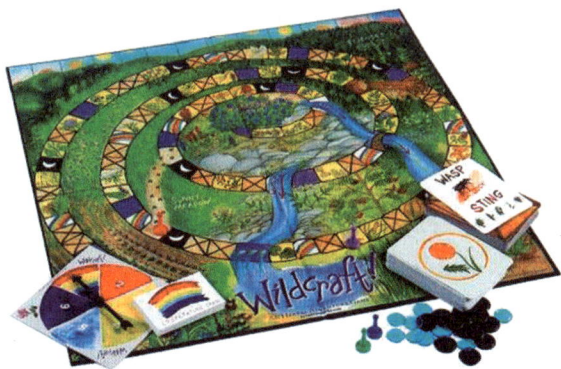

图5-45　"野生草药！"的棋盘及卡片绘制非常精美，将自然与艺术很好地进行了融合

问题卡片和剩余的草药卡片分别垒成一堆，背面朝上放在棋盘旁边待用，合作卡片、转盘和月亮棋子也放在棋盘旁边待用。

　　游戏开始，大家的首要目标是到达山顶采集蓝莓，每位儿童需要采集2颗蓝莓棋子，才能下山返回。大家轮流转转盘，根据转盘箭头所指步数前进。当棋子落在草药棋格时，可以抽取任意一张草药卡收集起来；当棋子落在月亮棋格时，将一块月亮棋子放置在棋盘顶端的棋格内，遮住一个太阳，意味着离太阳落山又逼近了一步，大家要抓紧完成任务了；当棋子落在紫色的棋格时，表示此轮休息，无须其他操作；当棋子落在打叉的棋格时，表示遇到了困难，要抽取一张问题卡片。此时，如果自己手上有相应的任一解药（解药罗列在问题卡片右侧），就可以打出这张草药卡，并将问题卡和草药卡一同收走，表示病痛解除，同时将棋子移动至前方最近的紫色棋格。如果暂时没有任何一个相关解药可以解决卡片上所示的健康问题，那就只能带着问题卡片继续前行，直到得到任一解药卡片来解决问题；当棋子落在彩虹棋格时，儿童可以得到一张合作卡片，合作卡有两种功能，幼儿可择其一发挥其作用：（1）打出合作卡后，可以将落后自己最远的伙伴瞬间移动到和自己同一个棋格上；（2）打出合作卡后，可以将自己的草药卡送给同伴，帮助其克服困难。需要注意的是，幼儿可以选择立即使用得到的合作卡，也可以选择在以后的游戏回合中使用。

图5-46　游戏中的问题卡片和草药卡片

　　孩子们到达山顶后，每人需采集2颗蓝莓。对于率先到达山顶的儿童，每轮到他一次，可以采集1颗蓝莓，采集好自己所需的2颗蓝莓后，他既可选择立即下山返回奶奶家，让其他人各自来到山顶采集自己需要的蓝莓，也可选择继续留在山顶帮大家采集蓝莓。例如四人游戏时，大家可以商量让率先到达山顶的儿童（简称小A）帮助大家采集所需的8颗蓝莓，然后小A下山返回，此时其他没有采集到蓝莓的儿童还需继续向山顶进发，直到与小A相遇后，意味着从小A处拿到自己的2颗蓝莓后，才可从相遇处转身下山返回。另外，棋盘上有"河流"和"树干"两种捷径，前者只能在下山时使用，树干在上山和下山时都能使用。如果有儿童先到达山下奶奶家，他可以在没有合作卡片的情况下，将自己的草药卡片送给需要的同伴。

　　太阳下山前（即棋盘上方的太阳图尚未被全部盖住），如果所有玩家都采集好了自己的2颗蓝莓,并且从山顶成功返回棋盘左下角的奶奶家,同时没有未解决的问题卡片在身上,那么大家一同获胜。反之,则大家共同挑战失败。

游戏特点:

关于草药的知识与功效对儿童来说似乎有些陌生,这款游戏最大的特点是将看似枯燥的知识与合作性游戏结合,让孩子们在游戏中自然而然地获得关于草药的知识。而让这一切得以实现,棋盘游戏机制的设计及艺术审美功不可没。这款游戏的另一特点就是绘制精美,写实风格还原了草药本身的外观特征,让儿童获得准确的知识;精细的画风让孩子们学习欣赏植物之美、观察植物的细节,激发起热爱自然的情怀。

教育性和可玩性分析:

该游戏机制并不简单,幼儿在整个游戏过程中不断经历遇到困难、解决困难、帮助同伴解决困难的过程,在提升问题解决能力的基础上,又将合作的精髓发挥得淋漓尽致:首先游戏中设置的彩虹棋格与合作卡让孩子们之间的合作成为必然,而合作卡的二选一合作方式,促使幼儿不仅要学习合作,还要结合棋局思考——何时合作、怎样合作才是最佳选择。另外,游戏规则的细节部分也无处不体现着合作:率先到达山顶的幼儿可以选择为大家摘取蓝莓,先到达山底奶奶家的幼儿可以将自己的草药卡片送给需要的同伴。

四、合作性棋盘游戏Earthquake(地震)

加拿大Family Pastimes公司于1992年出品。该游戏适合5岁以上儿童,游戏时长一般为30分钟左右。

游戏材料:

12片地震带卡片,其上分别标有数字1~4(每个数字有3张),对应棋盘上相同数字的道路。如上图5-47所示,若将地震带卡片按断裂线的方向放在有相同数字的道路上,表示这条道路已经断裂不能再通行。

6座木桥,其功能为当道路被地震带切断时,可以通过放置木桥来恢复通行。

12张动物和人的卡片,分为狼、熊、鹿和人共四组,每组3张为两大一小,组成一个家庭。

玩法介绍:

附近的森林正在发生一次地震,道路随时可能断裂,玩家们要在道路被地

图5-47 "地震"的棋具。方形棋盘上画有四条交叉道路(每条道路两端分别连接着一个沼泽地和一个居住地——家,道路因交叉而分成了三段,每条道路的每一段都标上了数字记号),四个角上为用脚印标识的动物和人各自的居住地。此外,有12片地震断裂带(其上分别标了数字1~4,表明是哪条道路上的断裂带),6座木桥,12张动物和人的卡片

震彻底切断之前帮助惊恐的动物和人们回到各自的家园。

游戏开始时，将12张动物和人的卡片随机分成四组（每组3张），分别摆放在棋盘四边的沼泽地。摆好之后，就可以观察出谁在哪以及它离自己的家有多远。另外，将12张地震带卡片随机混合，正面朝下垒成一堆；6座木桥卡片，正面朝上垒成一堆。

游戏过程中，首先从地震带卡片堆最上方取一张地震带卡片，并决定选择要摆放在标有相同数字的道路的哪一段，然后移动一张动物或人的卡片，让其回家。如此轮流。当动物或人回家的必经之路被地震带切断时，可以选择放置木桥助其回家。

所有地震带卡片放置完毕之前，如果所有人和动物都回家了，玩家获胜；如果还有人或动物留在沼泽地，则游戏失败。

游戏特点：

本游戏涉及人/动物、地震带、木桥三个变量，出现哪种地震带是随机抽取的，人/动物和木桥的选择则是通过协商来挑选或放置。游戏的挑战性来自抽取地震带后如何对人/动物卡片、木桥进行选择，既要使人/动物尽可能逃出沼泽，又要保证接下来还有足够的木桥帮助没有回家的人/动物安全撤离。这一设计很好地融合了运气和策略的运用，是本游戏的一个特色。

但是从胜率的测算来看，目前游戏条件对儿童来说挑战性比较大，成功的概率很小。或许可以让玩家自行决定是否需要增加木桥的数量，增加木桥即可加大游戏获胜的可能性。

教育性和可玩性分析：

这款棋盘游戏是自然灾害主题游戏，5岁以上儿童对于自然界的各种灾害有探索的热情，该主题能够满足幼儿的好奇心，也能够作为一个教育契机鼓励幼儿进一步了解地震的相关知识，以及如何保护自己和救助他人的知识。

在游戏中，团队成员为了获胜（在地震切断所有可行道路并且木桥用尽之前，让所有人/动物回家）需展开协作与沟通，游戏中地震带的放置位置、优先走哪个人/动物、木桥的启用时机等，为合作互动带来了许多话题，也帮助孩子们理解了在遇到问题时应该怎样通过协商来解决问题。

总的来说，本游戏规则简单，易操作，又不失挑战性，幼儿容易保持对这款游戏的兴趣，因而这是一款对中大班幼儿较有吸引力的合作性棋盘游戏。

五、合作性棋盘游戏Waldschattenspiel（林中阴影）

德国Kraul公司于1985年出品。该游戏适合6岁及以上儿童，游戏时长一般为15分钟左右。

游戏材料：

棋盘由六块拼图组成，如图5-48左所示，棋子为7个可站立小矮人（需要自制），1支实物蜡烛，一个六面骰子。辅助物包括10棵由两块木片拼插而成的大树以及一把推子。

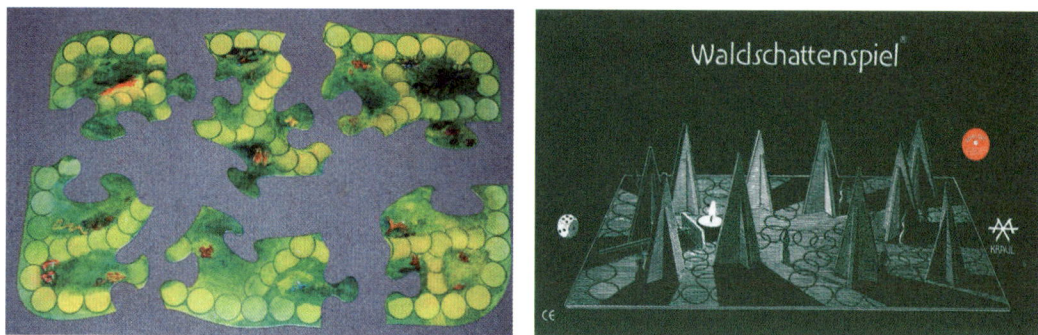

图5-48　左侧图为组成棋盘的六块拼版,右侧图为Waldschattenspiel第一版的游戏场景示意图

玩法介绍:

当黑暗来临时(关灯),点亮蜡烛(由成人玩家控制)。在游戏板上任意摆放大树,它的阴影能够为小矮人们提供躲避的场所。开始前,每个小矮人分别站在一棵大树的阴影下面,游戏目标是他们要走到同一棵大树下。

游戏中,玩家使用推子控制蜡烛朝一定方向前进,由掷骰子决定前进步数。只有行进至十字路口时,方向才可改变。蜡烛移动时,小矮人们可以通过改变在树下的站位避免光照。重点是,他们只能在黑暗中移动,切不可从光照中通过。如果小矮人不小心遇到蜡烛灯光,则被魔法冻住,不允许再移动,直到其他小矮人救了他。如果所有小矮人都被冻住了,则游戏失败。如果最后小矮人们走到了同一棵大树下,则小朋友们代表的小矮人获胜。

游戏特点:

这款合作性棋盘游戏包含了两个部分,两个部分皆有特色。

其一,是自制棋子部分。我们从玩家对该游戏的评价和使用反馈中得知,儿童尤其是女孩,对于自己捏矮人、为小矮人涂色十分感兴趣,说明游戏中自主创作游戏材料能很好地吸引幼儿兴趣。

其二,游戏中运用烛光,别具特色。光与影的关系对儿童来说既熟悉又陌生,游戏过程无疑拓展了幼儿的经验。

教育性和可玩性分析:

从游戏主题来看,这款游戏以黑夜为背景,具有一定的神秘感,在加入蜡烛后,明暗对比鲜明,游戏场景能够引发儿童的兴趣。另外,游戏中,采用了小矮人、魔法等元素,对于处于想象力发展时期的幼儿来说,增添了玩趣。

游戏情境本身易理解,规则并不复杂,容易上手,但上手后具有一定的难度,需要运用一定的策略。游戏目标是小矮人通过协作走到同一棵树下。幼儿需要思考如何移动棋子,既不被烛光照到,又能将所有矮人汇聚,这就要求幼儿对光与影的关系有一定的熟悉了解,同时还应具有较强的空间想象力、手眼协调能力和协同合作能力,显然,这对年幼儿童具有较大挑战性。或可尝试将游戏难度进行等级划分,如幼儿年龄较低或玩家较少时,可弹性选择小矮人数量,不必将所有矮人都摆在棋盘上游戏。随着幼儿能力的增强,可通过增加小矮人数量,来逐步增加游戏难度。

六、合作性棋盘游戏 Goodnight, Goodnight, Construction Site Game（晚安，工程车）

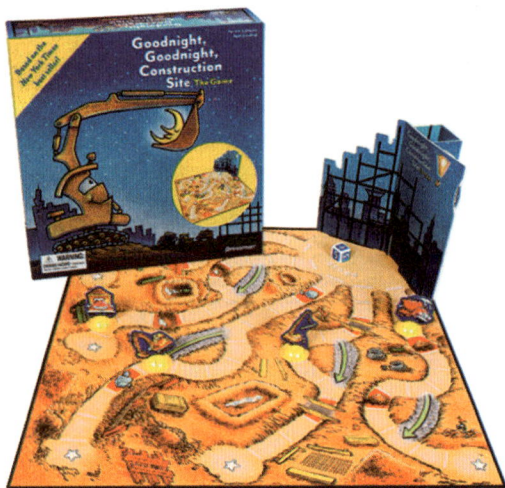

图5-49　"晚安，工程车"的棋具，这款棋是根据同名绘本设计的一个合作性棋盘游戏

美国Pressman Toy公司于2014年出品。该游戏适合3岁以上儿童，游戏时长一般为15分钟左右。

游戏材料：

包括一个建筑工地的棋盘，一个骰子（六面骰子，数字1～5代表工地车前进的步数，另一面为太阳标志，掷出太阳表示要将太阳/月亮表盘顺着箭头方向拨动一格），一个矗立在棋盘一角、作为建筑物背景的骰子塔，附在骰子塔上的一个太阳/月亮表盘以及5个工地车棋子。

玩法介绍：

"晚安，工程车"可以供2～4位儿童一起进行游戏，孩子们在游戏中扮演将工地车送回目的地休息的角色。游戏无论有几位幼儿参与，都需要共同使用5个工地车棋子。

游戏过程中，玩家轮流掷骰并移动棋子（注意：玩家可以移动任意一个棋子）。骰子从骰子塔顶的洞口扔下，数字代表工地车前进的步数，如果前进过程中，进入到一个红色的工作格，那本轮就只能停在原地。如果工地车正好停在捷径格，则可以沿着箭头标识的捷径继续向前移动。如果骰子掷出太阳标志，则需要转动骰子塔上的太阳/月亮表盘，顺着表盘箭头方转动一格。

当所有工地车都达到目的地休息区或者表盘上出现月亮时，游戏就结束。如果在月亮出现之前，所有工地车都到达休息区，则玩家赢，否则挑战失败。

游戏特点：

这款合作性棋盘游戏最大的特点就是主题情境源自小朋友们都非常喜爱的同名绘本。在之前的章节已经讨论过借助绘本的主题情境来设计棋盘游戏的优势，此处不再赘述。

另外值得一提的是，尽管选择哪个工地车作为自己的棋子由儿童自己决定，但无论参与人数多少（2～4人），棋子总比玩家多，因此行棋过程中儿童不仅要关注自己喜欢的那个工地车，同时也要关注其他的工地车，这种开放性给儿童提供了丰富的选择与挑战机会，也增添了不少乐趣！

教育性和可玩性分析：

这款棋盘游戏的外观设计十分精美，无论是棋盘配色、立体骰子塔的安排，还是工地车可爱的形象，都很吸引人，容易激发幼儿参与的兴趣。

孩子们通过游戏，不仅能够了解不同种类的工地车，也更加熟悉建筑工地的状况，了解城市建设的特点。

七、合作性棋盘游戏 Playa Playa（海滩）

法国Bioviva公司于2014年出品。该游戏适合4岁以上儿童，游戏时间为20分钟左右。

图5-50　"海滩"的棋盘很大程度上可以由参与者自行决定，包括放置几块动物棋板，放置几块沙滩棋板，放置几个垃圾箱，等等

游戏材料：

拼接式棋盘：共有11块双面棋板（起点和终点棋板各1块、1块海浪棋板、4块海洋动物棋板、4块沙滩棋板）；3个垃圾桶模型；16个垃圾块；1个六面骰子。

玩法介绍：

"海滩"是一款环保主题的记忆类合作性棋盘游戏，鼓励参与游戏的孩子们共同清理沙滩垃圾，避免造成海洋污染。

游戏开始前，玩家共同拼接棋盘，同时确定此轮游戏的难度：终点放置垃圾箱处，大家可以选择放置一个垃圾箱（容易），也可以选择放置三个垃圾箱（难）；大家同样可以自由选择放置几块沙滩棋板、几块海洋动物棋板，放置海洋动物棋板的块数越多，意味着大家在游戏中清理垃圾的任务越繁重，游戏难度越大。

玩家共同拼搭好此轮游戏的棋盘，这时，大家应一同记忆不同海洋动物的位置。然后将垃圾块逐一盖在海洋动物棋板上，每个动物上盖一块（4种动物，最多16块）。

游戏开始，大家轮流掷骰子，如果掷到海洋动物面，儿童要尝试翻开一个垃圾块，看看下面的海洋动物与骰子上的是否一致。如果一致，则可将这块垃圾投递到相应的垃圾桶中。垃圾桶有三种类型：一般垃圾、可回收垃圾和玻璃瓶装垃圾；如果掷到了垃圾桶面，儿童可以任意拿走一个垃圾块，投到相应的垃圾桶中；如果掷到海浪面，则意味着海浪棋板要向前一格（与相邻的棋板互换位置），意味着大家投递垃圾的时间更紧迫了。

在海浪到达终点棋板之前，如果大家合作将沙滩上的垃圾清理干净，那么大家一同获得胜利；如果有任何一个垃圾漂入海洋中，那么大家共同挑战失败。

另外还有一种计分数的玩法：海浪到达终点后，大家一起数一数垃圾箱内的垃圾数，如果垃圾投递正确（垃圾块背面的图案和所在垃圾桶标志相同），则获得分数。这样即便有垃圾留在大海中，大家也可以对比每轮游戏大家的共同得分，看看是否有进步。

游戏特点：

该棋盘游戏的难度设置十分开放，玩家可自由决定棋盘的拼接方式和胜利条件，这扩大了游戏的适用范围：不同水平的玩家都可选择适合自己的游戏难度。

此外，该游戏将合作与记忆巧妙结合，鼓励玩家互相帮助猜测海洋动物的位置，既有记忆任务，又能鼓励团队发挥合作的精神，让参与游戏的孩子们感受到集体智慧的力量，同时又借助他人提供的线索，进一步加强记忆策略，可谓一举多得。

教育性和可玩性分析：

首先，合作性棋盘游戏与环保主题巧妙融合，让幼儿有身临其境之感：我们每个人都是海洋的小卫士，海洋的卫生健康需要我们共同去保护。而三种垃圾桶的设置更是让孩子们在游戏中自然而然获得了垃圾分类的知识。同时垃圾块背面的标识，也充分为年幼儿童考虑，让其可随时验证自己的答案。

在掷骰子、找寻海洋动物的过程中，鼓励儿童充分运用记忆策略，同时学会关注前面同伴在翻卡时给予的记忆线索，以提高记忆的效率。另外，4种海洋生物的记忆难度对幼儿来说难易适中，能够激起他们挑战的愿望，也不至于打消他们的积极性。

八、合作性棋盘游戏 Home Builders（造房子）

加拿大 Family Pastimes 公司于1997年出品。该游戏适合5岁以上儿童，游戏时长一般为30分钟左右。

游戏材料：

除了一张棋盘之外，还有40张房子卡片（每一个完整的房子由4张卡片组成，底部两张、顶部两张）；4张自然灾害卡片，分别为大风、火灾、洪水和地震；2张安全措施卡片，画有4种应对自然灾害的方法——用木板钉住窗户来抵抗龙卷风、准备高压水枪来扑灭大火、堆好沙袋来抵抗洪水和搭建桥梁跨越地震裂缝；2张重建卡片。

玩法介绍：

该棋盘游戏的主题是造房子。游戏分新手模式和高级模式两种。在新手模式中，游戏者从10种房子的卡片中挑选出大家都喜欢的3种房子，将这3种房子的12张房子卡片和4张自然灾害卡片、2张安全措施卡片、2张重建卡片（共20张卡片）混合起来，背面朝上放在棋盘外围的格子上，一张卡片放一个格子。

游戏过程中，每位儿童轮流翻开卡片，且每次同时翻开2张卡片。当翻到房子卡片时，需要把卡片放到合适的建筑地段。这往往需要小朋友们共同商量，如何根据卡片的内

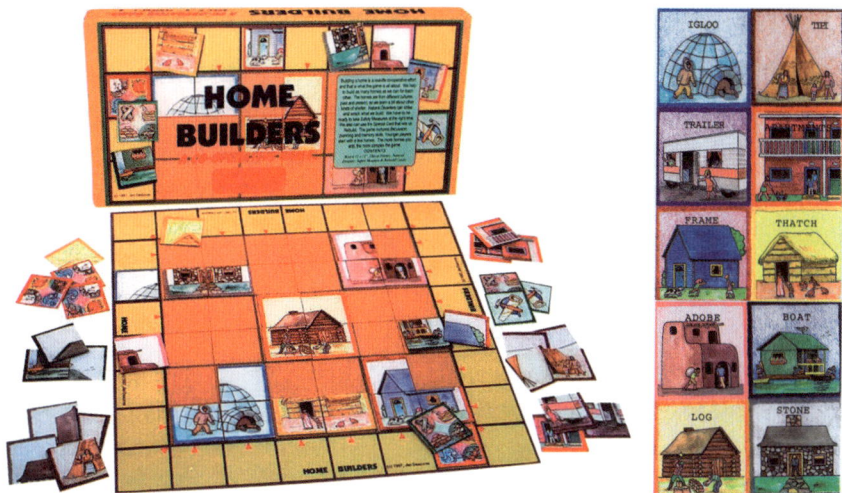

图5-51　左侧图为 Home Builders 的棋具,包括一个8×8格的棋盘,棋盘中间是绿色草坪线分隔的36个棕色格,每个2×2田字格为一块建筑地段,共9块。棋盘外围为一圈浅黄色格子(共28个),用于摆放房子卡片。右侧图为10种不同房屋形状的参考图

容和边缘特点来恰当摆放。翻到自然灾害卡片,意味着一整条的房子卡片将被移除。安全措施卡片可以阻止自然灾害发生,但是只有当它和自然灾害卡片被同时翻出来的时候才能发挥作用,如果安全措施卡片和其他卡片被同时翻出来,儿童可以把卡片翻回去,记住它所在的位置,等有需要时再翻开。重建卡片可以使任意1～2张被移除的房子卡片回到建筑地段。在游戏过程中,如何摆放房子,卡片何时使用、如何使用都需要孩子们共同来商量决定。

　　如果顺利建造完3所房子,所有儿童共同胜利！但如果翻完了所有卡片,而房子没能全部建完,那大家就挑战失败。

　　在高级模式中,增加了一条新的游戏规则以提高游戏难度:必须先建造房子的底座,即打好地基之后再盖屋顶。所以如果一所房子的下半部分还没搭好,即使翻到上半部分卡片,也只能再翻回去。当然这就需要小朋友们注意记住卡片所在的位置,以便有需要时翻出。

　　游戏特点:

　　这款游戏棋的主题是世界各地比较有特色的建筑物,游戏隐含了对不同文化、不同时代、不同风格建筑的认知和审美,这个游戏反映了 Family Pastimes 公司一贯的寓教于乐的精神。

　　该游戏的机制包括:建筑拼图,一个房子的四张卡片要合理拼摆;翻牌记忆,需要幼儿在翻牌的过程中共同记忆、相互提醒。两个机制的结合也比较自然、流畅。

　　教育性和可玩性分析:

　　从游戏主题来看,房屋建筑和自然灾害防护,是一个幼儿比较感兴趣的主题,当然有可能男孩会更喜欢这个主题。[1]

---

① 幼儿教师在采用这个游戏时,也可将房屋卡片改为更加吸引幼儿注意力的周边熟悉的建筑或名胜古迹。

本款游戏既包含了运气成分（卡片摆放的随机性），又需要幼儿在游戏中运用策略（如记忆策略、使用卡片的计划性等）。从玩法上，设置了两种游戏机制，首先是房屋建筑拼图，可以根据不同的分类标准（如颜色、建筑风格等）进行拼图游戏，这对于大班幼儿来说比较容易完成，但也增加了游戏的趣味性；其次是翻牌记忆的设计，这是年幼儿童比较喜欢的游戏形式，因为不确定会翻出何种卡片，由此充满了期待和紧张。

从挑战性方面来看，这款游戏棋在规则和房屋数量（从建3个房子开始）方面设置了不同的难度，可根据幼儿的游戏水平和对棋的熟悉程度来选择难度层级，这种循序渐进的设置对幼儿来说是适宜的。另外，该游戏组合了较多的要素：房屋卡片、自然灾害卡片、安全措施卡片和重建卡片，且卡片之间的相互关系并非十分简单，需要幼儿经常性进行协作和沟通，比如何时使用重建卡、如何有效应用安全措施卡等，即便对大班幼儿也是有一定挑战性的。

九、合作性棋盘游戏 The Christmas Story: The game（圣诞故事：游戏）

德国HABA公司于2010年出品。该游戏适合4岁以上儿童，游戏时间30分钟左右。

图5-52 "圣诞故事"棋盘游戏与耶稣诞生故事的情节一致，让儿童身临其境，同时加深对故事的理解

游戏材料：

游戏中包含1张棋盘，1个六面骰子及多枚棋子【3个角色人物（玛利亚、约瑟夫和婴儿耶稣），1个天使，1颗星星，3位占星师，1位牧羊人，4只大羊和1只小羊，1只牧羊犬，1个马槽】；7张卡牌。

玩法介绍：

"圣诞故事"是一款涉及宗教知识学习的合作性棋盘游戏，游戏围绕耶稣诞生的故事展开：怀孕中的玛利亚与丈夫约瑟夫从拿撒勒城向伯利恒进发，最终在伯利恒的马棚里诞下耶稣。三名占星师在星星的指引下，牧羊人带着牧羊犬赶着五只羊一同来到马棚，见证耶稣的诞生。

游戏前，参与者将棋子放置在有红色边缘的棋格中，具体放置顺序如下：将玛利亚和约瑟夫棋子放置在棋盘右下角的起点；将牧羊人、牧羊犬和5只羊放在棋盘中央对应棋格中；3名占星师放在棋盘左下角的开始棋格，1颗星星放在占星师行走道路上的第一步棋格上；将马槽放在马棚内；7张纸牌洗好，背面朝上放在棋盘周围；婴儿耶稣、天使棋子和骰子也放在棋盘周围待用。

游戏中，大家轮流掷骰子，根据掷到的内容前进。

当幼儿掷到"玛利亚与约瑟夫" 👥 一面时，可以将任意一人的棋子向伯恒利的马棚前进一步。这时，成人可以为幼儿阅读游戏说明中"耶稣诞生故事"里的第一段了。游戏中，每当二人前进一步，成人都可以为幼儿继续念一段故事。玛利亚与约瑟夫的终点是马棚，当棋子到达马棚后，如果继续掷到这一面，需要将婴儿耶稣的棋子放入马棚，再一次掷到这一面，则需要将天使棋子放到马棚旁边并宣布：耶稣诞生了。

掷到 🌠 面时，参与者需要翻开任意一张卡牌，如果卡牌上的画面与星星棋子所在的棋格相同，那么星星棋子可以前进一步，3名占星师也可以前进一步。同时将卡牌再翻回去；如果画面不同，那么表示占星师此时看不到星星的指引，因此不能前进，卡牌也要再次翻回去。

如果掷到"牧羊人的钩子"面 🔨 ，可以让牧羊人或者牧羊犬前进一步；如果掷到"羊"的图案 🐑 ，可以让1只羊前进一步。需要注意的是，牧羊人需要随时看管着羊群，任何一只羊都不能走失，因此牧羊人及牧羊犬与羊群要时刻相邻，任意一只羊和他们之间不能有空余的棋格，如图5-53所示：左图是正确的走法，右图是错误的走法。因此可能会出现这样的情况：当你掷到钩子或羊图案时，为了保证棋子间不空格，你不能让任意一枚棋子前进。此时，也只能放弃行棋，轮到下一个人掷骰子。当牧羊人赶到马棚时，羊和牧羊犬也算到达了终点，因为此时他们都能看到耶稣的诞生了。

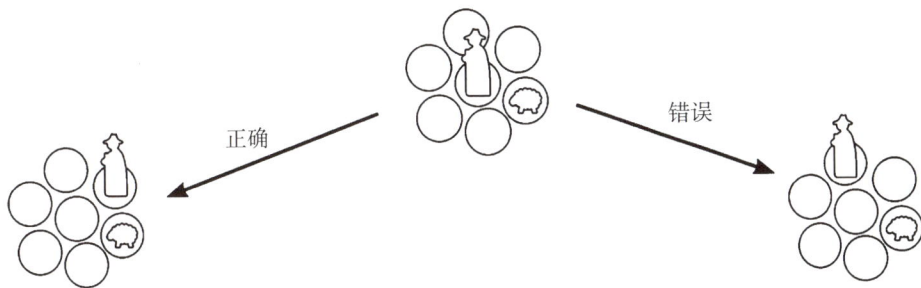

图5-53　牧羊人需要随时看管着羊群，因此左图的下法正确，右图的下法错误

游戏中，如果某一枚棋子已经到达终点，参与者又掷到相关骰子面时，可以顺势换其他的棋子前进一步。但要注意：星星棋子前进时还是要配合翻卡牌。

当所有棋子到达了马棚，游戏结束，大家共同挑战成功。这时可以鼓励幼儿复述关于耶稣诞生的故事。

游戏特点：

该游戏最大的特点是将圣诞故事自然地融入到了游戏中，在合作完成任务的同时幼儿自然学习宗教知识，了解宗教起源。同时，游戏还有配合家长阅读的环节，加上游戏没有挑战失败的可能（只是获胜所需时间的长短有差别），让整个游戏呈现出与众不同的节奏：大家不会那么急着到达终点，而是行云流水般地伴着故事情节的发展，一同见证耶稣的诞生。

教育性和可玩性分析：

首先，该游戏增加了幼儿有关圣诞的宗教知识，同时帮助其提高语言聆听、理解，以及角色扮演的能力。另外，游戏机制的设置也激发了幼儿多方面能力的发展：占星师不能直接前进，而是要通过记忆、匹配的环节；牧羊人、牧羊犬和羊的制约关系，促使幼儿必须考虑三者的位置关系，更要巧妙地抉择是否前进，让谁前进等，这些都让幼儿的逻辑思维在游戏中自然得到运用和发展。

十、合作性棋盘游戏：西游记

中国启幼公司于2015年出品。该游戏适合4岁以上儿童，游戏时长一般为20分钟左右。

游戏材料：

环保材质的棋盘1张，角色棋子（孙悟空、猪八戒、沙僧以及黄毛妖怪）4枚，六面骰子1个，转盘1个，卡牌9张。

玩法介绍：

"西游记"是一款与中国传统神话故事《西游记》相融合的合作性棋盘游戏，鼓励参与游戏的3名儿童每人扮演一个角色（孙悟空、猪八戒或沙僧），共同到达终点营救被困在山洞中的师父唐僧，以防被黄毛妖怪吃掉。

游戏前，参与者选定自己要扮演的角色，并拿取属于自己的三张卡片：孙悟空拥有筋斗云卡、猪八戒拥有西瓜卡、沙和尚拥有葫芦卡。并将各自的角色棋子放置在棋盘左上角的起点处，同时将黄毛妖怪棋子放置在棋盘左下角的起点处。另外，将骰子和转盘放置在棋盘旁边待用。

游戏开始，参与者轮流掷骰子前进：如果掷到1～5点，表示自己所代表的角色前进的步数；如果掷到黄毛妖怪面，则表示黄毛妖怪向师傅逼近一步。需要注意的是，棋盘上的筋斗云、葫芦、西瓜棋格代表障碍，举例来说，如果儿童掷骰子前进后，棋子最后一步正好落到筋斗云上，那么此时孙

图5-54 "西游记"的棋盘融合了中国传统神话故事的情境。游戏参与者扮演的徒弟三人在棋盘中央的棋格道路上移动，黄毛妖怪在棋盘左下方的彩色石子道路上移动

悟空可以坐在筋斗云上,但猪八戒和沙僧可过不去。这个时候,卡片就要发挥作用了,此时猪八戒或沙僧可以向扮演孙悟空的儿童求助,希望得到一张筋斗云卡。如果该幼儿慷慨解囊,帮助了他,那么猪八戒或沙僧就可以清除障碍,下一轮正常前进;如果孙悟空不肯帮助,那么猪八戒或沙僧只能退回到上一个筋斗云棋格,或者干脆退回到起点。同理,如果孙悟空和猪八戒遇到葫芦棋格,就要向沙僧求助;如果孙悟空和沙僧遇到西瓜棋格,也要向猪八戒求助。另外,落在顺风棋格可以加快角色棋子前进,落在问号棋格将获得转转盘的机会(转盘指向再前进一步或黄毛妖怪前进或黄毛妖怪后退或抽卡片等)。

在黄毛妖怪到达山洞之前,如果徒弟三人全部率先到达终点,那么大家共同获得胜利;如果黄毛妖怪已经到达了终点,徒弟三人中还有人在路上,则大家共同挑战失败。

游戏特点:

这款游戏最大特点在于游戏机制的设置,主要体现在障碍棋格和功能卡片的对应关系上。遇到障碍棋格时,游戏角色需要消除障碍,消除障碍便引向儿童需要获得功能卡片,儿童想要获得功能卡片便自然引发儿童之间分享、帮助、合作的行为。可以说,游戏机制本身促使了儿童间必定要合作。

教育性和可玩性分析:

棋盘游戏"西游记"取材自中国传统神话故事《西游记》。不仅角色设置上(唐僧、孙悟空、猪八戒、沙僧、黄毛妖怪),而且游戏情境上(妖怪要吃师父,徒弟们去救师父),都与神话故事的情节契合,这不仅有助于幼儿快速理解游戏情境,并且沉浸其中,而且让有游戏体验的孩子们也更会喜欢上中国传统文化的精彩,希望更多地了解《西游记》的内容。

游戏中,参与者每人都扮演一个属于自己的角色,并且拥有代表自己特殊能力的功能卡。这样既能满足幼儿选择、扮演独一无二角色,操控属于自己棋子的愿望,又能让幼儿在棋盘障碍和功能卡的设置中逐渐学习与他人分享,并合作完成任务。同时慢慢体会到:人与人之间的帮助是相互的,你帮我一把,我助你一下,才能更快更好地合作完成任务,分享成功、建立友谊。

十一、合作性棋盘游戏:后羿射日

中国启幼公司于2015年出品。该游戏适合4岁以上儿童,游戏时长约为20分钟左右。

游戏材料:

环保棋盘1张,角色棋子(后羿、弓、箭)3枚,六面骰子1个,木制功能卡片5张,太阳棋子9枚。

玩法介绍:

"后羿射日"是一款与中国传统神话故事相融合的合作性棋盘游戏,鼓励参与游戏的幼儿共同合作帮助后羿到达终点,拿起宝弓和宝箭,射掉天上多出来的9个太阳,帮人间消除炙热与灾难。

图5-55 "后羿射日"的棋盘融合了中国传统神话故事的情境。后羿在终点射日和10个太阳的的形象活灵活现，同时棋格路线的多种选择设定也加大了游戏的挑战性

游戏前，玩家将5张功能卡片背面朝上混合，随机放置在打叉的棋格上；将3枚角色棋子摆放在左下角的起点处（这是接下来大家需要共同操控的棋子）；将太阳棋子和骰子放在棋盘旁边待用。

游戏开始，玩家轮流掷骰子前进：如果掷到1～4点，则表示角色棋子可以前进1～4步。点数可以分配给不同棋子使用：比如说掷到点数3，既可以让后羿棋子前进3步，也可以让后羿棋子前进2步同时弓棋子前进1步；如果掷到翻牌，则表示可以翻开棋盘上的任意一张功能卡片；如果掷到太阳，则要放置一枚太阳棋子在棋盘右上角的相应位置。

游戏中，后羿要吃到力量卡片，弓要吃到弦卡片，箭要吃到箭头卡片，这样才能够在终点成功射日。卡片还包括"太阳+1"卡片和"太阳-1"卡片，顾名思义，吃到它们以后，棋盘上的太阳棋子要相应地"+1"或者"-1"。

在棋盘上的9个太阳升起前，如果后羿成功到达终点射日，那么大家共同获得胜利；如果此时三个角色棋子还没有成功吃到卡片并到达终点，那么大家共同挑战失败。

游戏特点：

这款游戏的最大特点在于与中国传统神话故事《后羿射日》的巧妙融合。后羿射日讲诉的是英雄后羿射日的故事：天上突然间多出来了9个太阳，变成了10个太阳，让天底下的老百姓们民不聊生……英雄后羿力大无穷，英勇地拿起他的宝弓和宝箭，不畏炙热，历经艰难险阻，最终射掉了天上9个太阳，留下1个，把适度的温暖和光亮还给人间。游戏中的机制正与故事中的情境环环相扣：天上的9个太阳是游戏中大家共同的"敌人"；后羿需要获得力量，并拿起宝弓、宝箭射太阳是游戏胜利的条件；同时棋盘的背景画风也充满了中国古韵，与该故事巧妙融合。

教育性和可玩性分析：

游戏中，"后羿""弓"与"箭"三个棋子要分别吃到属于自己的卡牌，才能在终点成功射日。而这些卡牌又背面朝上，需要儿童操作棋子或掷骰到翻盘面，才能将其翻开一看究竟。这一游戏机制的设置增加了游戏难度的同时，更考验了儿童的大局观与推理、决策能力，儿童需要根据棋局随时思考："棋盘上已经被翻开的卡片有哪些？这张卡片有可能是什么？让哪个棋子去翻这张卡片更加节约时间？"在这一过程中，儿童的思维能力无疑得到很大的提升。

适合幼儿的合作性棋盘游戏，其主要特点就是教育性与娱乐性兼备。这一点在本节中介绍的合作性棋盘游戏上体现得最为明显，并且知识的渗透主要是通过游戏主题设置来实现的。幼儿是在快乐的游戏中伴随性地学习知识、获得经验的。同时，我们也能够看出,棋盘游戏的内容设计中确实考虑了幼儿的认知水平,使得知识的抽象性程度大都在幼儿能够理解的范围,最多也是所谓"跳一跳能够着的"(即处在幼儿的最近发展区之中)。当然,也不排除这里介绍的个别棋盘游戏,所传递的领域知识比较特殊,如关于草药的知识,这与设计师的个性化设计意图密不可分,用户也可以进行个性化的选择。

从另一个角度来说,这种"特定内容+游戏机制"的设计特点,也对幼儿园教师自制合作性棋盘游戏有一定启示:教师们甚至可以尝试在不同主题活动推进中制作出与主题内容结合的、独特的合作性棋盘游戏。

另外值得重视的是,一副棋盘游戏的适用年龄往往只规定了一个下限,有的棋盘游戏尽管已经把幼儿纳入内容设计适宜性的考虑之中了,但其对于游戏者年龄的定位,可能更主要是放在小学段,因而棋盘游戏的难度会稍高一点。但如果棋盘游戏是分不同难度等级的,是有梯度渐进式设计的,教师为幼儿选择且有年龄适宜性的棋盘游戏,并从最简单的玩法开始。

▶ 本章小结

　　纵观本章所列举的46款遴选出的合作性棋盘游戏,我们仿佛也经历了一场艺术之旅。其主题的丰富与富有想象力令人神往,而绚烂的色彩运用与精致的画风也给予幼儿充分的审美享受。同样,其内在的游戏机制逻辑缜密,教育内涵也甚为凸显。更重要的是,游戏场景的设置能让幼儿愉快地投入其中,并充分体验合作带来的益处。而这一切的实现无不体现出设计者懂儿童、尊重儿童、以儿童的发展和喜好为中心,并且注重细节,在细小处"见真知"。这不仅值得玩家细细体味,找到购买幼儿合作性棋盘游戏的依据,还值得自制幼儿棋盘游戏的教师及游戏设计师们好好学习和借鉴。

　　但同样存在值得反思的地方,就是这些棋盘游戏并不能完全适合3～6岁的幼儿,其中一些棋盘游戏难度较高,或者说难度梯度不够。因此,为幼儿设计合作性棋盘游戏时,我们应该在游戏机制上更多地简化,让幼儿容易上手,更方便成人为幼儿讲解。而在游戏的可玩性及教育内涵上应该进一步加强——同一款游戏,不同年龄、不同水平的幼儿可以选择适合自己的游戏难度,这便对游戏设计者提出了更高的挑战。

第六章

合作性棋盘游戏在幼儿园的应用

6

尽管在1986年国家教育委员会出台《幼儿园教玩具配备目录（试行）》时，棋盘游戏尚未进入幼儿园配备目录，但到了20世纪80年代中后期，棋盘游戏已经开始以各种形式进入我国诸多幼儿园供幼儿游戏，其中既包括经典的棋盘游戏，诸如围棋、国际象棋、五子棋等，也包括一些相对更适合幼儿的棋盘游戏，如飞行棋、跳棋、斗兽棋等。1992年国家教委教学仪器研究所对1986年的《配备目录》进一步修订，颁布了《幼儿园玩教具配备目录》，其中"儿童棋"作为"科学启蒙玩具"类的标配项目，开始在中大班（一个大班配10副棋、一个中班配4副棋）进行配备。此后，配合课程改革，以棋类活动为课程特色的幼儿园逐渐增多，极大地丰富了幼儿园棋文化的内涵。

合作性棋盘游戏自20世纪70年代诞生以来，在欧美诸国越来越多地受到关注，但对我国广大幼儿园来说，合作性棋盘游戏还是一个新鲜事物，是一种有待进一步了解、引进、开发及应用的棋盘游戏类型。鉴于合作能力被普遍视为未来世界人才必备之能力，合作性棋盘游戏在中国幼儿园中的应用必将有着广阔的空间。当前在中国国内既可以通过多种途径购买各国合作性棋盘游戏，我国也开始出现本土设计与开发的合作性棋盘游戏。

本章首先回顾了上海市一所棋类特色幼儿园的发展历程，展示中国幼教工作者积极探索幼儿园棋类活动过程的同时，也梳理出棋盘游戏在中国幼儿园教育中的应用理念与方法。而本章后两节进一步介绍了如何在幼儿园应用合作性棋盘游戏。

第一节　棋盘游戏在幼儿园教育中的应用：特色园、历史和理念①

"小棋圣幼儿园"是上海市静安区一所以棋类活动为特色的幼儿园，至今收获了为数颇丰的与棋相关的荣誉：2002年获上海市围棋先进学校称号，2002年棋类特色获区技术练兵特色项目奖，2003年荣获全国国际象棋传统学校称号，2006年获上海市国际象棋项

---

① 本节内容结合了对小棋圣幼儿园前任园长桑佩军及保教主任张华华的访谈，部分内容节选自桑佩军老师的有关论文。

目普及先进单位,获全国性比赛三次团体冠军、四次亚军、三次季军,获市级比赛十一次团体冠军、八次亚军、九次季军,等等。

荣誉见证了小棋圣幼儿园往日的辉煌。而从20世纪90年代至今,随着时代的变迁,随着上海市幼儿园二期课改的推进,随着儿童、教师、家长切身需求的转变,小棋圣幼儿园无论是棋类特色活动的展开形式,还是棋类课程理念、教育导向等方面,都在发生着改变。

一、1997年的秋天: 与棋结缘,并最终确立棋类特色

小棋圣幼儿园的前身是"愚园路第三幼儿园"。从1997年9月起,幼儿园开始利用下午放学后的时间,开展国际象棋的兴趣班活动。次年幼儿园就有两名女孩在全国性的比赛中分获第一、第二名,一名男孩获得了第六名,一所名不见经传的幼儿园,取得如此好的成绩,在当时的赛场引起了一阵轰动。与此同时,幼儿园还开展了有关幼儿学习国际象棋的可行性研究。研究中对实验班(开展棋活动)和对照班(未开展棋活动)进行了比较,跟踪研究结果发现,国际象棋实验班的幼儿在注意力集中方面、智力水平提升方面进步更为明显。这些都为确立幼儿园创设棋类特色活动奠定了基础。

图6-1　小棋圣幼儿园大门外墙上篆刻着象棋棋子的名称,体现了这所幼儿园的特色。

同时受到课程改革大环境的影响,20世纪90年代的上海,创立特色幼儿园蔚然成风。小棋圣幼儿园所在的静安区鼓励每所公办园都要创立园本特色。于是在1999年9月,幼儿园摒弃了具有三十多年历史且在周边社区已有一定影响力的"愚园路第三幼儿园"园名,正式更名为"小棋圣幼儿园",也正式将棋艺定位为幼儿园的特色课程。彼时小、中、大三个年级各有两个班级,分别为"围棋班"和"国际象棋班",每位入园的幼儿都要在围棋和国际象棋中择其一作为主要学习的棋艺。小棋圣幼儿园在当时还专门聘请了围棋与国际象棋教练,为教师们做下棋方法及教法的培训。一开始,由于许多教师也是刚刚接触到这两种棋,往往只能自身学好后再"照葫芦画瓢",将下棋的知识与技能教给小朋友。但是逐渐地,幼儿园教师们利用自身举一反三的能力与对幼儿身心发展特点的熟识与理解,开始为小朋友们提供更加适宜的教育。

随着棋课的深入,幼儿的棋艺不断提高,在围棋教练的肯定下及家长们的期盼中,幼儿园开始鼓励部分小朋友去参加棋艺考级,一方面为了增加幼儿的自信和自我肯定感,另

一方面也为了验证自身棋艺特色开展的成效。迁移到教师，幼儿园也鼓励她们去考级，了解自身棋艺水平的同时也为幼儿做榜样。但相比幼儿参加考级，教师参加考级往往有更大的压力：一同参与考级的人群不分长幼，教师常常与儿童一同比赛，输了的确有些"难为情"。与此同时，随着棋艺特色课程的展开，如前所述，荣誉接踵而来，让小棋圣幼儿园在上海市棋界也有了响亮的名气。

> **案例：与棋结缘的幸运女孩**
>
> 　　王琳（化名）是一位来自农村的小女孩，父母是在沪摆摊修鞋的务工者，一家人在上海辛苦谋生。1997年王琳进入小棋圣幼儿园就读，入园时测得智商只有78。幸运的是，王琳作为第一批小学员参与了小棋圣幼儿园开展的下棋活动，开始学习下国际象棋。园长和老师回忆起当时的王琳，更多地称赞她惊人的专注力，比大多数同龄幼儿都要强。经过三年的国际象棋学习，大班毕业时王琳荣获了全国幼儿国际象棋比赛第一名。也正是凭着不凡棋力，王琳被推荐进上海市优质小学"一师附小"就读，小学期间她也一直是品学兼优的中队长。之后，王琳又自荐进入了上海市优质中学"延安中学"就读，从此一路顺风顺水，如今已是华东师范大学的一名硕士研究生。国际象棋不仅磨练了王琳，更是为她创造了一个似锦的前程。回看也不禁感慨：能在3岁时与棋结缘，这位女孩是如此幸运。

二、深入挖掘棋的教育价值，游戏棋悄然登场

　　时任小棋圣幼儿园园长的是桑佩军老师，正是她一手将棋类特色引入幼儿园。彼时经过了一段时间的棋类课程实验，桑老师更坚定了小棋圣幼儿园的棋类特色理念：我们不是为了培养棋手，而是借助棋促进幼儿方方面面的发展。

　　如果说小棋圣幼儿园在一开始引入棋类特色时更多地看重了棋的启智、促进思维发展的功能（如走一步想三步、大局观、计划性等），那么随着棋类活动在幼儿园的深入展开，教师们更多地发现棋在培养幼儿社会性、学习品质及其他非智力因素方面的重要价值。也正是随着棋类活动对幼儿学习与发展的普适教育价值越来越多地被挖掘，棋类活动得以在小棋圣幼儿园由生根，到发芽。

　　桑佩军老师在接受访谈时表示，很多家长将3岁大小的孩子送到小棋圣幼儿园下棋，他们最主要的教育诉求往往是"坐得定"。而这背后体现的是家长们对下棋能够培养儿童专注学习品质的认同；另外，棋不是独自游戏，是一个需要和其他人一起，并共同遵守规则才能玩得起来的游戏，而且棋品如人品，幼儿在下棋时也逐渐学会礼貌对待对手和裁判，这些都对幼儿社会性能力的培养十分有益；更为重要的是，棋为幼儿提供了体验式的教育——幼儿在下棋时经历输与赢，有了害怕、伤心、惊喜、快乐等情感体验，更对如何面对困难、克服困难的过程有了真实的体验，从而变得更加积极与自信，在心理素质方面获

得了全面的提升。

　　当教师们越来越认可棋类活动的价值时,面对围棋和国际象棋较为枯燥和抽象、有一定难度的游戏规则,大家想到将规则拆分,并与更加适合幼儿的游戏棋相结合,促使幼儿在玩游戏棋的过程中分阶段、快乐习得较为抽象的规则。到了这个阶段,即便学棋仍是小棋圣幼儿园棋类教育的主要目的,但园长和教师们都已经开始意识到游戏是儿童的基本活动,开始考虑到遵循幼儿的年龄发展特点及寓教于乐的重要性。

　　于是,小棋圣幼儿园的教师们开始按照幼儿的年龄段,将围棋或国际象棋的基本知识与规则等拆分开来,为幼儿提供适宜的学习经验。最基本的方法就是通过自制游戏活动,将围棋或国际象棋的基本知识、棋规拆分并融合到游戏(包括适合幼儿的棋盘游戏以及其他非棋盘游戏)中,让幼儿逐步了解、熟悉和掌握,以便幼儿在真正学习国际象棋和围棋时,可以更快入门,并在幼儿学习的过程中起到巩固的作用。如图6-2所示,教师为小班幼儿设计的"棋子对对碰"游戏,利用国际象棋的一套棋子、自制的摸箱、棋子平面图案底板等材料,设计成一个具有可玩性、适龄性的小游戏,来帮助幼儿复习巩固对国际象棋

图6-2　自制游戏"棋子对对碰"。对弈双方每人拥有一个棋盒,盒子里有相同数量的棋子,两人轮流翻卡片,根据卡片上的图案,在自己的盒子中摸出相应的棋子,看谁摸得又准确又快速

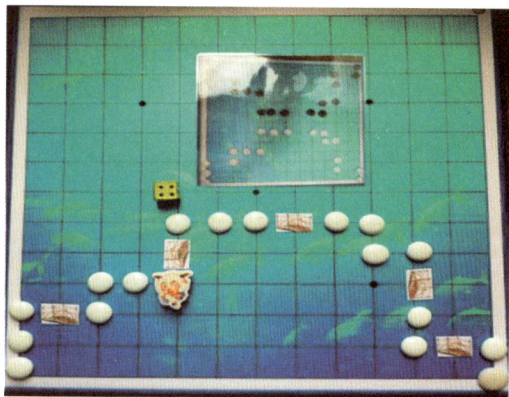

图6-3　自制游戏"造小桥"。对弈双方分别按照图卡在13线围棋棋盘上摆出相应的黑棋和白棋。游戏时,幼儿轮流掷骰子,根据骰子上的数字找出自己一方棋子相应数量的"断点"并用小桥连接。黑桥连黑子,白桥连白子。造桥位置正确且数量更多的一方为胜

各棋子外形特征的认识。再如教师设计的"造小桥"游戏(见图6-3),利用了棋盘、黑白桥、骰子、棋形图等材料,旨在帮助幼儿巩固下围棋时"连接"的概念。

　　图6-2所示摸棋子的游戏过程,不仅为幼儿学习国际象棋棋规进行了铺垫,还在快乐的游戏中,发展了幼儿的触觉感知,以及判断、策略运用等认知能力。教师们也越来越多地发现,在玩游戏棋的过程中,幼儿本身是轻松快乐的,即便不是为了掌握或下好国际象棋或围棋,这个过程本身也有着丰富的价值。

　　与此同时,小棋圣幼儿园逐渐开始尝试棋类活动与基础课程的整合。他们借助国际象棋、围棋的棋盘、棋子和棋规,设计了诸多整合性活动。例如,在学习认识国际象棋的棋格时,教师将配对游戏与语言活动整合在其中:如果孩子们听到的棋格名称是b7,那么他要依此在国际象棋棋盘上找到对应的半张卡片,与自己手上的任意半张卡片拼成一个字

或者一幅图，并对此进行言语描述，等等。这类游戏可以是两两之间的对弈，也可以是集体形式的对弈，后者还能培养孩子们的集体荣誉感。

三、上海市深化二期课改，传统学棋活动价值定位开始转变

2010年开始，随着上海市二期课改的深入，加之《3～6岁儿童学习与发展指南》紧随其后出台，上海市幼儿园教育迎来新一轮的改革。改革强调：幼儿的发展是在适宜的环境中，以主动、积极、内涵丰富的活动为基础，教师必须根据幼儿的兴趣和发展特点实施教育，关注幼儿的自身经验，且幼儿园活动应以主题活动的方式展开。而对小棋圣幼儿园产生直接影响的便是新的课程改革希望各幼儿园逐渐"去特色化"，强调儿童在主题课程背景下的游戏与学习。

顺应改革的要求，小棋圣幼儿园开始反思棋类活动的价值定位，逐渐弱化幼儿围棋与国际象棋的学习，并将幼儿学棋的目标定位为"入门"（即幼儿只需掌握与棋有关的基本知识及初步规则，而不做深入学习或精通的要求），幼儿进入专用棋室下棋的频率也降低为每周一次。与此同时，教师们逐渐加强了在幼儿园主题活动背景下的棋盘游戏设计，将棋盘游戏内容与教育活动内容相融合，并将棋盘游戏更多地投放到个别化活动中、投放到幼儿园区角中。

如此一来，学棋不再是幼儿学习的主要目的，棋盘游戏变成了幼儿五大领域学习的载体，对棋盘游戏的理解更多地偏向了过程取向，即下棋活动本身即是教育的目的。可以说，这一转变不仅没有给教师们带来更多压力，反倒有了一种"解放式"的轻松。幼儿园开始鼓励教师与主题活动内容相结合自制游戏棋，这一方面使得教师的创意与设计取材迅速丰富了起来，内容也更为生动与熟悉；另一方面，不用再拘泥于围棋与国际象棋相对较为抽象的规则与机制，教师们的思路也更加开阔和自由。就这样，基于兴趣，也通过教师们的努力，小棋圣小、中、大班的每个主题活动开展过程中，都能保证2～3套棋盘游戏与之相配合（参见图6-4、6-5）。

图6-4 四季主题活动中，教师们设计了"春天变变变"和"秋天棋"

图6-5　教师们为音乐主题活动和交通标志主题活动设计的棋

　　逐渐地，教师们在主题背景下设计的棋盘游戏累积越来越多，有了量的累积，便开始着重从"质"上下功夫，增强棋盘游戏的可玩性、年龄适宜性与创新开放性。一方面，教师们考虑到加强游戏的"开放性"，尤其针对大班幼儿，教师们设计了不少添加幼儿"自制元素"的棋盘游戏，即棋盘上画什么、写什么、设立怎样的规则都可以由幼儿自行决定（参见图6-6）。正如小棋圣幼儿园的张华华老师所说："孩子们在制定规则的过程中，大家共同商量决定，比如骰子掷到几才能出发，遇到红色的棋格需要做什么，等等。这促使他们能够站在不同的角度理解游戏，思维更加开阔。同时，制定的规则需要大家遵守，合作能力也有所提升。"另一方面，教师们也开始在棋具材料上下功夫，比如充分利用废旧物品，进一步拓展棋盘、棋子等材料的种类。于是，由废旧瓶盖、饼干盒、晾衣夹制作而成的棋盘、棋子诞生了，丰富了游戏材料，让棋盘游戏造型颇具创意的同时，也增强了孩子们的环保意识（参见图6-7）。

图6-6　教师们设计的开放性棋盘：棋格上的内容可由幼儿自己选择或者绘制，玩法规则也可由幼儿自行讨论决定

图6-7　教师们利用废旧瓶盖、饼干盒等创意设计的棋盘游戏

四、课程观、儿童观随时代变迁,棋文化源远流长

回顾小棋圣幼儿园的棋类课程发展变化,我们看到了近二十年来随着中国学前教育质量的逐步提升,与之相伴的幼儿棋类特色课程实施方式的变化。实际上,与其说是教育政策与改革促使了小棋圣幼儿棋类活动的改变,不如说是随着时代的发展,成人儿童观的改变,对儿童发展适宜性教育理念的强调,聚成一股隐性的力量,改变了这一切。

在小棋圣幼儿园工作二十多年,也见证了小棋圣发展变化的张华华老师感慨道:"过去的家长总希望孩子们上幼儿园要学到点什么,要考出几级。而现在的家长,尤其是80后甚至90后的家长,最希望的是幼儿能够在幼儿园接受快乐的教育并快乐地游戏。"

可见,随着社会文明的进步,教育理念的转变,新一代的家长更重视幼儿的自主性与独立性,更愿意将幼儿的情绪情感及社会性的发展需求放在第一位,为幼儿提供发展适宜性的教育真正成为了家长们的教育诉求。与此同时,幼儿园的教育理念也在转变,一方面希望教师能为孩子们提供适宜的教育,为幼儿的学习与发展服务;另一方面解放教师、还给教师教育的选择权与自主权也成为了时代的强音。

而小棋圣棋类活动发展变化的轨迹也恰恰印证了这一点:从一开始的棋艺学习,到学习棋艺进而锻炼品质,到强调棋的游戏性,再到棋盘游戏作为中介服务幼儿的全面发展。棋盘游戏从最初作为教育的目的,逐渐转变成服务幼儿学习与发展的中介和过程,幼儿也因此真正成为了教育的中心。

尽管课程观在变、儿童观在变,但我们仍惊喜地发现,棋盘游戏对促进幼儿发展所产生的价值一直在被探索、被发现、被认可。从促进智力发展,到心理素质的培养,从各个领域知识的学习到学习品质的养成,棋盘游戏的形式不断拓展,对幼儿发展的益处也在不断增加。而棋文化作为一种聪慧的、优雅的、机智的、豁达的文化综合体,必将因儿童的喜爱,并承载着成人的教育希冀,源远流长,不断发展。

而从另外的视角我们也不难发现，即便是小棋圣这样以棋类活动为特色的幼儿园，也暂未引入真正意义上的合作性棋盘游戏，且并不了解如何从角色分配、游戏机制设计等角度来促进幼儿合作能力的发展，倍感可惜之外，也不得不看到中国合作性棋盘游戏应用的滞后。相比合作性棋盘游戏在欧美等国家幼儿群体中的广泛应用，我国在合作性棋盘游戏的创意设计、引进与应用等方面的确需要一场启蒙运动。而更重要的是，我们需要意识到合作能力是未来世界人才必备的能力，作为教育者，我们需要借助更为丰富和适宜的游戏活动，来培养中国儿童与他人合作的意识和能力，尽可能地拓展更多的途径，给予他们更多发展的机会。而合作性棋盘游戏作为游戏活动，不失为一种非常合适幼儿的有效途径。

第二节　合作性棋盘游戏在幼儿园班级区角的应用

前五章，我们已经较全面地介绍了合作性棋盘游戏的特点、功能等，本章第二节及第三节，我们将合作性棋盘游戏引入到实践层面，主要介绍如何将合作性棋盘游戏纳入幼儿园教育实践。

棋盘游戏是幼儿园常见的、必备的玩教具类别之一。以2006年出台的《上海市学前教育机构装备规范（试行）》为例，文件要求幼儿园每个中班及大班级应配备8～10副棋。在幼儿园中，棋盘游戏最常见的是被投放到班级的区角中，主要有两个功能：（1）配合主题活动；（2）作为益智区游戏活动内容。合作性棋盘游戏与竞争性棋盘游戏虽同为棋盘游戏，其基本的投放原则也较为接近，但合作性棋盘游戏仍为一种不可或缺的棋盘游戏类别。究其原因，一方面，从结果导向来看，合作能力是幼儿期需要着重培养的能力，而透过幼儿最喜爱的活动——游戏，传递给他们。合作性棋盘游戏无论从形式还是功效来说，对幼儿合作能力的培养与增益毋庸置疑。另一方面，从过程导向来看，相比竞争性游戏，合作性棋盘游戏的确能为孩子们带来不一样的游戏体验——齐努力、共商议、同输赢，这不同寻常的游戏体验本身即是教育的价值，对拓展幼儿的视野、增强其对所处社会群体的认同等，都有着非常重要的意义。

通常，棋盘游戏融入幼儿园主题活动时，往往根据具体情况在主题活动开展前期、开展中期、开展后期进行适当的投放，从而配合主题活动更好地实施，起到为主题活动预热、巩固幼儿与主题活动相关的知识和经验，以及延伸主题活动等作用。例如，在开展"好吃的食物"主题活动前，教师可以将"食物配对棋"预先投放在区角内，鼓励幼儿在玩食物配对的过程中，同伴之间多多交流生活中与食物有关的经验，为主题活动的开展做铺垫；在进行"我自己"主题活动时，教师可以同时在区角内投放"琪琪的心情"棋盘游戏（见图6-8），巩固幼儿有关情绪的知识，学会识别情绪、更加接纳自己，同时有助于主题活动的进一步推进；结束"有用的植物"主题活动后，如果教师发现孩子们对课程中"能保健和治病的植物"特别感兴趣的话，可以在区角内投放类似"野生草药"的棋盘游戏（详细

图6-8 "琪琪的心情"是一款适合幼儿玩的情绪类与记忆类相结合的棋盘游戏。游戏中，幼儿轮流转转盘，根据转到的相应情境，翻开蜂窝棋盘上的对应表情棋子，查看棋子下的情境与转盘上的是否相同。相同则获得表情棋子，不同则归原位。当一名幼儿率先集齐5个表情棋子，则该幼儿获胜

介绍见第五章），进一步在游戏中帮助幼儿拓展相关知识，满足孩子们的好奇心与求知欲，也起到了延伸主题活动的作用。

在班级益智区角投放棋盘游戏时，应遵循一定的流程：在幼儿正式游戏前，教师有必要先将下棋的基本规则（如参与人数的范围、保持适当的安静、轮流、耐心等待、出现问题礼貌协商等）向幼儿讲述清楚，使幼儿充分意识到下棋是一项规则性较强的活动，需要大家共同遵守、共同维护。在这一过程中，由于幼儿受到心理发展水平及相关经验的限制，对规则游戏较难快速习得，因此教师可以制作、投放一些轮流卡片、遵守纪律图片标识等辅助材料帮助幼儿尽快适应；初次投放某一特定棋盘游戏时，教师需要为幼儿详细讲解具体的游戏规则，可以采用集体讲解的方式，也可以选择先教会一个小组的幼儿，然后再让他们去做小老师，教授其他小伙伴。这一过程中，教师要做到"详细"但"不强求"，即将游戏的具体玩法详细介绍给幼儿，但所有小朋友是否能迅速学会并不强求，因为在接下来的游戏过程中，幼儿还会通过实践，在遇到问题并解决的过程中，对游戏规则进一步学习与掌握。另外，对于刚开始接触棋盘游戏的幼儿，在玩的过程中，教师可以请一名规则掌握较熟练的幼儿充当"监督员"的角色，即不参与游戏但监督游戏各方遵守规则。游戏开展时，教师可以根据幼儿的需求适时提供指导，在幼儿之间产生矛盾和冲突时帮忙化解，同时也可以抓住这个时机对幼儿的玩棋行为进行观察，从而对幼儿社会性、认知、学习品质等多方面的发展做出评价。游戏结束后，一方面，教师可以鼓励幼儿反思自己之前的行棋经历，并与大家分享行棋体会，另一方面，教师亦应督促幼儿将棋具整理、收纳好，培养其良好的学习与生活习惯。

在班级益智区角投放棋盘游戏时，建议教师一次性可投放三种及以上的棋盘游戏，保证其主题、功能与机制的多样性，例如既包含着重发展幼儿语言能力的棋盘游戏，也包含着重发展幼儿数学、运动、艺术能力的棋盘游戏；既包含竞争类棋盘游戏，也包含合作类棋盘游戏。这样既有助于支持幼儿根据自己的喜好进行自由选择，还促使幼儿在棋盘游戏过程中获得全面的发展。

有关合作性棋盘游戏在幼儿园区角的应用，我们主要聚焦两个问题：（1）合作性棋盘游戏与竞争性棋盘游戏如何配合、合理投放；（2）合作性棋盘游戏的投放与应用技巧。

正如第三章所说，合作性棋盘游戏与竞争性棋盘游戏对幼儿培养的侧重点不同：前者更注重合作性的社会行为，后者更注重勇于挑战、不畏挫折的学习品质，二者缺一不可。因此我们建议将合作性与竞争性棋盘游戏同时投放在区角内，促使幼儿在与他人合作与

竞争的交替体验中,形成良好的心态。而针对不同年龄段及不同发展需求幼儿,教师也可以调整投放的比例:针对心智尚未成熟,总是怕输的幼儿,教师可以更多地投放合作性棋盘游戏,使幼儿能够减轻对胜负的担忧,真正亲近棋盘游戏;而针对虽然能力很强但总是争强好胜的幼儿,教师应让他们多亲近合作性棋盘游戏,使其体会到成功的喜悦不仅可以来自个人英雄似的行为,同样可以来自与他人分享的快乐;针对在合作性游戏中已"如鱼得水",但总是"随大流"、不喜多动脑筋或不擅长为团体献计献策的幼儿,教师可以更多地为他们提供竞争性棋盘游戏机会,用更有针对性的胜利目标激发他们的斗志,进而促进其思维的活跃与发展。正如著名围棋大师吴清源所说:"围棋与其说是输赢胜负,不如说是调和。一子一子相互均衡,最终的棋局是作为调和的结果而建立的。"而教师的教育智慧何尝不也是在于"调和"呢? 教师需要根据幼儿的发展情况调和合作性与竞争性棋盘游戏的投放比例,让幼儿更好地吸收两种棋盘游戏的精髓,进而全方位地发展。

另外,具体到合作性棋盘游戏的投放与应用技巧,首先,教师必须意识到:不仅合作性棋盘游戏的游戏机制对幼儿来说是全新的,"合作"行为本身对于常常以自我为中心的幼儿来说也是少有的体验,幼儿需要一定时间来充分体验进而学习。因此,教师在为幼儿讲解游戏规则时同样如上文所说,要做到"详细"但"不强求"。一方面要详细地向幼儿介绍合作性游戏中所有参与者都组成了一个团队,为了达到胜利目标一同努力,游戏结果大家要么一起赢,要么一起输。另一方面,也不能强求幼儿很快领悟游戏规则,而是应该给予幼儿充分的体验和学习的时间与空间。例如在玩合作性棋盘游戏"小猪跑跑跑"时,初期容易出现每个幼儿都要选定一只小猪是自己的,而全程只顾走自己的棋子的状况。此时如果教师一味地向幼儿强调"这三只小猪是大家共同的,你们也要走其他的小猪棋子",往往收效甚微。如果转变为让小朋友们充分地游戏,在游戏的过程中发现如果一只小猪被吃掉了我们就满盘皆输;或者游戏时让四位或五位小朋友同时参与游戏,小猪没办法平均分配时,幼儿自然会对合作性棋盘游戏中"共同持有"的规则有进一步的理解。其次,在游戏过程中,如何增强幼儿的团队意识,教师的言语鼓励与言语强调也非常重要。同样在玩"小猪跑跑跑"的过程中,教师可以适时加入到游戏之中,并说着类似于"加油! 我们一起努力!""你这步走得真棒! 我们快赢啦!""噢! 我们胜利啦!"等鼓励性话语,一方面起到了鼓舞士气的作用,另一方面加重对"我们""一起"等词语的强调,让幼儿意识到我们是一个团队,需要并肩作战。另外,在游戏的过程中,教师适时介入并引发团队讨论,鼓励幼儿之间相互献计献策也是一种好办法。例如在"小猪跑跑跑"游戏中,教师觉得应该到了投放食物的时候,便可以主动向孩子们发起讨论:"你们说,我们要不要现在投放食物给大灰狼呢? 为什么呢?"此时讨论的问题应足够开放,并且尽量鼓励每位参与游戏的幼儿都加入讨论,进而帮助幼儿形成一定的意识:我的发言对团队的决策很重要,由此形成真正的合作意识。同样在游戏结束后,无论输赢,教师仍可抓住这一机会引发大家的讨论,例如:"你们说,我们这一次为什么输了呀?""下次游戏时我们应该注意些什么呢?""我们的团队刚刚在游戏中足够团结吗?"等,促使幼儿在集体反思中增强团队归属感。

综上所述,合作性棋盘游戏在班级区角的投放是一个循序渐进的过程,这一过程是以幼儿的发展水平为主线，依靠教师对幼儿发展水平的捕捉与适时引导逐步推进的。也不难发现，不同于以往竞争性游戏中教师常常作为裁判与监督者的角色，教师在引导幼儿进行合作性游戏时，也常常变成了合作团队中的一员，与大家一起发问、协商、反思，这便再次体现了合作性游戏的精妙之处——合作使你我之间不分长幼、不分水平高低，并能激发出人们心底无尽的善意与能量，一同创造共同的价值。

第三节　棋类专用室中合作性棋盘游戏的应用

为了更加有序地组织幼儿进行棋类活动，丰富游戏环境，进一步营造"棋文化"，幼儿园还可以专门开设棋类专用活动室（简称"棋室"）。棋室的建设一般分为外观设计、棋类配备、规则建立、活动开展、测试评价等五大方面。具体地，棋室的外观包括空间布局以及墙壁、地板、柜子和桌椅等选配与设计，建议以淡雅色调为主，给幼儿安定、温馨之感，有助于智力活动的开展。棋室面积一般为60平米左右，可容纳7～8张桌子，供30名左右幼儿同时进行游戏，相邻桌子之间要保持1米以上的距离，以确保各小组游戏时彼此之间干扰较小。为棋室配备的棋盘游戏应尽可能做到"多种＋多套"，多种指棋盘游戏的种类① 多（既包括竞争性棋盘游戏，也包括合作性棋盘游戏），满足幼儿个性化的需求；多套指同一套棋盘游戏应该有4套及以上，有助于教师开展集体教学活动时小组间平均分配，也有助于保障幼儿游戏时的自主选择权。棋室规则的建立是棋室正常运转的基础，规则应包括：分组规则、取放游戏材料的规则、玩棋时的规则、棋室环境维护规则等，可以图标、图画的形式张贴在墙面上帮助幼儿学习。棋室内的活动开展主要分为集体教学活动和自主活动。前者指教师统一为幼儿讲解某一款棋盘游戏的玩法并统一进行教学指导或进行集体游戏，后者指幼儿进入活动室后，自行根据想玩的游戏分组，小组内自由活动；前者注重知识的传播、玩法的教学与经验的分享，教师起主导作用，而后者则注重玩法的巩固与拓展、小组内的游戏体验和经验分享，幼儿是活动的主体，教师起辅助指导作用。测试评价是指教师根据幼儿在棋室内的表现进行的观察与评价，教师既可采用过程性评价的方法，重点记录幼儿的玩棋过程，为有针对性的教育指导提供依据，也帮助自身进行教育反思，还可以结合相关量表对幼儿进行结果性评价，如通过观察幼儿的玩棋行为，评价其认知、语言、社会性、学习品质等多方面的发展情况，并据此给出教育指导建议。

而将合作性棋盘游戏投放到棋室时，除了要遵循以上关于棋室建设的基本原则及要点外，还应特别重视集体教学活动的开展和长期跟踪式的观察与评价。

集体教学活动中，教师应结合合作性棋盘游戏主题，适当将故事情景、生活常识等引入棋盘游戏的教学。例如"小猪跑跑跑"棋盘游戏的教玩中，教师可以先为幼儿讲述三只

---

① 棋盘游戏既可自制亦可购置。随着市面上可选的棋盘游戏种类的增多，购置方式值得推荐，省时省力且优质。

小猪的故事;"牛奶的故事"棋盘游戏的教玩中,教师同样可以先为幼儿介绍牛奶的加工和生产过程。在讲述故事情节或介绍知识时,教师应重点强调其中的合作关系:例如三只小猪需要相互合作,才能共同战胜大灰狼;或者流水线上的工人要紧密配合,才能高效地生产出牛奶,进而引导儿童深入理解"合作"的含义,也为接下来游戏中幼儿理解彼此间的合作关系做铺垫。到了集体教学活动的尾声——分享阶段,教师同样可以尝试抓住这一时机,一方面,鼓励幼儿反思游戏中同伴间的合作体验,例如:"今天哪个小组的小朋友们在游戏中特别团结呢?""说说看,哪位小朋友特别懂得与他人合作?"又或者"想一想,哪位小朋友不与他人合作,导致游戏失败啦?"等,旨在鼓励幼儿自主地评价同伴间的合作行为与不合作行为,促使幼儿对自身是否学会与他人合作有了更深入的反思,进而促使幼儿在下一次的游戏中更积极主动地与他人合作。另一方面,教师应聚焦幼儿游戏中的不良行为,给予幼儿改进的机会。例如,针对合作性游戏中易出现的集体作弊现象,教师可以先向幼儿强调棋盘游戏中遵守规则、公正公平是第一原则,比输赢更重要,然后试探地向幼儿询问刚刚游戏中大家的表现如何,有没有为了赢而违反游戏规则,鼓励幼儿主动说出小组游戏时的作弊行为,并承诺下次积极改正,并鼓励每个人都要充当维护游戏规则的监督者。如此这般让幼儿进一步意识到:好的合作行为是被鼓励的,而大家合伙去做违规的事情是不公平的,是万万不可的,监督自己与所在集体的作弊行为,是拥有正义与勇气的开始。

另外值得关注的是,棋室的重要特点之一便是为集体活动提供了更大、更宽敞的空间。教师可以借由此开阔思路,将桌面合作性游戏延伸到地面,呈现更大的棋盘与棋子,甚至参与游戏的儿童本身就可以充当棋子的角色,进而将运动元素、语言元素等,更多地融入到集体活动中,让原本2～4人的桌面棋盘游戏扩展到5人以上,甚至整个班级的集体活动,使其互动性、可玩性进一步增强。教师也可待时机成熟时,将幼儿分为不同小组,使其体验到"组内合作组间竞争"的游戏乐趣,丰富社会性体验的同时,增强幼儿的集体荣誉感。

同样,专门活动室内的棋类活动因其普及性(所有幼儿都能同时进行棋盘游戏)、周期性(幼儿每周进入棋室1～3次)和长期性(幼儿园中、大班一整个学年都可以进行[①])而为教师创造了长期跟踪观察、评价幼儿棋类活动的机会。而合作性棋盘游戏更是为教师提供了观察、评价幼儿合作性发展特点的绝好契机。具体地,我们可以将其分为阶段性观察与评价、过程性观察与评价两种。

阶段性观察与评价中,教师可以每个月一次对幼儿的棋盘游戏行为进行观察、记录与评价。首先,教师可以记录幼儿参与合作性游戏时在团队内担任的角色——发起者或跟随者或游离者或不合作者等;其次,教师可以记录幼儿在合作性游戏中参与协商、为团体献计献策的频次;同样,教师可以记录幼儿在合作性游戏中的合作性语言,如"我们""咱们"等称谓,又如"让我们……好吗?""不如……好吗?"等询问、协商式的语句,或者鼓励他人、安慰他人的话语,等等;另外,教师还可以记录幼儿在游戏尾声的行为,记录他们

---

① 教师应意识到幼儿规则性游戏(包括棋盘游戏)开展的年龄特点,中班幼儿与大班幼儿的差异往往较为明显,学期初幼儿的行为表现与学期末的行为表现亦有可能差异明显。

能否与同伴共享成功或共担失败，还是更多地将成功归功于自己而将失败归功于他人。教师可将每一阶段的观察评价结果绘制成变化曲线，详细记录幼儿的合作行为发展过程，为进一步的教育措施提供依据。

　　过程性观察与评价中，教师应将重点放在幼儿合作行为发展过程中的片段式的记录，以及教师关于此的反思。而"学习故事"的记录方式便是其中有效的一种。"学习故事"是一种叙事性的观察记录方式，一个学习故事通常由三个部分组成，包括注意（描述发生了什么）、识别（分析幼儿学习了什么）和回应（教师如何进一步支持幼儿的学习）。而具体到合作性棋盘游戏中的学习故事，教师可以重点观察、记录幼儿在下棋过程中产生了哪些与合作有关的行为，并在过程中获得了怎样的学习与发展，以及教师如何进一步支持幼儿合作行为的发展。"学习故事"既可以为幼儿阶段性观察与评价结果提供解释，也可以作为教师教学反思的源泉。另外，值得关注的是，合作性棋盘游戏中的学习故事，往往在聚焦某一位幼儿的同时，不可避免地记录到其他共同游戏幼儿的表现，教师应充分意识到其中的交替性与学习故事之间的关联性。

学习故事：学习如何与他人合作的靓靓

一、发生了什么

　　正在与小伙伴一同玩合作性棋盘游戏"西游记"的靓靓此刻需要帮助，不然，他所操作的猪八戒棋子就要退回起点啦。可这时候，拥有解救卡片的伊伊不愿意帮助他。于是靓靓开始劝说伊伊帮助自己："你再想想看要不要帮我呀？"

　　而劝说无果后，明显靓靓感到不开心，他表示："你不帮我，等会儿我也不帮你！"同时也将矛头指向了同样在一起游戏的超超："我等会儿也不帮你！"而超超也不甘示弱："我也不帮你！"就这样，合作陷入了僵局……

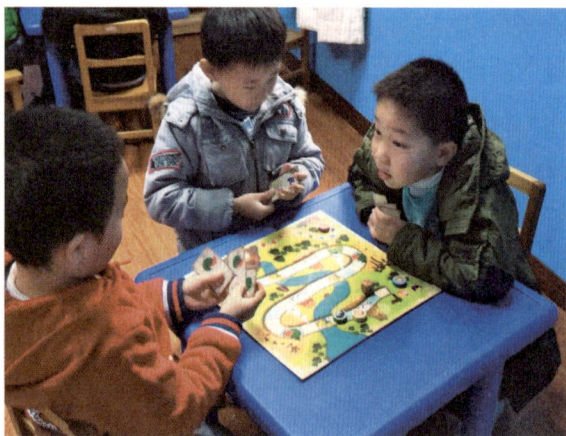

图6-9　靓靓对超超说："等会儿我帮你了，你也要帮我哦！"

　　好在靓靓及时意识到了如果不与他人合作，别人也不会帮助自己，那么大家只有共同失败了。于是，他改变了思路，尝试与他人友好地合作。只见靓靓话锋一转，对超超说："等会儿我帮你了，你也要帮我哦！"随之超超也改变了之前的态度，马上说："好。"这时候，让人惊喜的是，一开始不愿意帮忙的伊伊默默地将解救卡片贡献了出来，交给了靓靓。

二、学习了什么

靓靓在合作性游戏中一开始尝试过寻求队友的帮助，但初次求助未果后，靓靓比较消极地放弃了继续与他人合作。并且用威胁的方式向同伴表示不合作的严重后果，结果发现并未能如其所愿得到解救卡片。于是靓靓再次调整心态，用积极的、"合作共赢"的观念劝说他人与自己合作，用自己的友好合作行为换来了他人的帮助与合作，使得靓靓真正学习到愉快、顺利游戏的条件——积极地与他人合作，同时，还学习到了与他人合作的前提——友好的态度、分享的心态。

三、如何进一步地支持靓靓

应为靓靓创造更多与他人合作的机会，同样是玩"西游记"棋盘游戏，可以为他创造与不同游戏伙伴合作的机会，促使靓靓在面对不同的游戏伙伴时（包括不同社会性发展水平、不同游戏水平的队友），学会采用不同的方式，友好地向他人发出求助或寻求合作机会。另外可以进一步观察、记录当他人向靓靓发出求助时，靓靓是否能够由己及彼，积极、主动地回应同伴。

以上梳理合作性棋盘游戏在幼儿园中的应用时不难发现，一方面，我国幼儿园在此方面的经验还非常少，亟待教育者们的发掘、引进、创造与实践，无论是采用购置还是自制合作性棋盘游戏的方式，都需要教师们进一步学习借鉴、开阔眼界，才能更有效地付诸实践。与此同时，教师也应充分意识到合作性棋盘游戏与竞争性棋盘游戏的不同特点与教育功效，应平衡地将二者投放给幼儿。另一方面，我们也不难发现，纵使合作性棋盘游戏能达到种类丰富、一应俱全，其应用仍然离不开教师在其中作为引导者、辅助者、观察与记录者的角色，并且非常重要。而其实现不仅需要教师充分熟悉、理解合作性棋盘游戏，更需要教师将棋盘游戏的机制及内涵与幼儿的发展现状结合起来，创造出属于合作性棋盘游戏的独特教育情境，甚至将自己融入其中，一同与幼儿"合作"地来体验、学习合作性棋盘游戏。同样，教师应懂得用发展的眼观看待幼儿，充分意识到幼儿合作能力发展的进阶性，能够根据幼儿的合作能力水平，由简单合作类棋盘游戏投放，逐步进阶到协作类棋盘游戏投放[①]，从而为幼儿提供更加适宜的教育支持。

如果说与他人合作是幼儿发展过程中必须培养的品质，那么合作性棋盘游戏在幼儿园的应用就好似播下了一粒轻盈的种子。但我们相信，只要我们的土壤足够肥沃，能为幼儿提供他们足够喜爱并适宜的游戏与教育场地，幼儿的合作能力就一定能从小苗苗长起，历经阳光与雨露，历经赢与输，最终成长为枝叶扶苏的大树，并且与同伴们一起，构成郁郁葱葱的森林。

---

① 关于合作性棋盘游戏的类别请参见本书第二章第三节。

主要参考文献

［1］ 白洁琼.合作性棋类游戏中幼儿社会性行为的研究——基于合作性与竞争性棋类游戏行为的比较分析［D］.上海：华东师范大学，2016.

［2］ 陈济芸.玩具与教育（修订版）［M］.北京：海豚出版社，2012.

［3］ 陈贞如.合作型与竞争型桌上游戏对幼儿社会能力影响之比较研究［D］.嘉义：台湾嘉义大学，2014.

［4］ 桂宇晖，郑达，赵途等.游戏设计原理［M］.北京：清华大学出版社，2011.

［5］ 郭力平，谢萌.幼儿园玩教具：配备、设计制作与应用［M］.北京：中国轻工业出版社，2014.

［6］ 科斯特著.赵俐，李强译.游戏设计快乐之道（第2版）［M］.北京：人民邮电出版社，2015.

［7］ 李季湄，冯晓霞.《3～6岁儿童学习与发展指南》解读［M］.北京：人民教育出版社，2013.

［8］ 林德著.陈学锋，江泽菲等译.在游戏中评价儿童［M］.上海：华东师范大学出版社，2008.

［9］ 米哈里·契克森米哈赖著.陈秀娟译.专注的快乐：我们如何投入地活［M］.北京：中信出版社，2011.

［10］ 石凤梅.基于儿童学习与发展的合作性游戏棋设计与思考——以"校车来啦"为例［D］.上海：华东师范大学，2016.

［11］ 王羽，肖功川.棋类［M］.昆明：晨光出版社，1994.

［12］ 叶雁虹，陈庆.学前教育装备指南［M］.上海：世界图书出版公司，2008.

［13］ 余将涛.幼儿园棋类玩具配备与使用的研究［D］.上海：华东师范大学，2010.

［14］ 周伟中.棋类游戏100种［M］.北京：人民体育出版社，2009.

［15］ Bay-Hinitz A K, Peterson R F, Quilitch H R. Cooperative games: A way to modify aggressive and cooperative behaviors in young children [J]. Journal of applied behavior analysis, 1994, 27（3）: 435–446.

［16］ Bell R C. Board and Table Games from Many Civilizations. Revised Edition［M］. New York: Dover Publications, 2010.

［17］ Brathwaite B, Schreiber I. Challenges for Game Designers［M］. Newton: Charles

River Media, 2008.

[18] Finkel I L. Ancient Board Games in Perspective[M]. London: British Museum Press, 2007.

[19] Fourie H L. Board Games of the World[M]. CreateSpace Independent Publishing Platform, 2012.

[20] Fullerton T. Game Design Workshop: A Playcentric Approach to Creating Innovative Games. 2nd Edition[M]. Burlington: Morgan Kaufmann, 2008.

[21] Gobet F, Voogt A, Retschitzki J. Moves in Mind: The Psychology of Board Games [M]. Hove: Psychology Press, 2004.

[22] Love B. Great Board Games[M]. London: Ebury Press, 1979.

[23] Moseley A, Whitton N. New Traditional Games for Learning: A Case Book. New York: Routledge/Taylor & Francis Group, 2014.

[24] Murray HJR. A History of Board Games other than Chess[M]. Oxford: Oxford University Press, 1952.

[25] Orlick T D. Positive Socialization via Cooperative Games[J]. Developmental Psychology, 1981, 17(4): 426−429.

[26] Parlett D. Oxford History of Board Games[M]. Oxford: Oxford University Press, 1999.

[27] Priewasser B, Roessler J, Perner J. Competition as Rational Action: Why Young Children cannot Appreciate Competitive Games[J]. Journal of experimental child psychology, 2013, 116(2): 545−559.

[28] Read J, Macfarlane S, Casey C. Endurability, Engagement and Expectations: Measuring Children's Fun[J]. Interaction Design and Children, 2002, (2): 1−23.

[29] Salmina N G, Tihanova I G. Psychological and Pedagogical Expertise of Board Games [J]. Psychological Science and Education, 2011, (2): 18−25.

[30] Schell J. The Art of Game Design: A Book of Lenses[M]. Burlington: Morgan Kaufmann, 2008.

[31] Selinker M. The Kobold Guide to Board Game Design[M]. Washington: Open Design LLC, 2011.

[32] Tinsman B. The Game Inventor's Guidebook[M]. New York: Morgan James Publishing, 2008.

[33] Woods S. Eurogames: The Design, Culture and Play of Modern European Board Games[M]. Jefferson: McFarland, 2012.

[34] Zagal J P, Rick J, Hsi, I. Collaborative Games: Lessons Learned from Board Games [J]. Simulation and Gaming, 2006, 37(1): 24−40.

[35] Zan B, Hildebrandt C. First Graders' Interpersonal Understanding During Cooperative and Competitive Game[J]. Early Education and Development, 2003, 14: 397−410.

图书在版编目(CIP)数据

幼儿合作性游戏棋:配备、设计制作与应用/郭力平,石凤梅,谢萌,白洁琼著.
—上海:复旦大学出版社,2016.10
(幼儿玩教具设计与应用系列)
ISBN 978-7-309-12470-5

Ⅰ.幼… Ⅱ.①郭…②石…③谢…④白… Ⅲ.游戏课-学前教育-教学参考资料
Ⅳ.G613.7

中国版本图书馆 CIP 数据核字(2016)第 179181 号

幼儿合作性游戏棋:配备、设计制作与应用
郭力平 石凤梅 谢 萌 白洁琼 著
责任编辑/谢少卿 赵连光

复旦大学出版社有限公司出版发行
上海市国权路 579 号 邮编:200433
网址:fupnet@ fudanpress. com http://www. fudanpress. com
门市零售:86-21-65642857   团体订购:86-21-65118853
外埠邮购:86-21-65109143
常熟市华顺印刷有限公司

开本 787×1092 1/16 印张 15.5 字数 331 千
2016 年 10 月第 1 版第 1 次印刷

ISBN 978-7-309-12470-5/G·1628
定价:55.00 元